研究叢書61

島と港の歴史学

中央大学人文科学研究所 編

中央大学出版部

まえがき

一　日本の境界と島と港

「島国日本」と称される日本は、その名のように実に六八五二の島からなるという。北海道・本州・四国・九州及び沖縄本島の五島を「本土」とし、その他は「離島」と定義されている（国土交通省）。日本の国境も、やはり島となり、東端は南鳥島、西端は与那国島、南端は沖ノ鳥島、北端は択捉島である。しかしながらいわゆる北方領土問題をはじめ、竹島、尖閣諸島など隣接する諸国と問題を抱えていることは周知のとおりである。そして日本の本土や島々には数多くの港があり、船が行き来し、漁業などの生業だけでなく、物流の拠点、情報の発信・受信の場としても重要な役割を果たしている。

今日一般に、船の出入り、停泊するところは港と称されているが、史料には、水門（みなと）・津（つ）・湊（みなと）・浦（うら）・泊（とまり）・停（亭　とまり）・船瀬（ふなせ）などさまざまな表現が用いられている。『日本書紀』欽明三十一年四月条にみえる「浦津」について、『釈日本紀』秘訓では「とまり」と訓じており、『万葉集』巻十五の遣新羅使歌には船を停泊させた場所について、浦や亭（とまり）と表記されている。『肥前風土記』松浦郡値嘉郷条には〈西に船を泊つるの停二処有り〈一処、名を相子田の停と曰ふ。廿余船を泊つべし。一処、名を川原の浦と曰ふ。一十余船を泊つ。〉遣唐之使、此より船を発し、西を指して度る。〉とみえる。これらの字義の違いについて諸説あるが、不明なところも多い。ここでは『古事類苑』地部四十一における解説を紹介すると次のごとくである。まず同書津項には、「津ハ、ツト云フ。船舶ノ来泊スル処ニシテ、別チテ之ヲ言ヘバ、港湾ニ在ルモノヲ船津ト云ヒ、河ニ在ルモノヲ川津ト云フ」、同じく泊項には、「泊ハ、トマリト云ヒ、一ニ船瀬トモ云フ。並ニ船舶ノ泊止スル処ヲ謂フナリ」、港項には、「港ハ湊トモ書シ、ミナト、訓ズ、原ト水門ノ義ニシテ、河水ノ海ニ入ル処ヲ謂フナリ、後世ハ、専ラ船舶ノ会集止泊スル地ヲ称シ、以テ古ノ津ト混ズルニ至レリ、蓋シ河水ノ海ニ入ル処ハ、船舶ノ会集止泊スルニ便ナレバナルベシ」等と解説されている。

表現は様々であるが、日本の隅々までをあらわす津々浦々の語に象徴されるように、古くから港は重要な意義をもっていた。伊豆神津島の黒曜石が関東から信州に至る各地に分布している状況をみても、旧石器時代から島と島、港と港の往来が盛んであった様子を知ることが出来る。『魏志』倭人伝には、〈王、使を遣わして京都・帯方郡・諸韓国に詣る、及び郡の倭国に使いするとき、皆、津に臨み伝送の文書・賜遺の物を捜露し、女王に詣るに差錯するを得ず。〉と、津の役割が記されている。律令において津は国司の管理するところとされ、津には津司が置かれていた。文献では例えば「渡島津軽津司」(『続日本紀』養老四年正月丙子条)が知られているが、近年では金沢市の畝田・寺中遺跡(金沢市畝田西三丁目)から「津司」「津」と書かれた墨書土器が出土して注目され、弘仁十四年(八二三)に越前から分割されて加賀国とされる以前の加賀郡の郡津としての機能をもっていたと推測されている。さらに「津司」「津」土器とともに「天平二年」と記された土器も出土しており、最初の渤海使を送って天平二年(七三〇)八月に帰国した送渤海使引田虫麻呂一行が加賀に帰着したことを裏付ける資料ではないかと推測されている。津(港)の機能を解明する上で重要な発見と言えよう。

筆者の関心から、もっぱら古代の特に対外関係における島と港について触れてきたが、もちろん島と港のもつ歴史的意義は多方面に及んでいる。

二　研究と調査の経過

こうした多面的な意義を持つ島と港の歴史について、さまざまな角度から検討を加えることを目的として、二〇一一年四月「島と港の歴史学」チームが発足した。今日でいう港の機能を持った場所の表記は前述のようにいろいろあるが、チームの名称としては一般に用いられている「港」を使用した。人文科学研究所における「情報の歴史学」チームを前身とし、考古学を専攻する者と文献史料を中心に研究を進める者とが共同して研究する姿勢を継承した。一方、これより先、「島と港の歴史学」チームとほぼ同じメンバーによる、「先史～古代環日本海地域史・交流史の再構築」（代表：石井正敏）をテーマとする研究が中央大学共同研究プロジェクトに採択され、二〇一〇年度から三年計画（～二〇一二年度）で環日本海の歴史的意義について今日的視点に立った研究を始めていた。「島と港の歴史学」研究には現地調査が不可欠であり、予算的に共同研究プロジェクトとリンクして研究を進めることができたのは幸いであった。したがって本書には人文科学研究所「島と港の歴史学」チームと共同研究プロジェクトにおける研究の成果が反映されている。

縄文・弥生から古代・中世に至る、島と港、そして島と島、港と港をつなぐ船や航路、海と内陸河川との関わりなど、メンバーそれぞれに関心のあるテーマにもとづいて研究を進め、現地調査をはじめ、随時公開研究会などを通じて情報を共有し、意見交換を行ってきた。チーム発足以前にそれぞれが調査・見学した場所についての情報も今回の研究に生かされており、例えば筆者の場合は、鑑真が到着した薩摩秋妻浦（鹿児島県）、一〇七二年に入宋した成尋が旅立った肥前壁島（今日の佐賀県唐津市呼子加部島）、平清盛の福原京との関連で注目される大輪田泊等々、かつて訪れた島と港についての知見をベースに研究を進めた。それらを総合すると、メンバーの足跡は、オホーツク海・日本海・瀬戸内海から東シナ海までの主要な島と港に及んでおり、これらの情報を共有し、意見交換を重ねながら、島と港の歴史的意義についての研究を進めた。

また海外―中国・朝鮮半島・ロシア沿海州といった日本と古くから交流のあった地域の島と港の比較研究もテーマの一つで、幸いに共同研究プロジェクトの予算を利用して現地調査を実施することができた。筆者が参加した海外調査のうち、印象に残っているものを掲げると次のようになる。

七二七年から九一九年に至るまで、日本海をはさんで交流のあった渤海側の対日外交の拠点は、渤海の五京の一つ東京龍原府（今日の琿春）から東南に進んだ、現在のロシア沿海州ポシェト湾岸に位置するクラスキノ土城であることはよく知られている。ウラジオストクから西南に直線距離で約一五〇キロにあたり、ロシアと日本や韓国の調査団による発掘調査が進められている。かつて（一九九二年八月）筆者は真夏に現地を訪れたことがあるが、『続日本紀』等によれば渤海使の来日や遣渤海使の渡航が冬季に行われていることも多い。冬季の能登半島を中心とする北陸地方の沿岸で経験する日本海の厳しい環境は何度か訪れて知っているが、いったい日本海をはさんだ対岸はどんな環境にあるのか、かねて関心をいだいていた。そこで冬季出港地の状況を知りたいと思い、二〇一〇年一二月中旬、ウラジオストク調査を実行した。ウラジオストク空港に降り立った時から雪と氷の世界が広がり、市内は街全体が氷で覆われたスケートリンク状態で、滑るようにしながら、ロシア科学アカデミー極東支部歴史学・考古学・民俗学研究所付属博物館などを訪れ、現地の研究者の方々と旧交を温めるとともに、新しい知見を得ることができた。さすがにこの時期にはクラスキノ土城を訪れることはできず、疑似体験としてウラジオストク市内の海岸線を中心に歩き回った。気温はマイナス17度前後で、遮る物のない高台では海からの強風にあおられ、体感温度はさらに低く、海上には白波が立っていた。そして帰国予定の当日、空港が雪と氷で閉鎖され、朝から夜まで一日空港で待機して、けっきょく飛行機は飛ばず、夜遅くにバスで行き先も告げられないまま二時間ほど走り、深夜ようやく見知らぬ場所の宿泊先に到着した。朝になって窓の外を見ると雑木林に囲まれた一軒の宿泊施設で、ベランダに出てさらに遠くをみると海を望むことができ、海岸は凍っているように見えた。冬季の過酷な気象環境を知ることができ、あらためてこの厳しい条件の中で渤海と日本を往来した人々のことを思い起こしたことであった。そしてこうした厳しい状況の中で日本に向けて出航したのはなぜか、疑問は深まるばかりであった。

一方韓国では、半島東海岸の島と港を対象として『東国輿地勝覧』など文献資料を丹念に読むとともに、現地調査を実施した。釜山から始めた調査では、日本との深い関係を伝える説話の故郷、浦項（慶尚北道）が印象に残っている。『三国遺事』巻一・紀異一「延烏郎・細烏郎」に、東海の浜辺に住んでいた夫婦が「日本」の小島に漂着してその主（王）となったという説話が記載されている。この「日本」が今の日本を指すのかどうか異説はあるが、東海の浜辺とは慶州のやや北にあたる迎日湾に面した浦項とみなされている。訪れた浦項では「延烏郎・細烏郎」記念碑が建てられ、説話を紹介するパネルが埋め込まれていた。残念ながら調査を希望した一部の遺跡は軍事施設内にあり、許可を得ることはできなかったが、周辺を踏査・見学した後、迎日湾から東海岸に沿って南下し慶州に至るルートをたどった。途中では〈倭兵を鎮め〉るため寺院を建立したという新羅文武王の海中陵を間近で眺めながら、日本と新羅との関係に思いを馳せた。長野県の遺跡から、新羅の遺物が発見され、日本海側の河川を利用した新羅との交流ルートも考えられているように、半島との日本海ルートの解明にさらに力を入れるべきではないかと感じたことである。

このように現地調査と研究を進めてきたチームのメンバーによる成果をまとめた本書には、島と島、港と港をつなぐ船（小林謙一論文）、港から島を頼りに船出する人々の足跡（石井正敏論文）、国境の島・対馬に焦点をあてた朝鮮半島（高麗）との交流（近藤剛論文）、発掘調査の現場からみた奥州津軽十三湊（中澤寛将論文）、都市平泉における港の意義（吉田歓論文）、そして古代中世における日本海交流と出羽地方の環境に対する研究の現状と展望

（白根靖大論文）等の合わせて六本の論文を収めることができた。これまでの共同研究の成果の一部を示すにとどまったが、「島と港」の歴史的意義について、今後もさらに共同研究を続け、その成果を順次公表していく予定である。

現地調査に際しては多くの方々のご協力を得た。一人ひとりのお名前をあげることは省略させていただくが、あらためて御礼申し上げる。

二〇一五年二月

研究会チーム「島と港の歴史学」

責任者　石井正敏

目次

島と港の歴史学

縄紋丸木舟研究の現状と課題
――年代的位置づけを中心に――

小林謙一

はじめに

丸木舟（独木舟）は、先史時代より海上文通の手段として在存していた。日本列島においては縄紋時代に多い船体であり、縄紋早期後半には出現し、縄紋後晩期に最も多く出土例が知られる。その後も用いられている例も知られるが、古墳時代以降には丸木舟に部材を足した準構造船へと変化し、次いで構造船へと移り変わり、海上交通手段としての主役は次第に交代していく。ほとんどは「単材刳舟」（出口二〇〇一）で、櫂とともにみつかっていることから、単体で乗り込んだ複数人が左右に分かれて漕いだことが想定できる。全長が五～七m程のものが多く、外洋に漕ぎ出すためのやや深いタイプと内水面用と考えられるやや浅い平たいタイプとがあったと考えられる。松田真一は縄紋時代の物流の観点から評価（松田二〇〇三）し、瀬口眞司は、丸木舟を人類がはじめて発明した乗り物の一つであり、縄紋時代の定住生活の発展に重要な役割を果たしたと評する（瀬口二〇〇七）。まずは、縄紋時代丸木舟の基礎的な検討として、発見されている縄紋丸木舟の集成をおこなった上で、研究の現状と課題を整理し、年代的な確認をおこなうこととしたい。

一　縄紋時代丸木舟の特長と概要

縄紋時代の丸木舟は、一九一六年に西村眞次によって千葉県残し沼で発見された丸木舟が取りあげられて以来(西村一九一六)、かなりの数がみつかっており、かなり一般的なものだったと考えられる。しかしながら、多くの場合は土器などの共伴遺物が明確には伴わず発見されるので、考古学的には細かな年代的位置づけが難しい。時間的位置づけを明確にするには、年代測定が必要であると考える。本稿では、まずはこれまでにどの程度の丸木舟がみつかり、どの程度の割合で年代測定がおこなわれているのかを検討することとしたい。

日本列島全域での丸木舟の出土については、正規の発掘によらない工事中の出土事例等まで含めた全体像としての把握は難しいが、報告されているものについては松田真一による集成(松田二〇〇三)をもとに、岡村道雄らによる教示を加えて滋賀県文化財保護協会によって作成された一覧表が最もまとまっている(滋賀県文化財保護協会二〇〇七)。本稿では、それをもとに、その後の報告例など筆者による知見を加えて表1(文末に掲載)に示した。表1では、通しナンバーを滋賀県文化財保護協会の集成に合わせて一一七まで付した後に、清水潤三(清水一九七五)、桜井茂隆(桜井一九八二)、山岸良二(二〇〇四)による千葉県の事例集成、橋口尚武による関東地方における集成(橋口一九九七)などを参照しつつ、新たに集成した事例を記した上で地域別に配列した。また、滋賀県文化財保護協会による一一七までの事例についても、その記載内容については一部修正してある。文献は、主に報告書を記したが、正式な報告の存在しない事例については滋賀県文化財保護協会の『丸木舟の時代』などの概説書などによっている(滋賀県文化財保護協会二〇〇七)。

表1に丸木舟の形態分類として、簡略ながら下記の分類を示しておく。

1類　断面形が弧状をなし、やや深い形状、所謂鰹節形のもの。
2類　舟底がやや平らかで高さが浅いもの。
内部施設により、それぞれa、bとする。
a　特に内部施設の認められないもの。
b　内部に削り出しの横帯が残されるもの。

以上の分類は、かなり雑ぱくな形態分類であるが、もっとも早くに縄紋から古墳時代の丸木舟（独木舟と記している）を整理した清水潤三による割竹形、鰹節形、折衷形、箱形の四類型（清水一九七五）のうち、縄紋時代に属するものは鰹節形（上記の1類がおおむね対応すると考える）およびやや浅い折衷形（上記の2類が対応する場合が多い）に属すると思われる。なお、清水が合わせて提起した横断面形（木取りに応じる）によるA半円形、B凹形、C半円特殊形の区分も重要であるが、断面図が付されていなければ図から判断することは困難なため、本稿では断念した。

また、滋賀県の事例を検討した横田洋三は、両端部が比較的尖るものをA類とし本湖型、比較的急な立ち上がりで平面形が丸いものをB類とし内湖型としており（横田一九九〇）、千葉県九十九里の丸木舟を集成した山岸良二は「海洋航行型」と「内湾・河川航行型」の2種があることを指摘する（山岸二〇〇四）など、様々な形態分類が試みられている。

時期的な決定としては、発掘調査による所見がない場合や土器などが共伴する例が少ないことから、主には丸木舟の形状（清水一九七五など）や産出した地形・地層の特徴（中野一九四八など）により縄紋時代と推定し、遺跡発掘による場合には共伴または同一層位の出土土器から時期を決めてきた。しかし、確実性としては欠けることは否めない。確実には、直接的に丸木舟の外側（底面）から試料を採取し炭素一四年代測定をおこなった例が確実であると考える。まずは、年代的位置づけが確実な事例から検討したい。

二　各地の炭素一四年代測定された丸木舟の事例

炭素一四年代測定は、丸木舟に対しては以前よりある程度はおこなわれている。例えば、リビーが炭素一四年代測定を開発した後に、グロード神父を通じていくつかの日本の考古遺跡の出土木材・炭化物資料を年代測定しているが、その中に加茂遺跡の丸木舟があり、五一〇〇±四〇〇BPと報告されている（木越一九七八）。また、戦後まもなくの昭和二二・二三年に東京大学検見川総合運動場近くの東京都林産組合の草泥採掘地で発見され、日本考古学研究所と慶応義塾大学（松本信廣・清水潤三）、東洋大学（和島誠一）が調査した千葉市畑町焼見（落合／検見川畑町）の丸木舟三隻について、共伴した蓮の実（いわゆる大賀ハス）の年代測定のために、昭和二八年に大賀博士が丸木舟のうち東洋大学所蔵資料と武蔵野郷土博物館所蔵資料から木片を切り取り、シカゴ大学に委託して^{14}C年代測定した。結果は三〇七五±一八〇年（縄紋後期から晩期）という結果とされている(1)。

以上、表の備考欄に測定値があるものを記したが、現在知見に触れた範囲で、丸木舟例一六八事例のうち炭素一四年代測定値が知られているのは、不確実な例も含め一九例である。

1　関東地方（千葉県を中心に）

表1に明らかであるが、千葉県での丸木舟の出土量が群を抜いている。水田開発などに伴う低湿地での発見がされやすいという事も考えられるが、やはり縄紋時代において潟や沿岸、さらに漁や交通用としての外洋への航海が多かったと考えられる。以下に、年代測定がなされた事例を中心に概要を見ていく。

① 八日市場市米倉大境遺跡（図1）

米倉大境遺跡出土丸木舟のうち、炭素一四年代測定された例は、慶應義塾大学文学部民族学考古学研究室所蔵の資料で、現在は国立歴史民俗博物館が常設展示している丸木舟である。本例の発見者は八日市場市在住の「椎名達寿：しいなたつじ」氏で一九五五年頃、湿地田にて農作業中に発見し、どこかに連絡した結果、大学（慶応義塾大学と思われる）の先生と研究室の人たちが来て調査し、その後大学に引き取られた、ということで偶然の発見の所産である。この丸木舟について、慶應義塾大学民族学考古学研究室の故清水潤三が、松本信廣追悼論文集のなかで報告している（清水一九八二）。松本信廣・清水潤三（以下、松本、清水と記す）により三隻の丸木舟（清水は独木舟と表記している）のうち、本例は特に横梁が認められる点に注意を向けている。「この横梁はヨーロッパな

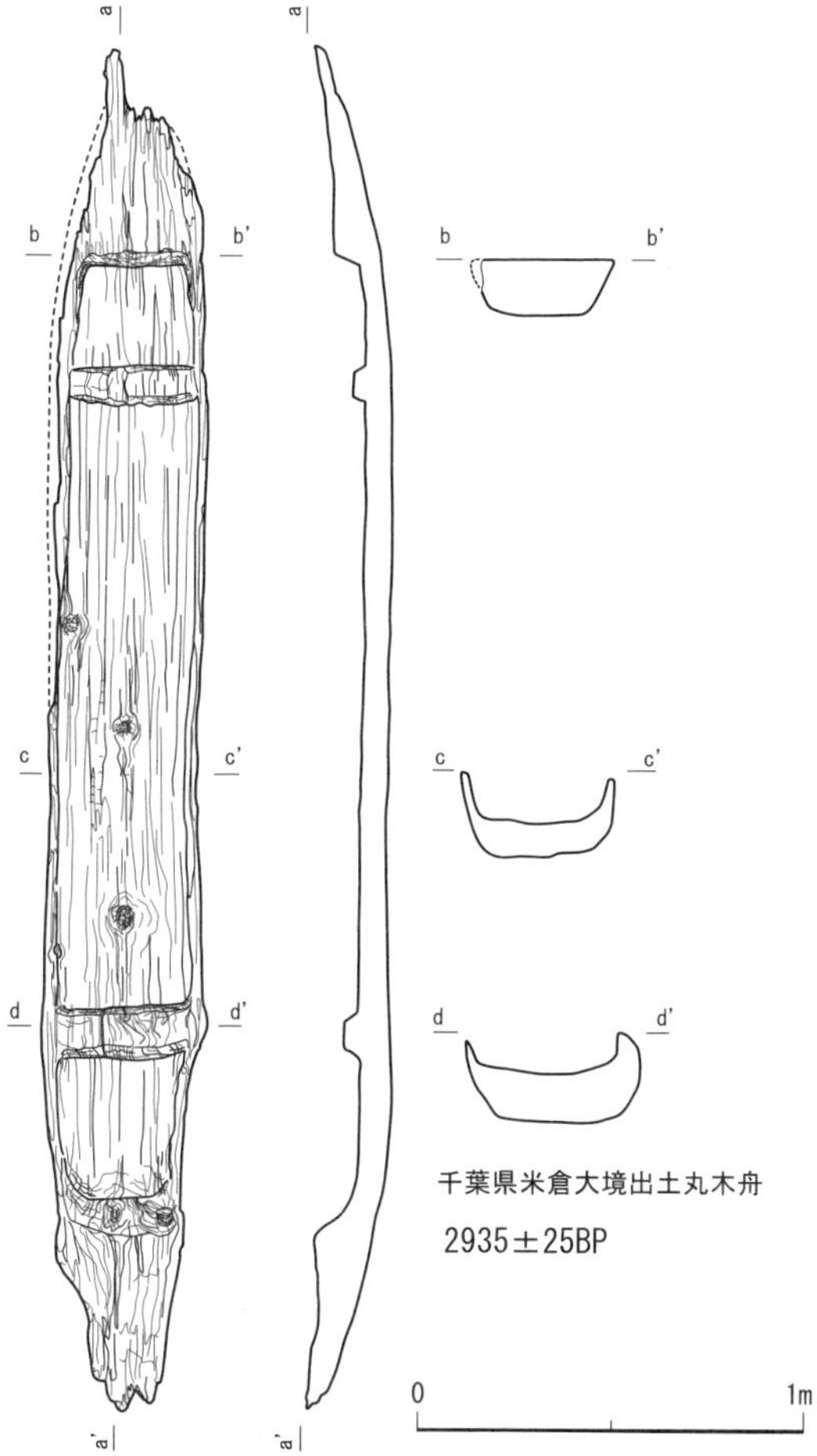

図1　炭素14年代測定された丸木舟

どの独木舟にも見られ、古く西村眞次氏がサセックスとサン・タウバン・ネン・シャローで発見された舟や、鴨緑江のトングイという舟にも見られることを指摘し、我が国でも千葉県八日市場市米倉大境（残シ沼）出土の舟（東京都交通博物館蔵）に例があると説かれている。昭和三十年に松本先生と私が同じ大境で試みた発掘の際に出土した独木舟三隻のうちの二隻にもやはりこの横梁があり、古くその周辺から発見保存されていた二隻にも同じ工作が施されていた。」（清水一九八二：二七二頁）

桜井茂隆は『八日市場市史』において、市内の丸木舟発見例を三五例（ただし縄文以外も含まれる）とし二一例について表示している（桜井一九八二）。米倉長割丸木舟出土地A～Fとして六例を挙げ、借当川岸・米倉字大境とする。うちE・Fは昭和三〇年七月の出土として、他は以前に出土していたことを示唆する。Eが完形・凹型梁付きで本例に当たろう。この中で桜井は「米倉長割は大境の俗称であり、南北約三〇〇メートル、東西約六〇〇メートルの地域である。」「米倉長割出土の舟は、舷側は肉が薄く、舟底は割合に肉厚である。両端は尖っており、横梁を二本備え、幅四二センチメートル、高さ二〇センチメートル、長さ三四七センチメートルである。その刳り方は割合に進歩のあとがみえ、縄文時代まで遡らせることは無理かもしれない。この舟は現在、慶応義塾大学に保管されている」（八〇頁）（八日市場市史八一頁に慶大保管として写真有り）、「昭和三六年一一月二五日、椿海地区日の出町の丸木舟調査の翌日、長割（大境二六）で、慶大松本博士、清水博士、近森教授（現在）、鈴木教授（現在）により調査が行われた。舟はケトウ土の中に埋没しており、舟の底より砂層までは五〇センチメートルあった。（同八一頁・小林註：桜井一九八二の一覧表の二一か）」との記載がある。

本例については、剥落した木材を利用して筆者が炭素一四年代測定をおこなってすでに報告した（小林二〇〇九）[2]。全長三四二cm、最大幅四四cm、材質はクリである。

本試料（試料番号CBKO-W1、測定機関番号PLD-4405）の測定結果は炭素一四年代二九三五±二五^{14}Cyr BP（以下

ではBPと略記）、較正年代（cal BC）（紀元前表記）は一二六〇～一二三〇（八・一％）、一二一五～一〇四五（八七・三％）となる。これまでの筆者の実年代推定から、安行3a式または3b式期に相当する所産と捉えられる（設楽・小林二〇〇四）。

②　千葉県栗山川流域

丸木舟と木杭の年代測定を、栗山川流域遺跡群出土丸木舟においておこなった例がある（佐藤一九九六、香取郡市文化財センター一九九九）。栗山川流域遺跡群の調査では、考古学的な年代観は得られていないものの、第九・一〇・一一・一二調査区からは標高約二・七メートルの低湿地において縄紋早期から晩期の土器が出土しており、そのうち縄紋時代早前期土器が最も多く出土していた。栗山川支流の多古橋川と借当川の合流点近くである丸木舟出土地の南側に近接する第3調査区からは四群におよぶ木杭群と、ムクノキ製の全長七四五cm、幅六四～七五cm、深さ現存三〇cmのほぼ完存の丸木舟一艘が出土した（香取郡市一九九九）。丸木舟の底は縄紋時代のカキ貝層に接していた可能性が指摘され、舳先内部に直径一五cmほどの長めの砂岩が2個のせられていたという。橋口尚武は、遠隔地に出かけて砂岩を採集していたと推測している（橋口一九九九）が、碇石などに用いられていた可能性も考えられよう。栗山川流域丸木舟の^{14}C年代は四七六〇±四〇BP（Beta-136175）で、暦年較正年代では、三六五〇‐三五一〇cal BCまたは三四三〇‐三三九〇cal BCとなり、前者の暦年代の確率が高いので、縄紋時代前期末葉の年代となる。第三調査区中央木杭群BI-82グリッドNo.2の木杭については、五三三〇±一二〇BP（NUTA2-049）（ここでは^{13}Cによる同位体効果の補正は行っていないが、この測定では誤差が大きいので誤差の範囲の中に入ると考えられる）の測定値が得られている。暦年較正年代では、四六二〇‐三六六〇cal BCとなり、縄紋時代前期後半ごろと考えられる（今村・小林二〇〇四）。あくまで可能性にとどまるが、紀元前三六五〇年頃と考えればほぼ同一の時期に相当し、同時期に機能していたとすれば丸木舟を杭に繋いでいた痕跡の可能性も指摘できる。

③　雷下遺跡

千葉県市川市に所在する、国分川右岸の低湿地の貝塚で、縄紋時代早期末葉を主体とする早期後葉～前期初頭土器が伴う貝層が確認されている。貝層の縁辺部、砂礫層から丸木舟が出土した。近くには早期末と想定される竪穴状遺構と木道が存在している。舷側はほとんどが失われ部分的に一〇cmほどの立ち上がりが認められ、船首の一端を欠くが北西部に舟首と思われる部分が別に遺存していた。現状で長さ七・二m（北西の舟首部分が〇・四m）、幅〇・五mを測る。ムクノキで木材の厚みは最大七cmである。先端はV字状の先細りである。北西側が舟首と考えられ、舷側と舟尾に焦げ跡が見られる（沖松二〇一四）。丸木舟の一部が採取され、国立歴史民俗博物館工藤雄一郎により炭素一四年代測定に供され六六六〇±三五BPの結果が得られた（工藤他二〇一四）。これは、較正年代で五七〇〇～五五〇〇calBCころにあたり縄紋早期末の年代に相当し、国内最古の年代の丸木舟となる。

千葉県では年代測定された例として私が関わった事例を含め、以上のように加茂、大境、栗山川流域、雷下例の事例、他に詳細は不明瞭ながら千葉市畑町焼見（落合／検見川畑町）例が指摘できた。多くは縄紋晩期に属するが、雷下の縄紋早期後葉に比定される事例は、確実な事例として日本最古の丸木舟に比定でき、重要であろう。

千葉県以外でも東京都、神奈川県など東京湾沿岸に比較的多く残されている。

2　琵琶湖沿岸の丸木舟

表１に示したように、千葉県に次いで出土例が多いのが滋賀県である。これも琵琶湖および琵琶湖周辺の内湖において、漁業や交通用に多数が保有されていた結果と考えられる。近年報告されたうちから、滋賀県米原市の入江内湖遺跡の丸木舟の事例を取り上げる（図２・３）。ここでは五艘の丸木舟が出土している（滋賀県二〇〇七）。以下、滋賀県の報告によって概要を見ていく。

入江内湖遺跡一号丸木舟

旧入江内湖の南端から北七〇〇m、標高八一・四mの地点で灰色粘質土の中に遺存していた。ほぼ完全な形である。両先端はU字状の形を呈し、側面は逆台形である。長さ五・四四m、幅〇・四八m、高さ〇・二m、モミ属の材である。内面表面には加工時の炭化が見られ、外面は樹皮を剥いだだけでほとんど加工していない。外側表面の炭素一四年代測定がなされ、三七〇〇±四〇BP（Beta-173910）の結果が得られており（滋賀県二〇〇七・二九〇〜二九一頁、古環境研究所）、２σの有効範囲でIntCal13を用いOxCalで較正年代を算出すると、二二〇三〜一九七二calBCとなり、後期前葉の所産と考えられる。

入江内湖二号丸木舟

T９1トレンチ七層中、舟の長軸線と等高線が併行するように出土している。外面底部はほぼ八層に接し底面の標高は八一・二m、舟底を下にして出土している。舷側に若干の欠損を持つがほぼ完存で長さ五・二七m、幅〇・五一m、高さ〇・二六mである。両端ともU字形で側面形は逆台形である。モミ属の材である。内面表面には加工時の炭化が見られ、両端部付近に若干の加工痕が残る。外面は樹皮を剥いだだけでほとんど加工していない。外側表面の炭素一四年代測定がなされ、三八七〇±四〇BP（Beta-173911）の結果が得られており、後期前葉の所産と考えられる（滋賀県二〇〇七・二九〇〜二九一頁、古環境研究所）。較正年代では、IntCal13を用い算出す

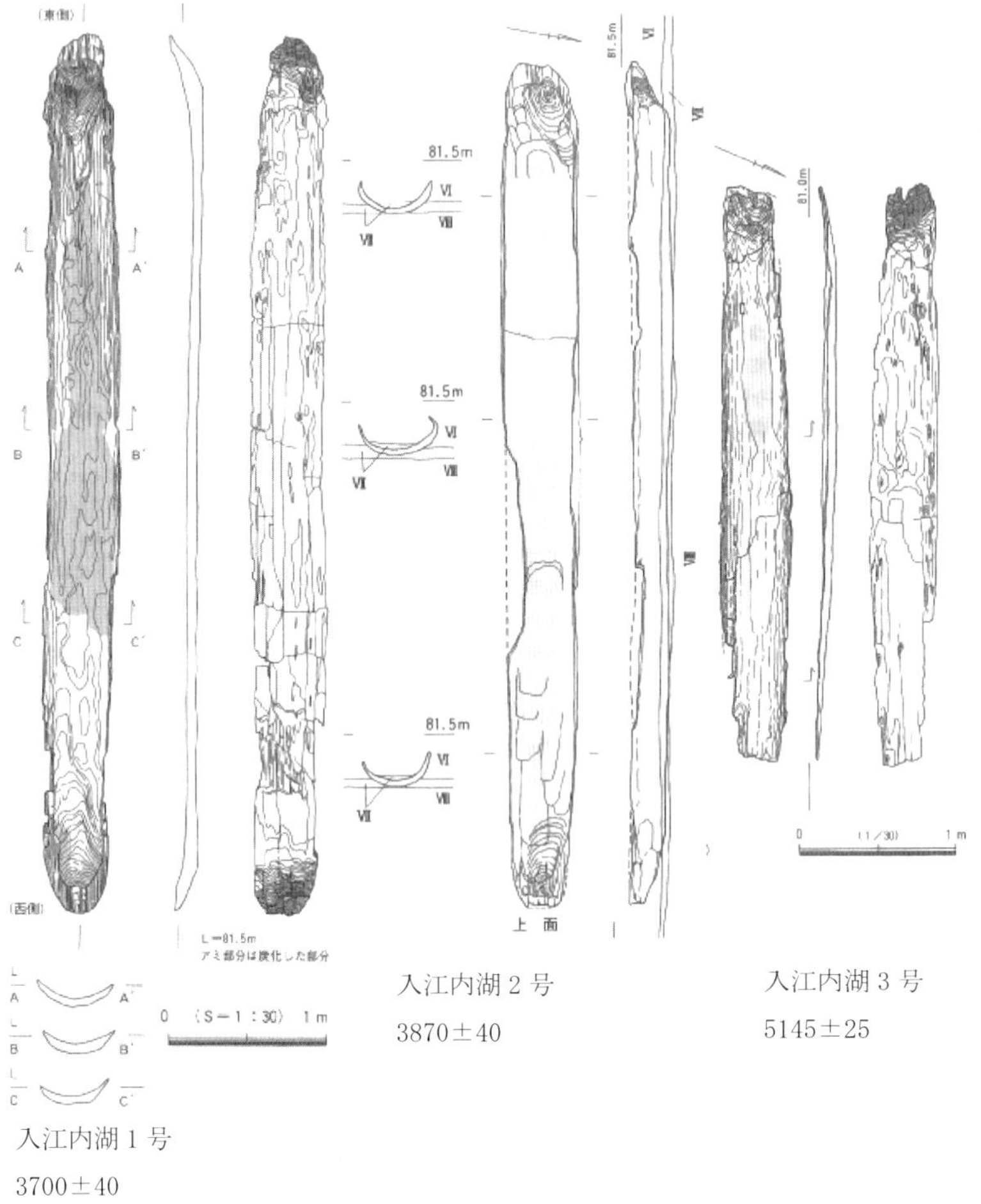

図2　滋賀県入江内湖遺跡出土丸木舟（その1）

ると2σの有効範囲で二四六七〜二二〇八 cal BC に含まれる暦年代と推定される。

入江内湖三号丸木舟

北調査区T92トレンチで舟の長軸線が等高線に並行する状況で、舟底を下に出土した。舟底面の標高は八〇・八mで、七層が舟底面から内面に堆積していた。遺存状態は悪く、舟首・舟尾などを欠損し、底部分のみである。現存の長さで三・五六m、幅〇・四六mで、高さは〇・〇九mのみ遺存である。素材はスギで外面表皮は樹皮を剥いだのみである。外側表面の試料で、五一四五±二五 BP（PLD-6073）の結果が得られており、前期中葉から後葉の所産と考えられる（滋賀県二〇〇七・二九二〜二九七頁、パレオ・ラボ）。

入江内湖四号丸木舟

北調査区T93トレンチで現地表面の標高八三・五mの地点で舟底を下に出土した。舟の外底面がⅦ層より一〇〜一二cm浮いており舟内面にも六層が堆積していることから、縄紋時代の包含層が堆積し終えた後に埋没したと推定されている。舟底面の標高八一・〇mである。舷側の多くを欠損する。平面形は両端ともU字に近く、側面は逆台形を呈し、五号丸木舟よりも一・二号に近い形態である。現存で長さ五・七m、幅〇・五二m、高さ〇・一八mで、素材はモミ属である。炭化は見られない。外面表皮は樹皮を剥いだのみである。内面上端および外面上端で加工痕跡が明瞭である。外側表面の試料で、四一〇五±四五 BP（PLD-2959）の結果が得られており、中期後葉の所産と考えられる（滋賀県二〇〇七、二九二〜二九七頁、パレオ・ラボ）。較正年代では、IntCal13を用い算出すると2σの有効範囲で二八七二〜二五〇〇 cal BC に含まれる暦年代と推定される。

入江内湖五号丸木舟

T95トレンチ第Ⅶ層下河道から、長軸線を河道の堆積方向と直交する状態で舟底を下にして出土し、舟の外面底部は河道底面（八層上面）から八cmほど浮いた状態である。舟内面に河道堆積物が堆積し、Ⅶ層下河道が堆

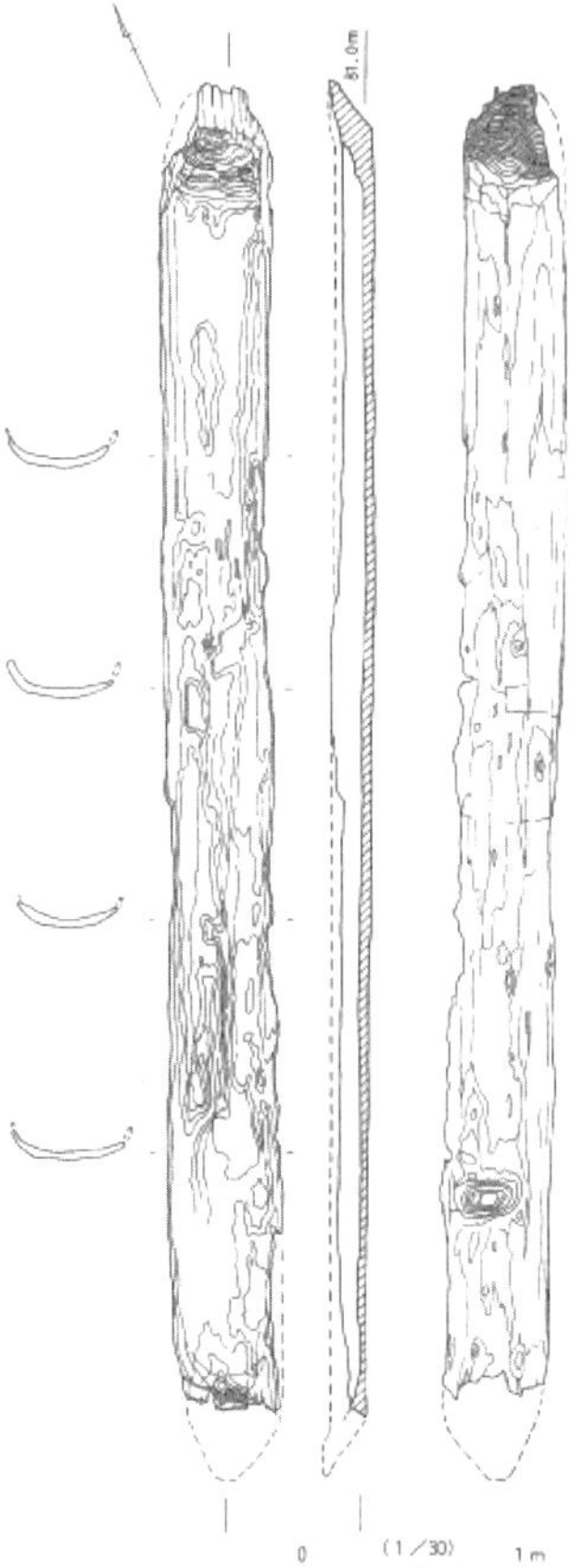

入江内湖４号
4105±45

入江内湖５号
5630±50

図３　滋賀県入江内湖遺跡出土丸木舟（その２）

積する過程で埋没と推定される。舟の底面標高は八〇・八mである。舷側を若干欠くがほぼ完全である。両端はともにV字に近く、舟底は水平でなく側面から見ると両端が高く緩やかにカーブする弧状を呈し、一・二号に比べスリムだとされている。長さ五・二九m、幅〇・四m、高さ〇・二一mでヒノキ製である。内面表面には炭化した部分があるが加工痕跡は明瞭ではない。外面表皮は樹皮を剥いだのみである。両端部には加工痕跡が明瞭に残る。外側表面の試料で、五六三〇±五〇BP(PLD-2960)の結果が得られており、前期中葉の所産と考えられる(滋賀県二〇〇七、二九二～二九七頁、パレオ・ラボ)。較正年代では、IntCal13を用い算出すると2σの有効範囲で四五五六～四三五一 cal BC に含まれる暦年代と推定される。

入江内湖遺跡では、以上の他、炭素一四年代測定結果として櫂一九七が五六三〇±三〇BP(Beta-173912)、櫂一九六が五四七〇±四〇BP(Beta-173913)、櫂未製品一九五が五五八〇±四〇BP(Beta-173914)(滋賀県二〇〇七、二九〇～二九一頁、古環境研究所)の測定結果が報告されている。

3　その他の日本列島出土事例

その他の事例としては、福井県の鳥浜貝塚や島根県など日本海側にいくつかの事例が認められる。

①　新潟県青田遺跡丸木舟

最近発見された例として、新潟県の内水面の潟に面した青田遺跡からみつかった丸木舟を概観しておく。旧河道(遺構名SD一四二〇)左岸のS1層期の斜面部から川底にかけて検出された。残存する端を川底側に長軸を南西方向に向ける。斜面は西に緩く傾斜しており、丸木舟の標高は欠損する側が一・七m、残存する側が二・三mで北側に傾斜する。欠損する側の腐食が激しく、長期にわたり地上に露出していたと推測されている。

一方の端が欠けるが、長さ五・四七m、幅〇・七五m、トチノキ製である。残存する端近くに削り出しの横帯が認められ、舟底に炭化範囲が認められる。欠損する側の端の下部から丸太状の木材が直交するように出土し、船体を固定していた可能性が指摘されている。また、一・四m離れた地点の同一層序面に直立した加工痕のある木材と根がらみと思われる木材が出土し、艫綱を結ぶ杭であった可能性が報告されている（新潟県教育委員会二〇〇四）。

青田遺跡の丸木舟は直接年代測定されたのではないが、そのS1層期に属する掘立柱建物の柱根部の年輪年代および炭素一四年代によるウイグルマッチングがおこなわれており、紀元前五世紀から紀元前四世紀初頭ごろに推定され（中村・木村二〇〇四）、縄紋晩期終末または弥生前期末と比定される年代に含まれている。

② 福井県三方町の丸木舟

若狭湾の内陸側にある古三方湖に面する福井県三方町鳥浜貝塚から二隻、ユリ遺跡から四隻が発見されており、うち鳥浜二号は液体シンチュレーション法炭素一四年代で三七八〇±五〇BP、較正年代で二二〇〇～二〇〇〇calBCころ、ユリ一～四号はAMS法炭素一四年代で三六〇〇±八〇BP、二八〇〇±九〇、三一七〇±八〇、二六八〇±八〇BPと測定され、較正年代で古いものは一八〇〇～二〇〇〇calBCころ、新しいもので九〇〇～八〇〇calBCころにあたる。網谷勝彦のまとめによれば前期の鳥浜一号は円弧形の断面で船底は樹皮を剥いだだけの樹皮剥ぎ面で舷側の立ち上がり部分のみ削り出して形つくっているのに対し、後期のユリ一号は横帯を持っていて船底を削り、より新しいユリ二号では内外面とも削って平らにしている。最も新しい晩期のユリ四号では完全に平たく加工し厚さも八cmほどとこれまでの四cmほどと比べ厚くなることから、総じて断面が円弧形からコの字形へ移っていったと捉え、沖積化すなわち古三方湖の湖沼から湿地環境への変化に対応した形態変化と想定した（網谷二〇〇七）。

4　韓　国

日本縄紋時代に関連する可能性が高いことから、参考に韓国で近年発掘された事例を取り上げる。慶尚南道昌寧郡の飛鳳里貝塚では、新石器時代の丸木舟が出土したことで著名である。洛東江の支流の清道川右岸の低地面に位置する。月鳳山から南東に延びる谷部に面して存在する。二〇〇五年の国立金海博物館による第一次発掘調査（国立金海博物館二〇〇八）により、新石器時代前期の遺物と丸木舟が二隻、二〇一〇年の第二次調査では櫂が出土した。本例については辻尾榮一が東アジアの事例を比較検討しており（辻尾二〇〇六）、近年では李相均によって日本縄紋時代の丸木舟との比較検討がおこなわれている（李二〇一四）。ソウル大学およびベータ・アナリティック社に委託して炭化材・木材・丸木舟の年代を測定しており、二八一〇±六〇～六八〇〇±五〇 BP の測定結果が得られている。このうち丸木舟は、Beta-219086、六七一〇±五〇 BP およびソウル大測定、六八〇〇±五〇 BP の測定結果が得られている（Bae・Kim2010）。較正年代では、おおよそ五八〇〇～五六〇〇 calBC にあたる。この結果から見ると、日本列島最古の千葉県雷下例よりも若干古い年代で、縄紋時代に対比させると早期後葉～末葉に相当する。筆者による年代測定が進んでいる関東地方の事例に対比させると貝殻条痕文系土器の茅山上層式から東海系土器群が関東で多く出土するようになるはじめ頃に当たる時期である（小林二〇〇七）。

三　時期ごとの丸木舟の特徴

丸木舟の年代を定めることは、難しい。直接年代測定されている例は不確実な例を含めて一九例に留まり、多くはない。発掘で発見されたまたは発見後調査された例も三分の二程度であり、三分の一は耕作中の発見など考古学的な調査がなされていない。考古学的に共伴する土器や遺構との関連性が認められる例も多くとも半分くら

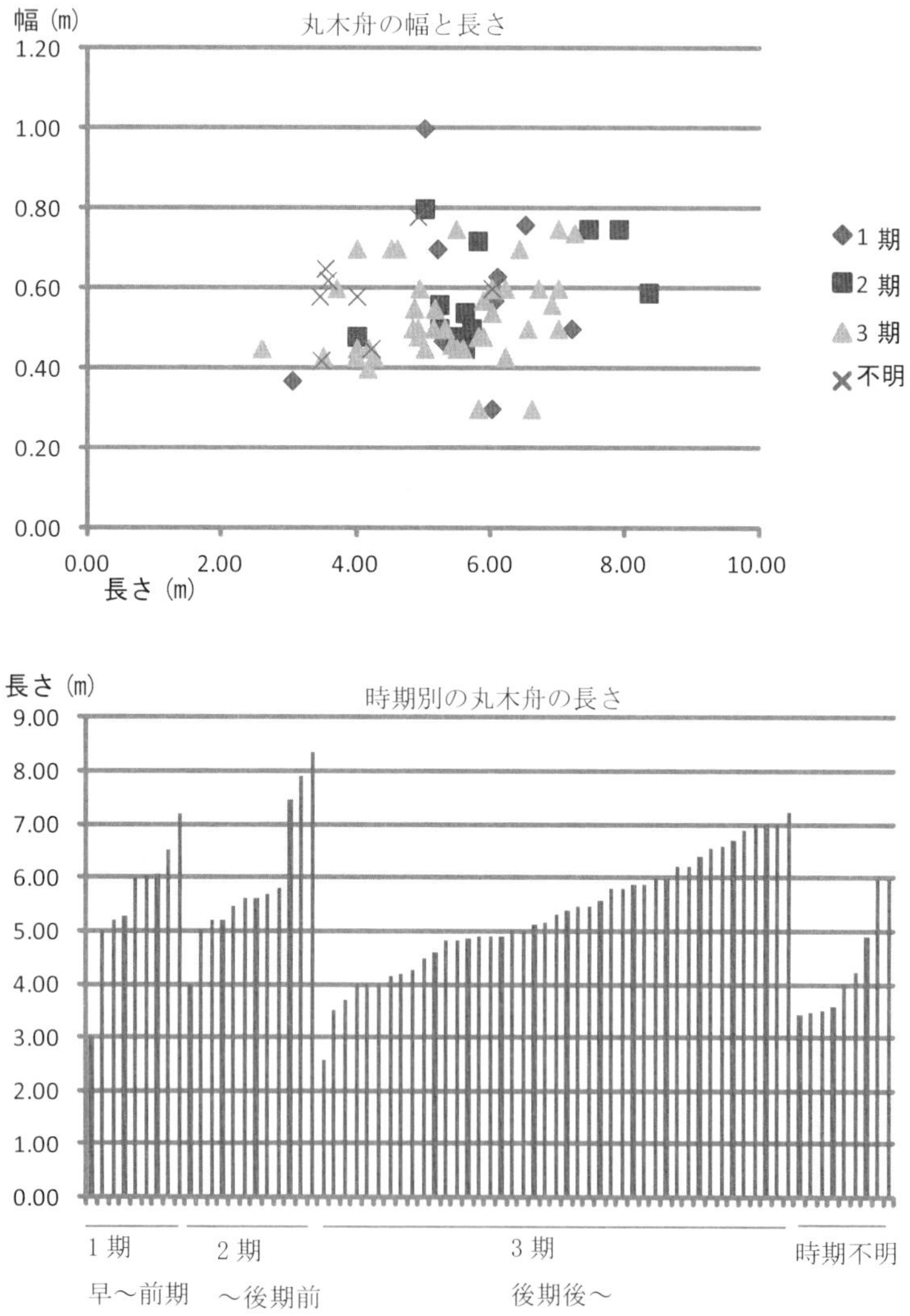
丸木舟の幅と長さ
幅（m）
1.20
1.00
0.80
0.60
0.40
0.20
0.00
0.00
2.00
4.00
6.00
8.00
10.00
長さ（m）
1 期
2 期
3 期
不明
時期別の丸木舟の長さ
長さ（m）
9.00
8.00
7.00
6.00
5.00
4.00
3.00
2.00
1.00
0.00
1 期
早～前期
2 期
～後期前
3 期
後期後～
時期不明

図４　丸木舟の大きさ

いかと思われる。このように年代的位置づけの難しさがあるものの、概略を見るために時期区分ごとの丸木舟の大きさを比較してみたい。時期は、早期～前期を1期、中期～後期前葉を2期、後期中葉～晩期（後期としか分からないものは便宜的にここに含めた）を3期とした。大きさとしては図4に時期不明の例を含めて長さと幅の相関図を示し、時期ごとには長さに代表させて示す。長さは、ほぼ完存・完存（舷側欠を含む）と報告されるものを用いたが舟首・舟尾欠の例も状況に応じて全長を推測（欠損を〇・五m程度と推測）して用いた。計七三例を用いた。

おおざっぱに見ると、早期後葉から晩期まで、基本的には製作手法において大きな変化はない。早期後葉～前期には比較的短い四m以下のものもみられるが、後期前葉までは基本的に六m以上の長い鰹節形の深さのある丸木舟（本稿の1類）が多い。後期中葉以降に五m程度の短く深さが浅く底がやや平たいもの（本稿の2類）が増え、かつ横帯が作られる例（本稿の2b類）が縄紋後期中葉～晩期に多くなる傾向が認められる。基本的には各時期に大きさのバリエーションは揃っており、舟の大きさの変化、特に長さ・深さの差は海洋航海用か湿地帯など内水面用かによる違いが大きいであろう。長さが長く深い鰹節形（本稿の1類）は当然に前者であり、長さが短く浅い形（本稿の2類）は後者の可能性が高いであろう。

福井県鳥浜遺跡などでも横帯（横梁）付きの丸木舟が出土しており（畠中一九八三）、縄紋前期および後期とされている。福井県ユリ遺跡においても横帯付きの丸木舟が複数検出されており（青地一九九六）、炭素一四年代測定の結果をみると、W1号が後期前葉の年代である他は、後期末葉～晩期前葉の年代である。これらの横帯付き丸木舟出土遺跡の共通した立地で言えば、清水らが検討してきた九十九里や東京湾東岸の遺跡に類するともいえ、外洋にも通ずる海岸沿いに分布すると見ることができる。しかし、この分布がそのまま縄紋時代の丸木舟の主な分布とはいえないと考えられる。その理由は、以下の二点である。

第一に、これまで考古学的状況から渡海による交流がなされたことが確実な地域において、丸木舟がみつかっていない地域が多く見られる。例えば、伊豆七島においては八丈島にまで東海・関東系の土器を伴う縄紋前期〜中期の集落が営まれており、神津島産の黒曜石が縄紋中期の関東地方には広く流通している（橋口一九九九）。これらは丸木舟なしには渡航できる範囲ではないが、諸島においても、また渡海地の一つと目されている伊豆半島においても丸木舟の発見はない。同様に、縄紋時代前期・中期を中心に、津軽海峡を挟んだ東北地方と北海道道南地方は深い関係にあり、極めてよく類似した土器が出土する（福田一九九九）。同じく九州と朝鮮半島南部の土器の共通性や相互の影響関係は以前より指摘されているところである（橋口一九九九）。さらに今村啓爾が土器研究から指摘するところでは、縄紋時代前期末には北陸地方（能登半島付近）と北東北（青森市付近）では、間を飛び越えたような状況で北陸地方の土器が北東北へもたらされており、その後北東北の土器の製作技術が北陸へ持ち帰られるというように人の行き来が推定されている（今村二〇一一）。別に、弥生前期における青森県砂沢遺跡などへの水田稲作技術や遠賀川系土器など弥生系文物の移入が認められ（佐原二〇〇五）、丸木舟などによる沿岸航海による交通が想像される。以上のような、移動した文物の存在から海を越えた行き来があったというだけでなく、たとえば南九州の縄紋草創期から早期に特徴的に見られる丸鑿形石斧（栫ノ原型）は、木を抉るのに適した刃部の形態を持ち、丸木舟の製作のための工具と考えられているし、後期市来式期の遺跡からは軽石製の舟形模造品が出土する（上村一九九一）。現在のところ、南九州から南西諸島に丸木舟の出土はないが、これらの地域には縄紋時代において共通の文物が出土する時期がある（上村一九九九）。このような状況は当該地域において丸木舟が使われていたことを充分に想像させるものであり、今後出土例の発見が期待できるであろう。

第二に、出口晶子による近代民俗資料による丸木舟（刳舟、ただし部材を組み合わせた複材化された準構造船を含む）の分布を見ると、一〇〇〇隻以上の民俗例の分布が見られるのは秋田県秋田市周辺、能登半島、石川県から福井県にかけての地域であり、次いで五〇〇例以上の分布が島根県松江市付近、沖縄県奄美大島付近、沖縄諸島の地域、一〇〇例以上の地域が青森県の下北・津軽半島、岩手県三陸地方、長野県、長崎県諫早湾付近となっている（出口二〇〇一）。縄紋時代の丸木舟の分布と重なる島根県松江付近と福井県若狭付近を除くと分布が大きく食い違っていることが興味深い。いうまでもなく近代の民俗資料と考古資料を同一視する意図ではない。丸木舟といっても時代により使用方法や性格も異なろうが、そこには今後検討していくべき課題が存在するものと考える。少なくとも、現時点での考古資料の分布がそのまま縄紋時代丸木舟の使用地域であったとするべきではないと考えさせる。千葉県九十九里沿岸の潟周辺、琵琶湖沿岸の内湖周辺など、ラグーンが発達した地域に丸木舟が多く残されているのは、湿地・湖沼地帯での交通手段や漁などに多用されたと言うことは背景にあることは当然としても、その後泥炭層が発達し丸木舟が埋没・遺存しやすかったという自然環境が丸木舟の現在までの埋没遺存に大きく影響しているものと考えられる。

以上に述べてきたように、まず検討しておかなくてはならない課題として、年代的な位置づけをおこない、時期的・地域的および環境に応じた形態的変化や技術的変化を整理していく必要がある。大まかな縄紋時代丸木舟の変遷としては、前述の清水潤三などの指摘にあるように前期さらには最近の発見例の増加により早期後葉から鰹節形・横帯なしの形態から、縄紋後期以降にやや平たい底面を作るようになり、横帯をもつものが現れるという変遷は今回の集成でも確認されるが、丸木舟の年代が発掘によって共伴した土器などから明確にされている例は決して多くなく、半分程度である。土器の共伴によって年代が推定されている例も、確実さという点では疑問を示さざるを得ない例も多い。その意味で言えば、本体から資料を採取して炭素一四年代を測定した例がもっとも確実であるが、これらの例はさらに少ない。しかし、年代測定を進めたほうがよいと思うきっかけとなった事例に最近遭遇したので紹介しておくこととしたい。現在筆者も参加して報告書作成に向け作業中であるため、詳細は触れないが、二〇一三年に東京都三鷹市三鷹台において良好な低湿地遺跡として以前から知られていた丸山B遺跡の発掘調査が行われた。そこでは、旧河道の近くに焼けた獣骨を伴う加曾利B式を中心とする後期の土器破片を敷き詰めた面が検出され、加工木とともに丸木舟の未製品の可能性がある半裁材が横たわっており、縄紋時代の丸木舟製作の痕跡と考えられたが、炭素一四年代測定の結果、その半裁材は八〇〇calBC頃で周辺の加工木や種実も縄紋後期末葉から弥生時代を中心とした年代値となり、この地が縄紋後期から晩期に水場として利用された後、ほとんど土器は残されていないが弥生時代にも木材加工場または廃棄場として利用されていたことが示唆された。この例などは、年代測定がなされていなければ、まず間違いなく同一層序から近くに集中して出土した縄紋後期の所産と把握されたであろう。やはり、直接的な年代測定が必要だということを改めて実感させられた(3)。

以上、本稿はあくまで基礎的なデータ収集を主眼とし、縄紋時代の丸木舟の系統や変遷、製作技術や使用方法など内実には踏み込めなかったが、今後の課題としておきたい。まずは資料の蓄積をさらに進め、特にその年代的位置づけを明確にするために年代測定事例を重ねる必要が指摘できよう。

おわりに

以上、日本列島の縄紋時代における丸木舟の出土例を取り上げ、特にその年代測定研究の一層の進展が必要であることを指摘した。丸木舟は、先学諸氏によって指摘されてきたように、内水面、沿岸、さらには伊豆諸島などの島々、東京湾の横断、北海道と本州、瀬戸内海などの内海、九州と朝鮮半島などを結ぶ交通手段として、婚姻や移住を含む人の移動や物流としてのモノの移動すなわち物々交換や原材料の移動において大きな役割を果たしてきた。その点で言えば、韓国飛鳳里貝塚の丸木舟の発見は、東アジアでの相互交流の様相が具体的に検討できると考えられ、今後とも資料の増加が期待される。

現時点においては、日本列島において百数十例の出土例が知られるが、房総半島など南関東、琵琶湖沿岸、北陸～山陰地方など、出土遺跡が偏っており、当然存在が予想される島嶼部や津軽海峡・対馬海峡周辺、瀬戸内海沿岸、南九州などに発見例が少ないことが注意される。丸木舟が残されるような環境すなわち遺跡形成時の周辺環境など遺存状況に大きく左右されていることが予想される。また、残された丸木舟についても川岸に舫っていたことが予想される青田遺跡や碇石らしき大礫が伴う伊木力遺跡例など、集落の存在が近しい事例は少なく、単独出土が圧倒的である。土器などの遺物が伴う例も、埋没層に包含されているということであり、確実に時期を決定できる例は極めて少ない。そのため、早期から出現し、後晩期に増加する傾向は把握できるものの、細かな時期区分による変遷や、製作技法などの技術的な変化、転じて地域差や遺跡立地環境に応じた形態差・機能差の検討には困難が生じている。そのためにも、現存する丸木舟の炭素一四年代年代測定を促進することが重要である。今後発見される場合はもちろん、既存の出土例についても、現在のＡＭＳ法炭素一四年代測定によれば、剥落した砕片でもよく本体から採取するとしても指先ほどの試料を採取すれば良いのであるから、さほどの試料の量は必要としないので、積極的に測定していく必要があると提言しておきたい。また、可能な場合には、複数年輪ごとに採取しウイグルマッチングをおこなうことや、年輪年代研究（木村他二〇〇四）、酸素同位体分析（中塚二〇〇九）も検討していくべきであると考える。まずは、丸木舟の炭素一四年代測定事例を増し、時間的な位置づけを明確にした上で様々な課題を検討していくべきと考える。

本稿を草するに当たり、今村峯雄、工藤雄一郎両氏には、多くのご協力を頂いた。記して謝意を表します。

表1　縄紋丸木舟一覧

No.	県	所在	遺跡	号	長さ	幅	高さ	分類	材	備考	時期	文献
1	北海道	石狩町	紅葉山49号		(0.45)	(0.22)					舳先	縄紋中期後半
2	青森県	野辺地町	向田（18）		(0.35)	(0.32)			ハリギリ	破片	縄紋前期末～中期初	
3	栃木県	大平町	西向田		(7.00)	(0.75)	0.15		ニレ属	製作途中	縄紋後期	前沢1984
4	福島県	新地町	双子	1号	(2.43)	(0.63)			マツ		縄紋後期	大越他1990
5	福島県	新地町	双子	2号	(3.70)	(0.30)			マツ		縄紋後期	大越他1990
6	埼玉県	さいたま市	膝子	1号	7.00	0.50	0.25		クリ	ほぼ完形・鰹節形	縄紋後期末（安行式）	柳田1957，大宮市郷土博物館蔵
7	埼玉県	さいたま市	膝子	2号					クリ	膝子では14隻出土との記述もあり	縄紋後期末～晩期初頭	埼玉県1980
8	埼玉県	さいたま市	膝子	3号					クリ		縄紋後期	埼玉県1980
9	埼玉県	さいたま市	膝子	4号					クリ		縄紋後期	埼玉県1980
10	埼玉県	さいたま市	膝子	5号					クリ		縄紋後期	埼玉県1980
11	埼玉県	さいたま市	膝子	6号					クリ		縄紋後期	埼玉県1980
12	埼玉県	さいたま市	寿能		(2.35)	(0.45)			トネリコ	破片	縄紋中期後半	井上1984
13	埼玉県	伊奈町	伊奈屋敷	1号	3.70	0.60	0.08		ケヤキ		縄紋後期末～晩期前半	埼玉県埋蔵文化財調査事業団1984
14	埼玉県	伊奈町	伊奈屋敷	2号	4.85	0.55	0.20		カヤ		縄紋後期末～晩期前半	埼玉県埋蔵文化財調査事業団1984
15	埼玉県	伊奈町	伊奈屋敷	3号					カヤ		縄紋後期末～晩期前半	埼玉県埋蔵文化財調査事業団1984
16	埼玉県	川越市	老袋（中追袋）		(5.49)	0.54	0.35	1a	カヤ	後部欠失，鰹節型，内面炭化	縄紋後期	埼玉県1980，川越城展示
17	埼玉県	川越市	蓮沼								縄紋後期	
18	埼玉県	さいたま市	大道東		4.50	0.80			ムクノキ	完全なら5m 以上	縄紋中期前半	
19	埼玉県	さいたま市	四本竹							破片1		
20	埼玉県	川口市	赤山陣屋跡								縄紋後期～晩期	金箱1987
21	埼玉県	草加市	綾瀬川流域		6.00	0.30			クリ	5300　^{14}CBP	縄紋前期	

No.	県	所在	遺跡	号	長さ	幅	高さ	分類	材	備考	時期	文献
118	埼玉県	草加市	綾瀬川流域（金明町）		6.60	0.30	0.39	1b	クスノキ	3つの横帯，厚さ6cm	縄紋後期～晩期	草加市1988（草加市歴史民俗資料館蔵）
119	埼玉県	草加市	長栄門新田									草加市1988
22	千葉県	多古町	中城下泥炭		4.00	0.70					縄紋後期～晩期末	青木1987
23	千葉県	多古町字七升	島ノ間／栗山川流域		7.45	0.75	0.30		ムクノキ	内面焼け全体，4760±40	縄紋前期末～中期初頭	香取郡市1999
24	千葉県	多古町南中	ゴーブケ沼		5.13	0.50	0.25			鰹節形	縄紋後期？	山岸2004
25	千葉県	多古町	南借当	1号	(4.90)	0.78	0.39		クリ			宮1991
26	千葉県	多古町	南借当	2号					クリ			宮1991
120	千葉県	多古町	島（1）		6.45	0.60		2b		3070±120？横帯	縄紋後期	山岸2004，匝瑳高校蔵？
27	千葉県	多古町	島（2）		4.82	0.50						山岸2004
28	千葉県	多古町字埋地	船越丸山地先	1号	4.50	0.70			カヤ		縄紋後期	山岸2004
29	千葉県	多古町字埋地	船越丸山地先	2号	5.30	0.50			カヤ		縄紋後期	山岸2004
121	千葉県	多古町島	広川									山岸2004
122	千葉県	多古町船越	南部田									山岸2004
123	千葉県	多古町	新谷2番									山岸2004
124	千葉県	多古町	新谷3番									山岸2004
125	千葉県	多古町字要町	飯土井									山岸2004
126	千葉県	多古町谷三倉	儘作									山岸2004
127	千葉県	多古町字内野	南玉造		4.41	0.88			カヤ		縄紋後期	山岸2004
30	千葉県	八日市場市	矢摺泥炭		(3.17)	(0.45)	(0.18)		クリ	半分欠損，厚さ8cm	縄紋後期中葉（加曽利B）	柿沼1984
31	千葉県	八日市場市	宮田下泥炭1296		3.99	0.43			クリ	2つ折れ，舟首一部欠損，厚さ4cm	縄紋後期中葉（加曽利B）	中西1985
32	千葉県	八日市場市吉田	宮田下		(5.00)	0.45				舟底1/3，底部板状	縄紋後期	桜井1982
33	千葉県	八日市場市豊和	多古日低地		4.00			2a		舟首のみ，U形底部薄肉，舟首穿孔	縄紋後期～晩期	鈴木1982
34	千葉県	八日市場市中央	七間堀	1号	(3.45)	0.58		2b		舟首欠，横帯		清水1975
35	千葉県	八日市場市中央	七間堀	2号				2b		胴部1/3，横帯		清水1975

No.	県	所在	遺跡	号	長さ	幅	高さ	分類	材	備考	時期	文献
128	千葉県	八日市場市中央	七間堀		(8.00)	0.40			カヤ			
129	千葉県	八日市場市中央	七間堀									
130	千葉県	八日市場市中央	七間堀									
36	千葉県	八日市場市	旧新田下沼453-324・325	1号	(4.16)	(0.40)			カヤ		縄紋後期	
37	千葉県	八日市場市	旧新田下沼453-1①	2号	3.45	0.58	0.20		カヤ			
38	千葉県	八日市場市	旧新田下沼453-1②	3号					カヤ	破片		
39	千葉県	八日市場市	旧新田下沼	4号					カヤ			
131	千葉県	八日市場市中央	下沼		4.25		0.43	1a	カヤ	完形，U形底部厚肉	縄紋後期？	桜井1982
40	千葉県	八日市場市米倉	米倉大境26-363	1号	4.17	0.45	0.25	1b		2935±25BP，完形，鰹節形，横帯	縄紋晩期	小林2008
41	千葉県	八日市場市米倉	米倉大境	2号	6.00							清水1982
42	千葉県	八日市場市米倉	米倉大境26-39	3号	3.47	0.42	0.21	1b		鰹節形両端V字，横帯		清水1982（慶應所蔵）
43	千葉県	八日市場市米倉	米倉大境	4号						破片		清水1982
44	千葉県	八日市場市米倉	米倉大境	5号						完形，		清水1982
132	千葉県	八日市場市米倉	米倉大境	F						完形，U形		桜井1982
133	千葉県	八日市場市米倉	米倉大境		5.50	0.45			カヤ		縄紋晩期	山岸2004
134	千葉県	八日市場市米倉	米倉大境		(2.50)	0.33			カヤ		千葉県	山岸2004
45	千葉県	八日市場市米倉	米倉長割		4.21	0.45	0.20	1b	カヤ	鰹節形，横帯		清水1982
46	千葉県	八日市場市	安田								縄紋晩期	
47	千葉県	八日市場市	亀田泥炭		(0.55)	0.22	0.44		カヤ			
135	千葉県	八日市場市豊和	井戸田							完形，U形底部薄肉		桜井1982
136	千葉県	八日市場市豊和	飯塚		(6.00)	0.50			カヤ	舟端から1/3，U形底部薄肉		桜井1982
137	千葉県	八日市場市椿海	水神下		(6.00)			2a	カヤ	破片，U形底部薄肉		桜井1982
138	千葉県	八日市場市吉田	中野丸木舟	A						借当川岸		桜井1982
139	千葉県	八日市場市吉田	中野丸木舟	B						破片		桜井1982
140	千葉県	八日市場市吉田	中野丸木舟	C	5.12	0.52				完形，U形底部厚肉		桜井1982

No.	県	所在	遺跡	号	長さ	幅	高さ	分類	材	備考	時期	文献
141	千葉県	八日市場市須賀	さんずい沼									桜井1982
142	千葉県	八日市場市米倉	残し沼		4.84	0.55	0.22	2b	カヤ	横帯あり，東大2500BPとされるが？	縄文晩期	清水1975（交通博物館）
143	千葉県	八日市場市米倉	残し沼		5.85	0.58	0.22			カヤ	縄文後期	山岸2004
144	千葉県	八日市場市須賀	林崎		3.57	0.62				半製品		桜井1982
145	千葉県	八日市場市須賀	笹曽根							完形，U形底部厚肉		桜井1982
146	千葉県	八日市場市公崎	公崎下泥炭									山岸2004
147	千葉県	八日市場市飯多香	大部田泥炭									
48	千葉県	千葉市	焼見（落合／検見川畑町）	1号	6.20	0.43		1a	カヤ	鰹節形,3075±180	縄文後期？シカゴ大年代測定	清水1975武蔵野郷土館
49	千葉県	千葉市	焼見（落合／検見川畑町）	2号	5.80	0.48	0.44	1a	カヤ	鰹節形，ほぼ完形（花園町旧畑町1501番地）	縄文後期？	中野1948・清水1975慶應大所蔵
50	千葉県	千葉市	焼見（落合／検見川畑町）	3号	(3.48)	(0.52)			カヤ		縄文後期？	清水1975東洋大所蔵
51	千葉県	横芝光町(横芝)	高谷川B		4.59	0.70	0.33	1a	カヤ（クリ）	鰹節形	縄文後期中葉(加曽利B)	
52	千葉県	横芝光町(横芝)	高谷川C		(2.63)	(0.45)	(0.22)		カヤ			
53	千葉県	横芝光町(横芝)	古川								縄文後期	山岸2004
148	千葉県	横芝光町(横芝)	谷台地先									山岸2004
149	千葉県	横芝光町(横芝)	木戸台									山岸2004
150	千葉県	横芝光町(横芝)	横芝川田									山岸2004
151	千葉県	横芝光町(横芝)	横芝川									山岸2004
152	千葉県	横芝光町(横芝)	木戸台低地									山岸2004
153	千葉県	横芝光町(横芝)	川田（1）		5.70	0.70			オニグルミ		縄文後期	山岸2004
154	千葉県	横芝光町(横芝)	川田（2）									山岸2004
155	千葉県	横芝光町（光）	栗山川（1）									山岸2004
156	千葉県	横芝光町（光）	栗山川（2）									山岸2004
157	千葉県	横芝光町（光）	栗山川（3）									山岸2004
158	千葉県	旭市（旭）	琴田									山岸2004

No.	県	所在	遺跡	号	長さ	幅	高さ	分類	材	備考	時期	文献
159	千葉県	旭市（干潟）	沖田		5.75	0.90			カヤ		縄紋晩期	山岸2004
160	千葉県	旭市（干潟）	米込西三番割		4.85	0.76			カヤ		縄紋晩期	山岸2004
161	千葉県	旭市（干潟）	日の出町									山岸2004
162	千葉県	旭市（干潟）	万力一番割		6.84	0.52			カヤ		縄紋後期	山岸2004
163	千葉県	旭市（海上）	櫻鳴村									山岸2004
164	千葉県	旭市（海上）	清瀧橋下		8.79	0.94			カヤ		縄紋後期	山岸2004
54	千葉県	丸山町	加茂		(5.19)	(0.70)	0.15		ムクノキ	5100±400BP，厚さ4cm	縄紋前期　諸磯	松本1952
55	千葉県	八千代市	保品		6.54	0.50		2b	カヤ	ほぼ完形，早稲田・慶応義塾調査，横帯	縄紋晩期？	山内1954
165	千葉県	八千代市	神野		3.53	0.65			カヤ	日本考古学研究所		山内1954
56	千葉県	松戸市	横須賀		5.57	0.45			カヤ		縄紋後期	
166	千葉	市川市	雷下		(7.20)	0.50			ムクノキ	先端破損，6660±35 BP	縄紋早期後葉	工藤他2014
57	東京都	北区	中里		5.79	0.72	0.42		ムクノキ	鰹節形，ほぼ完形	縄紋中期初頭	中里遺跡調査会1985
58	東京都	北区	袋低地						トリネコ	破片	縄紋後期	中島1998
59	東京都	北区	袋低地						トリネコ	破片	縄紋後期	中島1998
60	東京都	北区	袋低地						ケヤキ	破片	縄紋後期	中島1998
167	東京都	東村山市	下宅部		6.60				ケヤキ	未製品	縄紋後期～晩期	東村山市遺跡調査会2007
61	神奈川県	横須賀市	伝福寺裏		(3.04)	0.37	0.26	1a	ムクノキ	矢板で切断，内面炭化	縄紋前期後半	赤星1983・塚田1988
62	新潟県	加治川村	青田		5.47	0.75	0.13	2b	トチノキ		縄紋晩期後葉	新潟県2004
63	静岡県	静岡市	太谷川		6.70	0.60				ほぼ完存	縄紋晩期	
64	愛知県	佐織村								複材刳舟？	縄紋晩期	
65	岐阜県	谷汲村	末福	1号	2.59	0.45	0.18		クス	ほぼ完形・鰹節形	縄紋後期	
66	岐阜県	谷汲村	末福	2号	3.50	0.43	0.23			ほぼ完形	縄紋後期	
67	福井県	三方町	鳥浜	1号	6.08	0.63	0.21	1a	スギ	ほぼ完形	縄紋前期中葉	若狭歴史民俗資料館1987
68	福井県	三方町	鳥浜	2号	(3.47)	0.48		1b	スギ	船首半分欠損・横帯あり，3780±50	縄紋後期前葉	若狭歴史民俗資料館1987

No.	県	所在	遺跡	号	長さ	幅	高さ	分類	材	備考	時期	文献
69	福井県	三方町	ユリ	1号	5.22	0.56	0.10	1b	スギ	完形・横帯あり，3600±80	縄紋後期前半	青地1996
70	福井県	三方町	ユリ	2号	4.90	0.48	0.08	2a	スギ	ほぼ完形，2800±90	縄紋晩期前葉	青地1996
71	福井県	三方町	ユリ	3号	5.80	0.30			スギ	舷側欠損，3170±80	縄紋後期後葉	青地1996
72	福井県	三方町	ユリ	4号	(5.87)	(0.57)		2a	スギ	舷側欠損・鰹節形，2680±80	縄紋晩期	青地1996
73	滋賀県	近江八幡市	水茎C（2次調査）	1号	7.90	0.75	0.30	2b		横帯あり，内面一部焼き	縄紋後期前半（彦崎KⅡ）	滋賀県2002
74	滋賀県	近江八幡市	水茎C（2次調査）	2号	8.35	0.59	0.15	2a		横帯あり，内面一部焼き	縄紋後期前半（彦崎KⅡ）	滋賀県2002
75	滋賀県	近江八幡市	水茎C（2次調査）	3号	5.60	0.45	0.13	2a		船首，舷側一部欠	縄紋後期前半（彦崎KⅡ）	滋賀県2002
76	滋賀県	近江八幡市	水茎C（2次調査）	4号	5.60	0.54	0.20	2b		横帯あり	縄紋後期前半（彦崎KⅡ）	滋賀県2002
77	滋賀県	近江八幡市	水茎C（2次調査）	5号	(1.75)						縄紋後期前半（彦崎KⅡ）	滋賀県2002
78	滋賀県	近江八幡市	水茎B（1次調査）	1号	7.00	0.60		2b		横帯	縄紋後期	安土城考古博2006・滋賀県1966
79	滋賀県	近江八幡市	水茎B（1次調査）	2号	6.90	0.56	0.15	2b		割竹形，U字	縄紋後期	安土城考古博2006・滋賀県1966
80	滋賀県	近江八幡市	長命寺湖底	1号	6.20	0.60	0.15		スギ	折衷形	縄紋晩期後半（滋賀里Ⅳ）	滋賀県1984
81	滋賀県	近江八幡市	長命寺湖底	2号	6.00	0.60		2b	スギ	横帯あり	縄紋晩期後半	滋賀県1984
82	滋賀県	近江八幡市	長命寺湖底	3号	(0.99)	0.34			スギ	鰹節形，横帯	縄紋晩期	滋賀県1984
83	滋賀県	近江八幡市	長命寺湖底	4号	(0.99)	0.28			スギ	舟首	縄紋晩期	滋賀県1984
84	滋賀県	彦根市松原町	松原内湖	1号	5.00	0.45	0.07	2a	スギ	ほぼ完形，鰹節形	縄紋後期	滋賀県1992・1993
85	滋賀県	彦根市松原町	松原内湖	2号	4.90	0.50	0.18		スギ	ほぼ完形，鰹節形	縄紋後期	滋賀県1992・1993
86	滋賀県	彦根市松原町	松原内湖	3号	(3.35)	(0.36)	(0.05)		スギ	半分欠損，鰹節形	縄紋後期～晩期	滋賀県1992・1993
87	滋賀県	彦根市松原町	松原内湖	4号	5.87	0.48	0.16	2a	モミ	ほぼ完形，鰹節形	縄紋晩期	滋賀県1992・1993
88	滋賀県	彦根市松原町	松原内湖	5号	(1.61)	(0.37)	(0.04)		ヒノキ	後半部のみ，鰹節形	縄紋後期	滋賀県1992・1993

No.	県	所在	遺跡	号	長さ	幅	高さ	分類	材	備考	時期	文献
89	滋賀県	彦根市松原町	松原内湖	6号	(1.87)	(0.41)	(0.11)		アカガシ	前半部のみ，鰹節形	縄紋後期～晩期	滋賀県1992・1993
90	滋賀県	彦根市松原町	松原内湖	7号	(1.74)	(0.38)	(0.11)			板状	縄紋後期～晩期	滋賀県1992・1993
91	滋賀県	彦根市松原町	松原内湖	8号	(3.00)	(0.30)				破片	縄紋後期	滋賀県1992・1993
92	滋賀県	彦根市松原町	松原内湖	9号						破片	縄紋後期～晩期	滋賀県1992・1993
93	滋賀県	彦根市松原町	松原内湖	10号						破片	縄紋後期～晩期	滋賀県1992・1993
94	滋賀県	彦根市松原町	松原内湖	11号	5.48	0.45	0.10	2a	スギ	完形，鰹節形	縄紋後期～晩期	滋賀県1992・1993
168	滋賀県	彦根市松原町	松原内湖		(4.92)	(0.60)			ヤマザクラ	未製品	縄紋後期	滋賀県1992・1993
95	滋賀県	米原市入江	入江内湖	1号	5.45	0.48	(0.22)	2a	モミ	3700±40，一部欠損	縄紋後期前葉	滋賀県2007
96	滋賀県	米原市入江	入江内湖	2号	5.22	0.50	(0.28)	2a	モミ	3870±40，完形	縄紋後期前葉	滋賀県2007
97	滋賀県	米原市入江	入江内湖	3号	(3.58)	(0.46)	(0.12)	2a	スギ	5145±25	縄紋前期	滋賀県2007
98	滋賀県	米原市入江	入江内湖	4号	5.70	0.50	(0.20)	2a	モミ	4105±45，完形	縄紋中期後葉	滋賀県2007
99	滋賀県	米原市入江	入江内湖	5号	5.27	0.47	(0.22)	2a	ヒノキ	5630±50，完形	縄紋前期前半	滋賀県2007
100	滋賀県	湖北町	尾上浜		5.15	0.55	0.30	1a	モミ属	ほぼ完形，鰹節形	縄紋後期～晩期	滋賀県2003
101	滋賀県	大津市	錦織						カシ		縄紋晩期	滋賀保護協会2007
102	京都府	向日市	森本								縄紋後期	
103	京都府	向日市	東土川西		(3.70)						縄紋晩期	
104	京都府		和束川床		(3.70)						縄紋後期	
105	京都府	舞鶴市	浦入		(5.00)	(1.00)			スギ	5250 ^{14}CBP	縄紋前期中葉	京都府2001
106	兵庫県	東浦町	佃							クス		縄紋前期中葉
107	鳥取県	鳥取市	桂見	1号	7.24	0.74	0.35	1a	スギ	完形・鰹節形	縄紋後期中葉	鳥取県1996
108	鳥取県	鳥取市	桂見	2号	6.41	0.70	(0.10)		スギ	ほぼ完形	縄紋後期中葉	鳥取県1996
109	鳥取県	鳥取市	東桂見		(1.05)	(0.50)			スギ	破片	縄紋後期	長岡1992
110	鳥取県	福部町	栗谷		(3.00)	(0.90)					縄紋後期	谷岡1989
111	鳥取県	北栄町(北条町)	島		(0.66)	(0.55)	(0.20)			破片	縄紋後期	北条町1998

No.	県	所在	遺跡	号	長さ	幅	高さ	分類	材	備考	時期	文献
112	鳥取県	淀江町	井出袴		(1.24)	(0.14)				破片	縄紋後期～晩期	原田1993
113	島根県	松江市	橋縄手（島根大構内）		(6.04)	0.57			スギ	鰹節形，転用	縄紋早期末～前期初頭	島根大学埋蔵文化財調査室1998
114	島根県	出雲市	三田谷Ｉ		(5.40)	0.46	0.14		スギ	厚さ6-10cm	縄紋後期	島根県埋蔵文化財センター1998
115	島根県	鹿島町	佐太講武		(1.15)				マツ	破片	縄紋晩期	
116	長崎県	多良見町	伊木力		(6.50)	(0.76)			広葉樹	船底のみ	縄紋早期末～前期初頭	多良見町教育委員会1985
117	沖縄県	宣野座村	前原							ハリギリ	縄紋後期	

（1）正式な報告としては活字にされていないようであるが、一般向けのパンフレット「大賀ハス」（千葉市立郷土資料館発行）などに、測定した木材の写真などとともに掲載されていた。なお、検見川出土丸木舟については、東京文化財研究所の美術界年史（彙報）（記事番号：00995）「千葉県検見川遺跡で古代丸木舟発掘」一九四七年一二月一四日の記事がある。http://www.tobunken.go.jp/materials/nenshi/5617.html

荒木稔氏が検見川出土丸木舟の正確な出土位置を検討し、氏のホームページにおいて公表している。http://hanamigawa2013no3.blogspot.jp/2010/03/9.html#!/2010/03/9.html

（2）下記の方法で処理した。

①前処理：酸・アルカリ・酸による化学洗浄

AAA処理として、八〇℃、各一時間で、希塩酸溶液（1N-HCl）で岩石などに含まれる炭酸カルシウム等を除去（二回）し、さらにアルカリ溶液（1N-NaOH）でフミン酸等を除去した。アルカリ溶液による処理は、五回行い、ほとんど着色がなくなったことを確認した。さらに酸処理二回（1N-HCl 一時間）を行いアルカリ分を除いた後、純水により洗浄した（四回）。なお、炭化材については、自動処理器（Sakamoto et al. 2002）を用いた。

②二酸化炭素化と精製：酸化銅により試料を燃焼（二酸化炭素化）、真空ラインを用いて不純物を除去。

AAA処理の済んだ乾燥試料を、五〇〇㎎の酸化銅とともに石英ガラス管に投じ、真空に引いてガスバーナーで封じ切った。このガラス管を電気炉で、八五〇℃で三時間加熱して試料を完全に燃焼させた。得られた二酸化炭素には水などの不純物が混在しているので、ガラス製真空ラインを用いてこれを分離・精製した。

③グラファイト化：鉄触媒のもとで水素還元し、二酸化炭素をグラファイト炭素に転換。アルミ製カソードに充填。

一・五㎎の炭素量を目標に二酸化炭素を分取し、水素ガスとともに石英ガラス管に封じた。これを電気炉で、およそ六〇〇℃で一二時間加熱してグラファイトを得た。ガラス管にはあらかじめ触媒となる鉄粉が投じてあり、グラファイトはこの鉄粉の周囲に析出する。グラファイトは鉄粉とよく混合させた後、穴径一㎜のアルミニウム製カソードに六〇〇Nの圧力で充填した。

測定値については、以下の方法で較正年代を算出した。

年代データの^{14}CBPという表示は、西暦一九五〇年を基点にして計算した^{14}C年代（モデル年代）であることを示す。炭素一四年代を算出する際の半減期は、五五六八年を用いて計算することになっている。誤差は測定における統計誤差（一標準偏差、六八％信頼限界）である。

AMSでは、グラファイト炭素試料の^{14}C/^{12}C比を加速器により測定する。正確な年代を得るには、試料の同位体効果を測定し補正する必要がある。同時に加速器で測定した^{13}C/^{12}C比により、^{14}C/^{12}C比に対する同位体効果を調べ補正する。^{13}C/^{12}C比は、標準体（古生物belemnite化石の炭酸カルシウムの^{13}C/^{12}C比）に対する千分率偏差δ^{13}C（パーミル、‰）で示され、この値を-25‰に規格化して得られる^{14}C/^{12}C比によって補正する。補正した^{14}C/^{12}C比から、^{14}C年代値（モデル年代）が得られる。加速器による測定は同位体補正効果のためであり、必ずしも^{14}C/^{13}C/^{12}C比を正確に反映しないこともあるため、加速器による測定を（　）で参考として付す。

測定値を較正曲線IntCal13（^{14}C年代を暦年代に修正するためのデータベース、二〇一三年版）（Reimer et al. 2013）と比較することによって暦年代（実年代）を推定できる。両者に統計誤差があるため、統計数理的に扱う方がより正確に年代を表現できる。すなわち、測定値と較正曲線データベースとの一致の度合いを確率で示すことにより、暦年代の推定値確率分布として表す。暦年較正プログラムは、国立歴史民俗博物館で作成したプログラムRHCal（OxCal Programに準じた方法）またh、OxCal4.2（Ramsey et al. 2013）を用いている。統計誤差は2標準偏差に相当する、95％信頼限界で計算した。年代は、較正された西暦　cal BCまたはcal ADで示す。（　）内は推定確率である。

（3）三鷹市丸山B遺跡は、現在三鷹市遺跡調査会により、報告書が作成中であり、二〇一五年春刊行予定である。

参考文献

網谷克彦　一九九六「鳥浜貝塚出土の木製品の形態分類」『鳥浜貝塚研究』1、福井県立若狭歴史民俗資料館
網谷克彦　二〇〇七「縄文時代の丸木舟研究のために」『丸木舟の時代　びわ湖と古代人』滋賀県文化財保護協会編
今村啓爾　二〇一一「異系統土器の出会い—土器研究の可能性を求めて—」『異系統土器の出会い』同成社
今村峯雄・小林謙一　二〇〇四「年代測定」『千葉県史』資料編考古四、千葉県

沖松信隆　二〇一四「雷下遺跡の概要」『研究連絡誌』第七五号、千葉県教育振興財団
上村俊雄　一九九一「南九州における舟形軽石製品と帆船について」『鹿大史学』三八号
上村俊雄　一九九六「南の海の道と交流―南九州と南島の交流・交易を中心に―」『海を渡った縄文人　縄文時代の交流と交易』小学館
木越邦彦　一九七八『年代を測る―放射性炭素法―』中公新書四九六、中央公論社
木村勝彦・齋藤智治・中村俊夫　二〇〇四「青田遺跡における柱根の年輪年代学的解析による建物群の年代関係の検討『日本海沿岸東北自動車道関係発掘調査報告書Ⅴ　青田遺跡』新潟県埋蔵文化財調査報告書第一三三集、新潟県教育委員会
工藤雄一郎・一木絵理・能城修一・佐々木由香　二〇一四「雷下遺跡から出土した丸木舟と木胎漆器の^{14}C年代測定」『研究連絡誌』第七五号、千葉県教育振興財団
小林加奈　二〇〇八「縄紋時代丸木舟の復元製作実験」『考古学ジャーナル』五七四、ニューサイエンス社
小林謙一・今村峯雄・坂本稔・西本豊弘　二〇〇三「AMS^{14}C年代による縄紋土器型式の変化の時間幅」『日本考古学協会第六九回総会研究発表要旨』日本考古学協会
小林謙一　二〇〇九「米倉大境遺跡出土丸木船の炭素14年代測定」『史学』七七巻四号、三田史学会
国立歴史民俗博物館　二〇〇三『歴史を探るサイエンス』企画展示図録
国立歴史民俗博物館　二〇〇五『水辺と森と縄文人―低湿地遺跡の考古学―』企画展示図録
桜井茂隆　一九八二「丸木舟の発掘」『八日市場市史』上巻、八日市場市史編さん委員会
佐藤喜一郎　一九九六「栗山川流域遺跡群」『平成七年度千葉県遺跡調査発表会』千葉県教育委員会
佐原　真　二〇〇五「みちのくの遠賀川」『佐原真の仕事一　道具の考古学』金関恕・春成秀爾編集、岩波書店
滋賀県文化財保護協会編　二〇〇七『丸木舟の時代　びわ湖と古代人』
滋賀県立安土城考古博物館　二〇〇六『丸木舟の時代　びわ湖と古代人』32回企画展
設楽博己・小林謙一　二〇〇四「縄文晩期からの視点」『季刊考古学』88　六〇―六六頁　雄山閣
清水潤三　一九六六「千葉県八日市場市大境独木舟出土地」『日本考古学協会年報』一四

清水潤三　一九七五「日本古代の船」『船』社会思想社
清水潤三　一九八二「古代の船―とくに最近の成果について―」『稲・舟・祭　松本信廣先生追悼論文集』六興出版
鈴木公雄　一九八二「縄文時代　多古田泥炭層遺跡」『八日市場市史』上巻　八日市場市史編さん委員会
瀬口眞司　二〇〇六「暮らしを変えた縄文丸木舟」『丸木舟の時代　びわ湖と古代人　第32回企画展』安土城考古博物館
瀬口眞司　二〇〇七「琵琶湖周辺の縄文社会―丸木舟の果たした役割―」『丸木舟の時代　びわ湖と古代人』滋賀県文化財保護協会編
高橋統一　二〇〇四「縄文丸木舟覚え書―房総の諸事例から―」『アジア文化研究所研究年報』三九
千葉県文化財センター　一九八一「自然科学の手法による遺跡、遺物の研究一」『千葉県文化財センター研究紀要』六
辻尾榮一　一九八九「刳舟に関する形式形態の諸問題」『郵政考古紀要』一三号
辻尾榮一　二〇〇〇「日本刳舟関係資料集成」『郵政考古紀要』二八号
辻尾栄市　二〇〇六「刳舟考―韓国飛鳳里遺跡の刳舟と中国山東省莱州の刳舟―」『郵政考古紀要』三十八号
出口晶子　二〇〇一『丸木舟』ものと人間の文化史98、法政大学出版局
同志社大学考古学研究室　一九九〇『伊刀木遺跡』
鳥取市教育委員会　一九七八『桂見遺跡』
中塚　武　二〇〇九「樹木年輪の酸素同位体比から解読できる気候と社会の歴史」『地球研叢書　人と環境のつながりを診るめがね―安定同位体』中野孝教・神松幸弘編、昭和堂
中野尊正　一九四八「千葉県検見川独木舟遺跡地附近の地形」『地理調査所時報』第三集
中原斉　一九九八「山陰の丸木舟」『考古学ジャーナル』四三五
中村俊夫・木村勝彦　二〇〇四「青田遺跡出土遺物の放射性炭素年代測定―柱根のＡＭＳ^{14}Ｃ年代測定と^{14}Ｃウイグルマッチングを中心にして―」『日本海沿岸東北自動車道関係発掘調査報告書Ｖ　青田遺跡』新潟県埋蔵文化財調査報告書第一三三集、新潟県教育委員会
西村眞次　一九一六「関東発掘刳舟の二型式」『人類学雑誌』四九―六

橋口尚武　一九九七「渡海の考古学―東日本の丸木舟・準構造船と伊豆諸島―」『人類史研究』九号、鹿児島大学考古学研究会

橋口尚武　一九九九「黒潮圏の交流文化―列島をめぐる交流・交易―」『海を渡った縄文人　縄文時代の交流と交易』小学館

畠中清隆　一九八三「鳥浜貝塚出土の丸木舟」『鳥浜貝塚―縄文時代前期を主とする低湿地遺跡の調査三―』福井県教育委員会

福田友之　一九九九「北の道・南の道―津軽海峡をめぐる交流」『海を渡った縄文人　縄文時代の交流と交易』小学館

松田真一　二〇〇三「物流をうながした縄文時代の丸木舟」『初期古墳と大和の考古学』学生社

三浦和信　一九八七「生産・生活用具」『縄文時代（2）』房総考古学ライブラリー3、千葉県文化財センター

三方町教育委員会　一九九六『ユリ遺跡』三方町文化財調査報告書14集

水野正好　二〇〇七「湖国最初の丸木舟発掘」『丸木舟の時代』滋賀県文化財保護協会

山岸良二　二〇〇四「九十九里浜旧椿海周辺の縄文丸木舟」『考古学の世界　時空をこえた対話』慶應義塾大学民族学考古学専攻設立25周年記念論集

山内　文　一九五四「発掘丸木舟及び櫂の用材について（続報）」『資源科学研究所彙報』三三

横田洋三　一九九〇「縄文時代復元丸木舟の実験航海」『紀要』第四号、滋賀県文化財保護協会

横田洋三　一九九二「縄文時代の丸木舟」『考古学ジャーナル』三四三

渡辺修一・石橋宏克　一九九八「成田市荒海川表遺跡とその周辺」『千葉県史研究』第六号

国立金海博物館　二〇〇八『飛鳳里』国立金海博物館学術調査報告第六冊

李相均　二〇一四「韓国飛鳳里貝塚で出土した丸木舟の様相」『東京大学考古学研究室研究紀要』第二八号、東京大学考古学研究室

M. Sakamoto et al. 2004 An Automated AAA preparation system for AMS radiocarbon dating. Nuclear Instruments and Methods in Physics Research B 223-224: 298-301

Reimer, Paula J, et al. 2004 IntCal04 Terrestrial Radiocarbon Age Calibration, 0–26 cal kyr BP *Radiocarbon* 46(3), 1029-1058.

M. Sakamoto, M. Imamura, J. van der Plicht, T. Mitsutani, M. Sahara 2003 Radiocarbon Calibration For Japanese Wood Samples *Radiocarbon*, 45(1), 81-89

M. Sakamoto et al. 2004 An Automated AAA preparation system for AMS radiocarbon dating. *Nuclear Instruments and Methods in Physics Research B* 223-224: 298-301

C J Bae, J C Kim2010 The Late Paleolithic-Neolithic Transition in Korea: Current Archaeological and Radiocarbon Perspectives, *Radiocarbon* 52-2

Paula J Reimer・Edouard Bard・Alex Bayliss・J Warren Beck・Paul G Blackwell・Christopher Bronk Ramsey・Caitlin E Buck・Hai Cheng・R Lawrence Edwards・Michael Friedrich・Pieter M Grootes・Thomas P Guilderson・Haflidi Haflidason・Irka Hajdas・Christine Hatté・Timothy J Heaton・Dirk L Hoffmann・Alan G Hogg・Konrad A Hughen・K Felix Kaiser・Bernd Kromer・Sturt W Manning・Mu Niu・Ron W Reimer・David A Richards・E Marian Scott・John R Southon・Richard A Staff・Christian S M Turney・Johannes van der Plicht, (2013) INTCAL13 AND MARINE13 *RADIOCARBON* AGE CALIBRATION CURVES 0–50,000 YEARS CAL BP, RADIOCARBON, Vol 55, Nr 4, p 1869–1887, the Arizona Board of Regents on behalf of the University of Arizona

C. B. Ramsey・S. Lee 2013 Recent and Planned Developments of the Program OxCal *RADIOCARBON Vol.55, Nr2-3*

遺跡地名表（参考文献に挙げたものを除く）

青木幸一　一九八七『中城下炭層遺跡発掘調査報告書』

青地晴彦　一九九六「木製品」『ユリ遺跡』三方町文化財調査報告書第14集、福井県三方郡三方町教育委員会

赤星直忠他　一九八三「横須賀市久里浜伝福寺裏遺跡の調査」『第六回神奈川県遺跡調査発表要旨』

井上肇　一九八四『寿能泥炭層遺跡発掘調査報告書』埼玉県教育委員会

大越道正・石本弘　一九九〇『相馬開発関係遺跡調査報告二』福島県文化財調査報告書二三四
柿沼修平　一九八四『八日市場市矢摺泥炭遺跡』借当川遺跡調査会
柿沼幹夫　一九八七「荒川流域の丸木舟」『荒川総合調査報告』二
香取郡市文化財センター　一九九九『栗山川流域遺跡群　島ノ間遺跡』
香取郡市文化財センター　一九九九「多古町「栗山川流域遺跡群」出土の丸木舟、木杭の炭素14の年代測定結果」『事業報告Ⅸ—平成一〇年度—』
金箱文夫　一九八七『赤山』川口市遺跡調査会報告一一
京都府埋蔵文化財センター　二〇〇一『京都府遺跡調査報告第二九冊　浦入遺跡群』
草加市　一九八八『草加市史　自然・考古編』
埼玉県　一九八〇『新編埼玉県史資料編』一
埼玉県埋蔵文化財調査事業団一九八四『東北新幹線完形埋蔵文化財発掘調査報告書Ⅱ』埼玉県埋蔵文化財調査事業団報告書第三一集
滋賀県教育委員会　一九六六『近江八幡市元・水茎町遺跡調査概要』
滋賀県教育委員会・滋賀県文化財保護協会　一九八四『長命寺湖底遺跡発掘調査概要』
滋賀県教育委員会・滋賀県文化財保護協会　一九九三『琵琶湖流域下水道彦根長浜処理区東北部浄化センター建設に伴う松原内湖遺跡発掘調査報告書Ⅰ』
滋賀県教育委員会・滋賀県文化財保護協会　一九九四『琵琶湖流域下水道彦根長浜処理区東北部浄化センター建設に伴う松原内湖遺跡発掘調査報告書Ⅱ』
滋賀県教育委員会・滋賀県文化財保護協会　二〇〇二『緊急地域雇用特別交付事業に伴う出土文化財管理業務報告書』
滋賀県教育委員会・滋賀県文化財保護協会　二〇〇三『琵琶湖開発事業関連埋蔵文化財発掘調査報告書7　琵琶湖北東部の湖底・湖岸遺跡』
滋賀県教育委員会・滋賀県文化財保護協会　二〇〇七『入江内湖遺跡　一般国道8号線米原バイパス建設に伴う発掘調査報

告書』I
島根県埋蔵文化財センター　一九九八『斐伊川放水路発掘物語』
島根大学埋蔵文化財調査室　一九九八『島根大学埋蔵文化財調査研究報告第二冊　島根大学構内遺跡第三次調査』
谷岡陽一他　一九八九『栗谷遺跡発掘調査報告書』II
多良見町教育委員会　一九八五『伊木力・熊野神社遺跡』
塚田明治他　一九八八「伝福寺裏遺跡」『横須賀市文化財調査報告書』一六
鳥取県教育文化財団一九九六『主要地方道鳥取鹿野倉吉線道路整備事業に伴う埋蔵文化財発掘調査報告書I　桂見遺跡』鳥取県教育文化財団調査報告書四五
長岡充展他　一九八二『東桂見遺跡試掘調査報告書』
中島広顕他　一九九八『袋低地遺跡II』北区埋蔵文化財調査報告二三
中西克也　一九八五『八日市場市宮田下泥炭遺跡』借当川遺跡調査会
中里遺跡調査会　一九八五『中里遺跡　発掘調査の概要II』
新潟県教育委員会　二〇〇四『日本海沿岸東北自動車道関係発掘調査報告書V　青田遺跡』新潟県埋蔵文化財調査報告書第一三三集
原田雅弘他　一九九三『井出袴遺跡』鳥取県教育文化財団調査報告書三一
福井県若狭歴史民俗資料館　一九八七『鳥浜貝塚―一九八〇～一九八五年度調査のまとめ―』
北条町教育委員会　一九九八『鳥取県東伯郡北条町島遺跡発掘調査報告書第二集』
前沢輝政　一九八四『独木舟―栃木県下都郡大平町西山田出土―』大平町教育委員会
松本信廣他　一九五二『加茂遺跡』三田史学会
宮重行　一九九一『多古町南借当遺跡』千葉県文化財センター調査報告書三一
柳田敏司　一九五七「大宮市膝子出土の丸木舟について」『埼玉史談』第四巻第一号

遣唐使以後の中国渡航者とその出国手続きについて

石井正敏

はじめに

島国日本の異文化との交流は、海が仲介し、港（湊・津・浦）が受信・発信の基地となっていた。『魏志』倭人伝には、〈王、使を遣わして京都・帯方郡・諸韓国に詣る、及び郡の倭国に使いするとき、皆、津に臨み伝送の文書・賜遺の物を捜露し、女王に詣るに差錯するを得ず。〉と、津の役割が記されている。一方、海上に浮かぶ島は、さしずめ沙漠のオアシスにも譬えられるであろう。天平七年（七三五）に南の島々に木柱を立て、到着した島の名前、船を停泊させるに適した場所、飲料となる水を得られる場所、進路とする国々（薩摩・大隅等）までの行程、そしてそこから見える島々の名前などを記して、遣唐使の漂着に備えていたが、朽ちたため天平勝宝六年（七五四）に立て替えている。(1) 天平七年も天平勝宝六年も、いずれも遣唐使が南島地域に漂着したことを受けての措置である。時代は降り、延久四年（一〇七二）に宋の商船で入宋した成尋は、三月十九日に肥前国松浦郡壁島（佐賀県東松浦郡呼子町加部島）を出帆し、二十日に耽羅島（韓国済州島）を望見して以後、大海原をひたすら進んでいたところ、二十五日に船員が島を見つけた。成尋は日記『参天台五臺山記』同日条に、〈未時、始めて蘇州石帆山を見る。大巌石也。人家無し。船人大いに悦ぶ。〉と記している。無人島ではあったが、船員が見慣れた島を見つけて喜ぶ様子、成尋師弟の安堵した表情が伝わってくる。

こうした海を介した古代の対外交流となると、地理的にまず朝鮮半島との往来に始まり、やがて中国へとそのルートが延び、その後日本海を舞台とした東北アジア沿海州地域―渤海との交流が始まることになる。これらの国々や地域との主要な交流ルートは、大別して朝鮮半島ルート、東シナ海ルート、日本海ルートとなり、それぞれ北路、南路、渤海路と称されている。北路・南路いずれも渡海の拠点は博多津（那津）になる。畿内から使者が朝鮮諸国や中国王朝に赴く場合、難波津から乗船して瀬戸内を経て博多津まで到り、同地に設けられた客館（筑紫館、鴻臚館）に滞在して、最終準備を整え、出発する。『万葉集』巻一五・遣新羅使歌には、その具体的な航路が伝えられている。(2)〈天平八年丙子夏六月、使を新羅国に遣わさる之時、使人等各おの別れを悲しみて贈答し、及た海路の上に慟しみ思を陳べて作れる歌并に所に当たりて誦詠せる古歌　一百四十五首〉という詞書きどおり、難波津出発から、新羅へ渡る最後の寄港地対馬の竹敷浦（長崎県対馬市美津町）に到るまでの折々に詠まれたもので、一行の心情をよく伝えているとともに、停泊した島や港（浦・亭《とまり》）が記されており、順風を待って船出する、当時の航海の様子をうかがうことができる。

こうした遣唐使をはじめとする外交使節が用いた航路については、これまで多くの研究がある。(3)そこで本論では、遣唐使以後、すなわち事実上最後となった承和度遣唐使以後の平安時代に、中国への渡航を志した人々の、渡航経路の概要を述べ、出国に至るまでの手続きについて考えてみたい。なお以下に引用する史料本文の割注は原則として〈　〉を以て示す。

一　遣唐使以後の中国渡航者

遣唐使は承和五年（八三八）の入唐を最後として、以後派遣されることはなかった。一方、僧侶、特に最澄や空海の後継者の間には、入唐求法、さらには五臺山・天台山等の聖地巡礼への願望が強く、唐への渡航を希望する者も多かった。かつては唐との往来に百済や新羅を利用することもあったが、すでに百済はなく、新羅との外交も終焉を迎えていた。時には渤海を経路として利用することもあったが、特殊な場合である。最後の遣唐使が帰国に際して、唐楚州の新羅人の船を利用して帰国したことに知られるように、九世紀に入ると唐から直接日本に来航する商人があらわれるようになった。唐への渡航を希望する人々は唐（新羅）商人の船を利用して渡航するようになる。承和度遣唐使以後の平安時代、唐・宋に渡航した人々のうち、日本出航が知られる人物について、渡航の順にあげると次のごとくである(4)。なお単独で渡航する例はなく、数人が一行として加わっているが、ここでは史料に代表として名前がでてくる人物を掲げることにする。

1　恵蕚(5)

恵蕚の最初の渡海は八四〇年頃とみられ、以後複数回渡航しているが、いずれも日本出発・帰国にどのような経路をたどったのかは明らかでない。ただ二回目の渡航で承和十四年（唐大中元・八四七）に帰国した際には恵運と同行し、肥前国松浦郡値嘉嶋那留浦（長崎県南松浦郡奈留島）に帰着している（恵運の項参照）。五島列島の那留浦は遣唐使も利用している港である。恵蕚はまた貞観四年（八六二）には真如の入唐に同行している（真如の項参照）。

2　恵　運[6]

恵運は、天長十年（八三三）大宰府観世音寺講師兼筑前国講師に任命され、現地に赴任していたが、承和九年（八四二）たまたま来航した唐商人李処人に渡海を要望し、五月、博多津で船に乗り込み出発した。途中遠値嘉嶋那留浦に立ち寄り、同地で新船を建造した。三カ月で完成し、八月、大陽海（大洋海　東シナ海）を渡り、正東風を受けて六箇日夜で唐温州楽城県に到着している。復路は、承和十四年（唐大中一・八四八）六月、唐商人張支信（張友信）の船に乗り、明州望海鎮を出発し、西南の風を受けて三箇日夜で出発地の那留浦に帰着している。

3　円　珍[7]

円珍は、嘉祥四年（仁寿元、八五一）四月に京都を出発し、翌月大宰府に到着したが、便船を得られず、付近に滞在して入唐の機会を待った。ようやく仁寿三年に至り、唐商人（新羅商人ともいう）王超らの帰国船に同乗することができた。同年七月博多津で乗船し、値嘉嶋鳴浦（那留浦）に到り、しばらく風待ちの後、八月に出帆した。琉球（台湾）漂到を経て福州連江県管内に到着した。復路は、天安二年（八五八）六月、台州管内の海門で唐商人（渤海商主・新羅商人ともいう）李延孝らの船で帰途につき（乗船地は不詳。明州付近か）、肥前国松浦郡美旻楽崎（長崎県南松浦郡三井楽町）に帰着した。その後博多那津で上陸し、鴻臚館に入った。美旻楽崎（美祢[弥カ]良久崎）も那留浦とともに遣唐使の時代から利用され、往路では最後の寄港地となっている。

4　真　如[8]

真如は、貞観三年（八六一）七月、難波津で大宰府に向かう貢綿船に乗り、八月、大宰府鴻臚館に到着。九月に壱岐島に向かい、さらに肥前国松浦郡斑島（佐賀県東松浦郡馬渡島）を経て、同柏島（唐津市神集島）に到着した。十月、同地で唐通事張支信（張友信）に命じて船一隻を建造させ、翌年五月、造船が完了すると、再び鴻臚館に戻って旅支度を整え、七月上旬、宗叡・賢真・恵蕚ら僧俗六〇人で鴻臚館を離れ、八月に遠値嘉嶋に到着した。九月三日、東北の風を受けて唐に向けて出帆し、七日、明州揚扇島に到着した。真如自身は帰国せず、一行の中の僧宗叡、伊勢興房らは貞観七年（八六五）六月、唐商人李延孝の船で福州を出帆し、五日四夜にして値嘉嶋に帰着した。

5 寛　建[9]

寛建は、延長五年（九二七）に求法と五臺山巡礼を目的として渡航（当時は五代十国の時代）したが、出航に至る詳しい経緯は不明。『日本紀略』延長五年正月二十三日条に、〈大宋国福州府に赴かんと欲す〉とあり（後掲史料16参照）、通常の明州や台州ではなく、福州を目指したのは、福州商人の船を利用したためであろうか。当時の福州は十国の一つ閩国の中心地であった。しかし寛建は入唐後、建州（閩国管内）で死去したという。

6 日　延[10]

日延は、天暦七年（九五三）、呉越国天台山からの天台宗経典書写送付の依頼に応じた延暦寺及び朝廷の使者（遣唐法門使）として呉越商人蔣承勳の船で渡航した。朝廷の要請による新暦（符天暦）や内外典を携えて、天徳元年（九五七）に帰国した。ただし発着の経路等については史料がない。

7 奝　然[11]

奝然は、天元五年（九八二）十一月に人々の餞別を受けて京都を離れ、翌永観元年（九八三）八月一日、宋台州商人（呉越商客ともいう）陳仁爽らの船に便乗して入宋の途につき、十八日に台州に到着した。復路は寛和二年（九八六）、台州の商人鄭仁徳らの船で帰国した。往復ともに詳細な経路は不明である。なお奝然は永延二年（九八八）、宋の皇帝太宗への御礼の品を持たせて弟子嘉因らを鄭仁徳らの帰国船に便乗して入宋させている。

8 寂　照[12]

寂照は、長保四年（一〇〇二）六月に京都を出発し大宰府に下向したが、途中病のため長門に逗留した後、翌年八月「肥前国」から渡海した。出発地や海商の名前は不明であるが、明州に到着したものと思われる。その後寂照は宋に留まり帰国しなかった。

9 成　尋[13]

成尋は、入宋の勅許を申請したが、許可を得られないまま九州に下向し、延久四年（一〇七二）三月十五日、肥前国松浦郡壁島（加部島）で宋商人曽聚らの船に乗り込み、十九日に壁島を出帆し、東風を受けて二十日に耽羅島を望見しながら西に向かい、二十五日、明州沖合に広がる舟山群島の島にたどりついた。翌年、弟子を帰国させたが、成尋自身は宋に留まり、帰国することはなかった。

10 戒　覚[14]

戒覚は、永保二年（一〇八二）九月五日、筑前国博多津で海商劉琨の船に乗り込む。しかし翌六日は西風が吹いたため出船できなかった。その後十三日に至り、しばらく風待ちのために滞在していた「北崎浦」で順風を得て出帆し、「肥前国上部之泊」に着いた。翌十四日、日本の岸を離れて宋に向い、二十二日に明州に到着した。

北崎浦は現在の福岡市西区大字宮浦付近とみられ、糸島半島の東北端にあたる。近くには遣新羅使歌にもみえる「韓泊（唐泊）」もある。また「上部之泊」は「かべ」の泊すなわち成尋の乗船した壁島（加部島）とみられる[15]。なお戒覚一行は渡航の許可を受けておらず、出航まで船内に身を隠していた。

以上、遣唐使以後の主な渡航者の経路についてみてきたが、同じ東シナ海ルートとは言っても、遣唐使の時代から使われていた那留浦・美旻楽崎をはじめとする五島列島を最後の寄港地としていた時代から、成尋や戒覚の頃には東松浦半島の突端（呼子付近）から一気に大海にこぎ出すルートがとられるようになっていたことが知られる。経験の積み重ねにより、地理的な知識が深まり、造船・航海技術の進歩も相まって、次第に日数の短縮を目指したルートが開発されていったのであろう。成尋の頃にはすでに定期的な往復が可能となっていた[16]。

二　渡航の申請から出発まで

遣唐使が派遣されなくなったことから、律令制定当時には想定していなかった事態が生まれた。日本の律令では、異国への不慮の漂着や抄略（拉致）あるいは対外戦争における捕虜などの帰国については規定しているが、公使以外に海外に渡航する者のことなど想定していなかった[17]。そこに渡航を希望する僧侶があらわれたことで、その出入国に対して国家は新たなる対応が求められた。また渡航する僧侶たちも、これまでは公使に随行することで入唐後の身分証明となっていたものが、新たに自己を証明するための、今日で言えばパスポートならびに身分証明書を携帯する必要に迫られることとなる。そこで、前節でみた渡航者について、出国にいたるまでの経緯を制度的な側面を中心にして考えてみたい。

1 渡航の申請と許可

これまでの遣唐使に同行する場合と異なり、入唐（入宋）希望者はどのような手続きをとって渡航したのであろうか。恵蕚・恵運等については不明で、恵蕚の最初の渡航の時は太皇太后（嵯峨皇后）橘嘉智子の幡や袈裟を五臺山に施入することを使命としていたので、特別の措置がとられたと思うが、残念ながら史料は残されていない。明らかになるのは円珍からとなる。

【史料1】大中十二年（八五八）閏二月日付け「台州公験請状」(18)

……至嘉祥三年《八五〇》、聖上（文徳天皇）登極、遂進レ状求レ欲二入唐学法一。当朝藤侍郎相公、専与執奏、大尉相公、同レ力主持、勅二詔内供奉大徳僧光定一、因対重奏、至二仁寿元年《八五一》四月十五日一、遂蒙二恩許一。蔵部藤侍郎奉二宣口勅一、賜二給紫衣・路糧等一。便辞レ勅至二鎮西府一。本曹判官藤有蔭・長史紀愛宕、准レ勅供二賜糧食一、至二三年七月十六日一、随二新羅商人王超等船一過レ海。唐大中七年九月十四日、達二福州一。

文徳天皇の即位直後、〈遂に状を進め〉て入唐求法を求め、〈恩許を蒙〉ったという。他にも、「乃録二意旨一抗表、以聞。主上（文徳天皇）深感二懇誠一、便蒙二許可一。」（『円珍伝』）、「抗表以聞。上感激制可。」（『智証大師年譜』）等とある。円珍が上表して入唐の許可を求め、許されたことが知られる。ただ丹念に関連文書を保存し、こまめに記録を残している円珍にしては、その上表文の内容がいっさい伝えられていない。やや不思議なことである。

ついで真如について、関連史料を掲げると次のごとくである。

【史料2】『頭陀親王入唐略記』（『入唐五家伝』所収）

貞観三年三月、親王被レ許二入唐一。六月十九日、発レ自二池辺院一南行、御二宿巨勢寺一。

【史料3】『日本三代実録』貞観三年三月三十日条

聴三伝灯修行賢大法師真如、向二南海道一。

【史料4】『扶桑略記』元慶五年十月十三日条

自レ唐告送云、真如親王逆旅遷化。伝云、……貞観三年上表曰、真如出家以降四十余年。企二三菩提一、在二一道場一。竊以、菩薩之道、不二必一致一。或住〔或カ〕戒行、乃禅乃学。而一事未レ遂、余筭稍頽。所レ願跋二渉諸国之山林一、渇二仰斗藪之勝跡一。勅依レ請、即便下二知山陰・山陽・南海諸道一、所レ到安置供養。四年奏請、擬レ入二西唐一。適被二可許一。乃乗二一船一渡レ海投レ唐。……〈已上出二本伝并国史文一〉。

真如の入唐に同行した伊勢興房が帰国後にまとめた『頭陀親王入唐略記』では貞観三年三月に入唐の勅許が下りたごとくであるが、『扶桑略記』同月条にみえる上表は国内巡礼の許可を求めるものである。また『扶桑略記』では貞観四年に入唐を奏請したように記されているが、「四年」は「渡海投唐」にかかると理解すべきである。これらの史料から真如は国内巡礼中に唐商船来航の情報を得て急遽入唐を奏請し、許可が下りたものと推測されている(19)。

寛建については、『扶桑略記』延長四年(九二六)五月二十一日条に、「召二興福寺寛建法師於修明門外一。奏下請就二唐商人船一入唐、求法及巡中礼五臺山上。許レ之。」と見えるが、奏請の具体的な内容は記されていない。修明門は平安宮内裏外郭の南西端に位置し、中央の建礼門を挟んで春華門と相対している。〈修明門外に召す〉という行為の意味は不明で、あらかじめ提出されていた奏請に対して、許可を伝える儀式が行われたのであろうか。

奝然については、清涼寺釈迦如来像胎内納入文書の一つ「奝然入宋求法巡礼行並瑞像造立記(20)」に「粤有二五臺勝境・天台名山一。雖レ伝二録標題一、奈二滄溟隔闊一。常懸二思想一、志願二礼瞻一。遽発二私心一、尋聞二公府一。値三台州之商旅、泊二帆檣於日東一、因仮二便舟一来入二唐土一。以二癸未歳(永観元)八月一日一離二本国一、其月十八日到二台州一。」とあり、また永延二年二月八日付け大宰府宛太政官符(史料12)に、「蒙二允許宣旨一」とみえる。〈公府に聞して〉〈允許の宣旨を蒙る〉とあるので、奏請し、勅許を得たことは知られるが、奏請の詳細は不明である。

寂照についての関連史料は次のごとくである。

【史料5】『日本紀略』長保四年三月十五日条

入道前三河守大江定基〈法名寂照〉、上レ状向二大宋国一、巡二礼五臺山一。

【史料6】『百錬抄』長保四年条

三月十五日、入道前参河守定基〈法名寂昭〉上レ状、向二大宋国一、巡二礼五臺山一。六月十八日首途。天下上下挙首、向二聖人房一受戒。世人云、是真仙也。

【史料7】『小記目録』異朝事

同（長保四年）六月十八日、寂昭為二入唐一首途事。〈不レ被レ許二入唐一事〉

【史料8】『扶桑略記』長保五年条

秋時、参河守大江定基出家入道。法号寂照。八月廿五日、寂照離二本朝肥前国一、渡レ海入レ唐。賜二円通大師号一。

【史料9】『続本朝往生伝』大江定基

長徳〔保カ〕年中修レ状、申下依二本願一可レ拝二大宋国清涼山一之由上。幸蒙二可許一、既以渡レ海。

以上の史料から、〈状を上つり〉あるいは〈状を修め〉、〈幸い可許を蒙り〉とあるので、入宋を申請し、許可が得られたように思える。ただし史料7の『小記目録』に〈入唐を許されざる事〉とあるのは、『小右記』であるだけに注意すべき記事で、その解釈は下文で触れることにしたい。

このように渡航にあたり、上表して勅許を得ることが必要とされたことが知られるが、その奏請の内容を具体的に知ることができるのは、時期が降るが成尋の場合である。

【史料10】『朝野群載』巻二〇・異国・聖人申渡航の項

阿闍梨伝灯大法師位成尋、誠惶誠恐謹言。

請下特蒙二天裁一、給二官符於本〔大カ〕府一、随二大宋国商客帰郷一、巡中礼五台山并諸聖跡等上状

右、成尋伏尋二往跡一、先賢入唐之輩、本懐各以相分。或為レ決二法流之奥旨一、或為レ礼二聖跡之霊勝一、互請二天裁於本朝一、方遂二地望於異域一。因レ茲、探レ賾討レ深、究二-学顕密之教文一、跋レ山渉レ水、巡二-礼幽邃之名地一。而某、聊開二法門之枢鍵一、纔見二数家之伝記一、五台山者、文殊化現之地也。故華厳経云、東北方有二菩薩住処一、名二清涼山一。過去諸菩薩、常於レ中住。彼現有二菩薩一、名二文殊師利一。有二一万菩薩眷属一、常為二説法一。又文殊経云、若人聞二此五台山名一、入二五台山一、取二五台山石一、踏二五台山地一、此人超二四杲聖人一、為レ近二無上菩提一者。天台山者、智者大師開悟之地也。五百羅漢、常住二此山一矣。誠是炳二然経典文一。但以レ甲二於天下之山一、故天竺道猷登二華頂峰一、而礼二五百羅漢一、日域霊山〔仙〕、入二清涼山一、而見二一万菩薩一。某雖二性愚魯一、見レ賢思レ斉、巡礼之情、歳月已久矣。加之天慶寛延（マヽ）・天暦日延・天元奝然・長保寂昭〔照〕、皆蒙二天朝之恩計〔許カ〕一、得レ礼二唐家之聖跡一。爰迫二齢六旬一、余喘不レ幾。若無レ遂二旧懐一、後有二何益一。宿縁所レ催、是念弥切也。以二六時六行道一、一生斎食、常坐不レ臥。勇猛精進、凝二一心誠一、及二三箇年一。於戯航海之棹、非レ不レ畏也。偏任二残涯於畳浪之風一。懐土之涙、非レ不レ落也。唯寄二懇望於五峰之月一。師跡之遺室、興隆之思、豈廃。母老兮在レ堂。晨昏之礼、何忘。然而先世之因、欲レ罷レ不レ能、今世之望、又思二何事一。望請天裁、給二官符於大宰府一、随二商客帰向之便一、遂二聖跡巡礼之望一。某誠惶誠恐謹言。

延久二年（一〇七〇）正月十一日　阿闍梨伝灯大法師位成尋

その内容は、およそ次のようになる。①これまでの渡航僧は勅許を得て巡礼求法している。②自分が巡礼を希望している五臺山は文殊菩薩仮現の地であり、天台山は智者大師開悟の地である。③自分は早くから聖地への巡礼を志していた。寛延（寛建カ）以下、みな朝廷の恩許によって念願を果たしている。④自分も年齢が六〇歳に

迫り、余命幾ばくもなく、聖地巡礼の希望はいっそう強くなるばかりである。⑤日々、巡礼に備えて厳しい修行を行っている。⑥航海の危険も、故国を離れる寂しさもあり、かつ老母がいる。しかしながら巡礼を思いとどまるわけにはいかない。⑦そこで、勅許して、太政官符を大宰府に下し、宋商人の帰国船に便乗して入宋し、聖地巡礼の希望を遂げさせていただきたい。

中国に渡航して求法・巡礼を志す僧は、原則としてこのような申請をして勅許を得る必要があったことが知られるが、文書として残されているのは、この成尋のみである。そして成尋は、理由は定かではないが[21]、許可を得られず、奏請から二年後に密航の形で入宋の途についている。なお成尋申状の中で言及されている「天慶寛延」については他に史料がない。今は延長五年に渡海した「寛建」とみる説にしたがって叙述を進めることとする[22]。なお成尋が〈天朝之恩許を蒙〉って渡航したとする先賢の中に、成尋が祖師と仰ぎ、諸事先例とする円珍が含まれていない。円珍はすでに述べたように勅許を得て渡航している。それにもかかわらず先例としてあげられていないのは、中国への渡航僧にも、求法を中心としたものから、聖地巡礼による罪障の消滅を願うという意識の変化があり、円珍までは求法、寛建以後は巡礼を主とした渡航と理解しているあらわれであろう[23]。

さて、成尋が〈天朝之恩許を蒙〉った先例としてあげている寂照については一つ問題がある。すでに触れたように、『小記目録』に「不レ被レ許二入唐一事」とあることである。これについては、「出京の時点で未だ勅許が無いことを示したもの[24]」、「勅許は得られなかったようであるが、時の権力者藤原道長の庇護により、半ば公的に渡海が実現した[25]」、京都出発後いったん帰京した際に渡海公認をうけたのではないか[26]といった、さまざまな解釈がなされている。史料6『百練抄』によれば、寂照は入宋のために都を離れるとき、多くの人々に見送られながら出発している。公然とした旅立ちである。『小右記』の記事は入唐の許可が下りないままに、鎮西に旅立った可能性を示唆している。ここで成尋の例が想起される。

成尋も前掲史料のように勅許を申請しながら、許可が下りないまま、博多津から離れた肥前松浦郡壁島で宋商船に乗り込み、密航の形で出航している。しかし成尋は入宋にあたり、皇太后藤原寛子からは故後冷泉天皇の書写経、藤原師信からは亡妻の遺髪と鏡などを五臺山に施入するよう託されている。また経典六〇〇余巻及び仏具等を携え、便乗船の宋商人に対して多額の渡航費用が渡されている。[27] つまり成尋が入宋すること自体は公ごとで、渡航の準備は公然と行われていたとみなければならない。ただ勅許を得る前にたまたま便船を得て、その宋船の都合により出航となったため、人目をはばからざるを得なかったのであろう。この点寂照の場合も同じように思われる。史料8『扶桑略記』の伝える、寂照が〈本朝肥前国を離れて〉とある記述を、肥前国で乗船したものとすれば、成尋と同じように勅許が下りないまま博多津を避けて乗船したと考えることもできるのではなかろうか。成尋は寂照の先例を追ったのかも知れない。寂照について、〈恩許〉を蒙ったとする成尋奏状と齟齬が生じるが、出航後に勅許が下されたと考える余地もあるように思われる。

なお密航者には寂照・成尋の他に戒覚がいる。永保二年九月五日、師弟三人で博多津において宋商人劉琨の船に乗り込んで渡航するが、「依レ恐二府制一、隠如レ盛レ嚢、臥二舟底一、敢不レ出レ嗟」(『渡宋記』同日条)とあるように、明らかに渡航の許可を得ていない。同日条にはさらに、「就中商人由来以レ利為レ先。然予全無二傭物之儲一。只有二祈念之苦一。今邂逅遂二本意一。豈非二文殊感応一乎。」と記されている。小野勝年氏は、「一種の密航であり、しかも船主への資物を記していないところをみると、無賃ではないまでも、安い船賃かと思われる。[28]」と述べておられる。同乗の師弟八人、見送り六名に加えて多くの荷物を携えて乗船した成尋と比べて、戒覚は師弟三人と少人数で、また成尋・寂照等と比べて無名であったことから、博多津でも目立つことなく乗り込むことが出来、敢えて博多津を避けるまでもなかったのであろう。劉琨は「廻却宣旨」つまり帰国の命令を受けていたので、帰国までの間、公に博多津に留まっていることはできたのである。

2 大宰府宛太政官符の発給

さて、成尋の申文（奏状）で注意したいのは、太政官の渡航証明書ではなく、太政官に対して大宰府の証明書を発給するよう求めていることである。円珍の場合、勅許は下りたが、大宰府宛太政官符の存在については、明らかにできない。成尋が先例としてあげている寛建については次のように記されている。

【史料11】『扶桑略記』延長四年（九二六）条

五月廿一日、召二興福寺寛建法師於修明門外一。奏下請就二唐商人船一入唐求法及巡中礼五臺山上。許レ之。又給二黄金小百両一、以宛二旅費一。法師又請二此間文士文筆一。菅大臣、紀中納言、橘贈中納言、都良香等詩九巻、菅氏・紀氏各三巻、橘氏二巻、都氏一巻。但件四家集、仰追可レ給。道風行草書各一巻、付二寛建一令レ流二布唐家一。可二相従入唐一僧并雑人等、従僧三口・童子四人・近事二人。勅遣二元方於左大臣宿所一、寛建法師入唐之由、宜レ遣二書大弐扶幹朝臣許一、可レ仰二其旨一。

六月七日、依有院仰、勅奉黄金五十両。此為給入唐求法沙門寛建也者〈已上出二御記一〉。

勅許が下された後、左大臣藤原忠平に大宰大弐藤原扶幹に書を送り、入唐の趣旨を伝えるよう指示している。扶幹は延長元年四月に中宮大夫に任じられ、同三年正月に大宰大弐を兼ねている。延長四年当時の帥は敦固親王であるので、大弐扶幹は事実上の長官となるが、中宮大夫兼大宰大弐であるので、本人は在京している。この史料からみると、大宰府宛に太政官符が発給されたとみるよりも、在京の大弐から現地の府官に寛建入唐を許可する旨が伝えられたもののごとくで、果たして太政官符が発給されたかは不明である。

具体的な大宰府宛太政官符は奝然の場合にみることができる。宋から帰国した奝然が、滞宋中の優遇に対する謝意を宋の太宗皇帝に伝えるため、帰国に利用した宋商船の帰郷便に弟子の嘉因らを乗せて宋に送ることを朝廷に求め、それが許された時の大宰府宛太政官符である。

【史料12】『続左丞抄』第一・永延二年二月八日付け大宰府宛太政官符

太政官符大宰府

応丁為レ使二伝灯大法師位嘉因一、重発二遣大唐一令丙供二養五臺山文殊菩薩一兼請乙度新訳経論等甲事

従僧二口　童子二人

右、得二入唐帰朝法橋上人位奝然奏状一偁、奝然為レ遂二宿願一、去天元五年蒙二允許宣旨一、渡海入唐。適参二五〔台脱〕山一、巡二礼文殊之聖跡一、更覲二大宋朝一、請二来摺本一切経論一蔵一矣。抑寔雖レ致二巡礼伝法之功一、未レ遂二財施供養之願一。帰朝之後、雖下馳二願心於五臺山清涼之雲山一、繫中供養於一万文殊之真容上、未レ遂二件願心一。因レ之差二嘉因法師一、重欲二発遣一。今件嘉因、久住二東大寺一、苦二学三論无相之宗教一、同往二西唐国一、共受二五部秘密之灌頂一、非三啻学二顕密之法一、兼以解二漢地之語一。然則足レ為二訳語一者也。望請天恩、下下給宣旨於大宰府上、随二鄭仁徳等帰船一、発二遣大唐一、令下供二養文殊菩薩一、兼請中度新訳経論等上、将下奉レ祈二聖皇宝祚一、且遂二宿願遺余一者、左大臣宣、奉レ勅、依レ請者、府宜承知、依レ宣行レ之。符到施行。

正六位上行右少史穴太宿祢

右中弁正五位上兼行大学頭平朝臣

永延二年二月八日

成尋が前掲の申文（史料10）において、太政官から大宰府に対して渡航の許可を与えるよう求めているのは、まさにこのような趣旨の官符を指しているのであろう。なお入宋前後の経歴等が不明なため、前記の渡航者の中に掲載しなかったが、心覚『入唐記』[29]に「慶盛　永承四ー申給官符入唐〈後冷泉御代也〉」という記述がある。永承四年（一〇四九）に慶盛が官符を給わって入宋したという[30]。これも大宰府宛太政官符とみてよいであろう。

3　渡航の準備と下向

勅許を得ることができたものは、天皇・上皇そして摂関をはじめとする朝廷をあげて大きなバックアップを得て、渡航の準備を進める。延長四年（九二六）の寛建については、史料11『扶桑略記』の記述のように、醍醐天皇や宇多法皇が合わせて金一五〇両を旅費として支給しているだけでなく、寛建の要請に応じて菅原道真・紀長谷雄・橘逸勢・都良香らの詩文集を下賜しており、さらに小野道風の書を寛建に託し唐で披露させることまで考えている[31]。また奝然が帰国した後、太宗に御礼の品々を送っているが（『宋史』日本伝）、それはまさに日本の文化・技術の粋をこらした品々で、朝廷の支援があってはじめて実現するものであった。寛建や奝然の例から、朝廷が彼ら入唐・入宋僧に期待していたことがよく理解でき、日本を誇るという意識が顕著にうかがえるものの、そこに外交を結ぼうという意図をうかがうことはできない。中華としての名分は維持しながら、交流は続けるという当時の国際認識の一端を示している[32]。

この他京都を出発するまでの間に、仏事を修したり、随身する経典などの品々を集めるなどの準備を整え、大宰府に向かう。円珍は唐に持参するため特別仕様の位記や度牒を得ている[33]。奝然の場合、慶滋保胤作「奝然上人入唐時、為レ母修善願文」（『本朝文粋』巻一三・願文上・雑修善）、同人作「仲冬餞二奝上人赴レ唐、同賦二贈以レ言、各分二一字一。探二得軽字一」（『本朝文粋』巻九・詩序・祖餞）などから、母の逆修、知人との餞別の会などを催していることが知られる。寂照も母のために法華八講を修している。また奝然は、出発までの間に天元五年八月十五日付け長安青龍寺宛東大寺（東寺とする史料もある）牒、同年八月十六日付け天台山国清寺宛延暦寺牒を得ている[34]。後者の本文を示すと次のごとくである。

【史料13】唐国清寺宛延暦寺牒

日本国天台山延暦寺　牒大唐天台山国清寺

東大寺伝灯大法師位奝然

牒、得二奝然陳状一偁、十余年間、有二心渡海一。蓋歴二観名山一、巡二礼聖跡一也。適遇二商客一、将レ付二帰艎一。奝然郷土非レ不レ懐、尚寄二心於台嶺之月一、波浪非レ不レ畏。偏任二身於清涼之雲一。往者真如出二潢派一而趣二中天竺一、霊仙抛二家国一而住二五臺山一。縦雖二庸才一、欲レ追二古跡一。伏望、垂二允容一給二小契一、以為二行路之遠信一者、夫以、一方異域、雲水雖レ迥、一味同法、師資是親。件奝然学二傳三論一、志在二斗藪一。願令三万里之飛蓬、付二一箇之行李一。以牒。

天元五年八月十六日　　都維那伝灯法師位

奝然は陳状において、〈伏て望むらくは、允容を垂れ小契を給ひ、以て行路之遠信と為さんことを〉と述べている。「遠信」はやや意味が取りにくいが、『残闕醍醐雑事記』所収同牒には「符信」とある。「符信」であれば、証拠・信用といった意味になり（『大漢和辞典』）、まさに身分証明書兼紹介状を要請したと理解できる。

このようにして準備を整え、京都を離れて、大宰府に下向するのである。

4　大宰府の証明書――「公験」の発給

さて、勅許が下りると、大宰府に対して太政官符が発給され、入唐の支援を命じる。そこで問題となるのは、大宰府が渡航者に対してどのような文書を給付したかということである。国内の通行証としては「過所」が公式令に規定されているが、海外への渡航証明書となると、新たなる事態である。これが明らかになるのはやはり円珍の場合である。円珍は大宰府に到着後、渡航の便船を待ち、やがて来日した唐商人王超らの帰国便に同乗して唐に渡ることとし、大宰府に唐で用いる証明書の発給を申請し、次の二通を得ている。史料14と史料15の第一紙で、前者をA、後者をBとする。いずれも原本が残されており、Bについては紙継ぎの状況や下文とも関連する

ので、著名な史料であるが、一巻三紙の記載を全文掲げることにする。(35)

【史料14】『円珎大宰府公験』一巻　なお異体字は通用の字体に改め、返り点は省略した。

日本国大宰府
　延暦寺僧円珎年卌 臈廿一
　　従者捌人
　　　随身物、経書・衣鉢・剔刀等
得円珎状云、将遊行西国、礼聖求法、
□附大唐商人王超等迴郷之船。恐
到処所不詳来由、伏乞判附公験、
□為憑拠。
　仁寿参年貳月拾壱日　大典越「貞原」
　　　　　　　　　　　大監藤「□□」　※「大宰之印」三顆あり

【史料15】『円珎福州公験』一巻二通

江州延暦寺僧円珎
為巡礼、共大唐商客王超・李延孝等、入彼国状
并従者、随身経書・衣物等
僧円珎字遠塵年四十一 臈廿二
従者　僧豊智年卅三 臈十三　沙弥閑静年卅一 俗姓海　訳語丁満年卌八　物忠宗年卅二
　　経生的良年卅五　伯阿古満年廿八　大全吉年廿三

随身物　経書肆佰伍拾巻、三衣・鉢器・剔刀子　雑資具等名目不注

右円珎為巡礼聖迹、訪問師友、与件商人等、向大唐

国。恐到彼国、所在鎮鋪、不練行由。伏乞判付

公験、以為憑拠。伏聴処分。

牒、件状如前。謹牒

　　仁寿三年七月一日　僧円珎牒

「任為公験、漆月伍日

勅勾当客使鎮西府少監藤

※「主船之印」一五顆あり

「有蔭」　　」

……………………（紙継ぎ目「福州都督府」印）……………………

「福州都督府

日本国求法僧円珎謹牒　「漆人」（朱筆）

　為巡礼来到　唐国状、并従者　随身・衣鉢等

　　供奉僧円珎　年四十一 臈廿二

　　　僧豊智年卅三 臈一十三　沙弥閑静年卅一 俗姓海　訳語丁満年卌八

　　従者　経生的良年□□　物忠宗年卅二　大全吉年廿三

　　　伯阿古満年廿八　却随李延孝船、帰本国報平安。不行。

　　随身物　経書四百五十巻、衣鉢・剔刀子等、旅竈壱具

牒、円珎為巡礼天台山・五臺山、并長安城青龍・興

善寺等、詢求聖教、来到　当府。恐所在
州県鎮舗、不練行由。伏乞公験、以為憑拠。
謹連元赤、伏聴処分。
牒、件状如前。謹牒
　大中七年九月　日　日本国求法僧円珍牒
「任為公験、十四日
　福府録事参
　軍「平仲」　」

※「従者」「十四日」二箇所に「福州都督府」印を押捺し、「従者」のところの印の上に「印」と墨書で大書する

…………（紙継ぎ目「福州都督府」印）…………

「日本国僧円珍等漆人、往天
台・五臺山、兼往上都巡礼、仰
所在子細勘過。玖月拾肆
日、福建都団練左押衙充
左廂都虞侯林「師贇」　」
「福建海口鎮、勘日本国僧円珍
等出訖。大中七年九月廿八日。
史魏□□
　鎮将朱「浦」　」

※「左廂都虞侯印」一顆あり

A・Bいずれも、唐に渡ってから、事情を知らない官人に不審に思われることを避けるために証明書の発給を

求めたもので、大宰府官人の姓・職名などを中国風に表記している。[36] そしていずれも発給される文書を「公験」と称し、「憑拠」とすることを目的としている。Aは全文が大宰府官人の手になる文書であるのに対し、Bは円珍自筆の牒状に大宰府官人が外題（判辞）を加える体裁をとっているところに大きな相違がある。この後、円珍は唐の福州に到着し、同地で福州都督府の公験を得て、求法の旅を始めるのであるが、Bはこの福州都督府の公験に貼り継がれており、紙継ぎ目には「福州都督府印」が押捺されている。これらの状況を考えると、唐に到着後正式に提出されたのはBで、Aは提出されることはなかったと考えてよい。

それではなぜ円珍は二通の、内容的にはほぼ同じ公験を大宰府から交付されているのであろうか。一つには人数の違いで、Aには従者八人とあるが、Bの従者は七人となっている。また日付の違いで、Aは二月十一日付け、Bは七月一日付けになっている。実際に円珍が入唐の途につくのは、七月十五日のことである。従者が八人から七人に変更になったこと、また二月の発給から、実際の渡航まで間があいてしまったため、再度申請したといった事情が考えられる。[37] しかし書式まで異なっているのはどのように理解すべきであろうか。

延暦寺には最澄が唐において発給された通行許可証が伝存している。[38] そのうちの一通貞元二十年九月十二日付け明州牒は全文が明州官人の手になるものであり、もう一通の貞元二十一年二月付け台州公験は最澄牒に「任為公験。三月一日台州刺史陸淳」と判辞を加えている。円珍のAは前者に似てはいるが簡略にすぎ、書き止め文言も不備である。一方後者には、一行の名前、随身物、目的が詳しく書かれ、「恐在道不練行由。伏乞公験。」といった円珍のBに共通する文言が記されている。すなわち書式の上では円珍Bは最澄の台州公験に類似している。円珍は最澄の台州公験を参考に大宰府に再発行を求めたのかも知れない。いずれにせよ、太宰府は円珍のA作成時点では唐の書式を十分に参考にしてはいなかったのである。これまで想定していなかった事態の中で、大宰府が発給文書の書式を模索していた様子がうかがえる。

次に注目されるのは、円珍からおよそ七〇年後に渡航した寛建の例である。

【史料】『日本紀略』延長五年（九二七）正月二十三日条

僧寛建等賜二大宰府牒一。欲レ赴二大宋国福州府一、為レ巡二礼五臺山一。

これによれば、寛建に「大宰府牒」が交付されたという。牒式文書は、これより以前、太政官と新羅執事省、渤海中台省等との間で用いられているが、この頃大宰府牒もまた朝鮮半島のいわゆる後三国時代の一つ後百済との間で用いられている。『本朝文粋』巻一二・牒所収延喜（二十二）年（九二二）「答新羅返牒」は、冒頭が省略されているが大宰府牒とみて誤りない。また延長七年（九二九）の新羅全州王（後百済王）甄萱の使者張彦澄らが対馬に来航し、大宰府司等宛ての文書をもたらした。朝廷で審議した結果について、『扶桑略記』延長七年五月廿一日条に、「太政官符大宰府。新羅人張彦澄等資レ粮従二放帰一、并令下文章博士等修二大宰・対馬返牒・書状案一下遣上。大宰牒略云、……」とあり、文章博士等が作成した草案をもとに大宰府牒を使者に与えている(39)。このようにみてくると、渡航目的地である福州府宛に大宰府牒が寛建に対して交付されたことも十分考えられる。書式としては前にみた円珍のAに類似しているものと推測される。ただし円珍のAが正式には用いられることがなかったことを考えると、円珍のBのように、申請者寛建牒に大宰府官が外題（判辞）を加えた体裁の文書を「大宰府牒」と称している可能性もある。またこの頃は五代十国の時代で『日本紀略』が「大宋国福州府」の表現を用いているのは、編纂当時の知識で表記している可能性があり、「大宰府牒」についても、果たして文字通りに解釈してよいか不安もあるが、もし寛建に対して大宰府牒が交付されたとすれば円珍の場合とは異なる対応で、書式が必ずしも定まっていなかったとみることができるであろう。このあたりの事情については今後の課題としたい。

いずれにしても、渡航に際しては大宰府の文書が公験として発給された。太政官言い換えれば朝廷が外交に直接関与することを表面的には避けるという、この頃の対外方針の反映であるとともに、大宰府に唐・宋の市舶司の地位を与えているものと理解できるであろう。

こうして日本での手続きを終え、いよいよ渡航の途につくことになる。

おわりに

島と港への関心から、遣唐使以後の中国渡航者の発着地について検討し、出国に至るまでの手続きについて考察を加えてきた。いわゆる「年紀制」や「渡海制」など、出入国管理に関わる法制について触れることができなかったが、公使の途絶後、新しい事態に国家はどのように対応したのか、今後もさらに検討を進めたいと考えている。

(1) 『続日本紀』天平勝宝六年(七五四)二月丙戌条
(2) 松原弘宣「天平八年の遣新羅使の船旅」(『古代国家と瀬戸内交通』吉川弘文館、二〇〇四年)参照。
(3) 最近の研究に酒寄雅志「遣唐使の航路」(『栃木史学』二八号、二〇一四年)がある。
(4) 渡航者の全容については、原美和子「日中・日朝僧侶往来年表(八三八〜一一二六)」(村井章介代表科研報告書『八—一七世紀の東アジア地域における人・物・情報の交流』(二〇〇四年)参照。なお俗人の例では貞観十六年(八七四)入唐の大神巳井らがいるが(『日本三代実録』同年六月十七日条)、具体的な手続きは不明で、ここでは考察の対象から除いた。
(5) 恵蕚については、田中史生編『入唐僧恵蕚と東アジア』(勉誠出版・二〇一四年)参照。同書には恵蕚関係史料集も掲載されている。

（6）恵運については、『安祥寺恵運伝』（『入唐五家伝』）、京都大学文学部日本史研究室編『安祥寺資財帳』（思文閣出版、二〇一〇年）、田中俊明「安祥寺開祖恵運の渡海―九世紀の東アジア交流―」（上原真人編『皇太后の山寺―山科安祥寺の創建と古代山林寺院―』（柳原出版、二〇〇七年）等参照。

（7）円珍については、小野勝年『入唐求法行歴の研究』上下（法蔵館、一九八二～三年）、佐伯有清『円珍』（吉川弘文館、一九九〇年）等参照。

（8）真如については、田島公「真如（高丘）親王一行の「入唐」の旅―「頭陀親王入唐略記」を読む―」（『歴史と地理』五〇二号、一九九七年）、佐伯有清『高丘親王入唐記―廃太子と虎害伝説の真相―』（吉川弘文館、二〇〇二年）等参照。

（9）寛建については、王勇「遣唐使廃止後の海外渡航の物証　道賢をめぐる人間関係を中心として」（『アジア遊学』二二号、二〇〇〇年）、手島崇裕『平安時代の対外関係と仏教』（校倉書房、二〇一四年）等参照。

（10）日延については、竹内理三「入呉越僧日延伝釈」（『日本歴史』八二号、一九五五年）、桃裕行「日延の天台教籍の送致」（『暦法の研究』下、思文閣出版、一九九〇年）等参照。

（11）奝然については、西岡虎之助「奝然の入宋について」（『西岡虎之助著作集』三　三一書房、一九八四年）、木宮之彦『入宋僧奝然の研究―主としてその随身品と将来品―』（鹿島出版会、一九八三年）等参照。

（12）寂照については、西岡虎之助「入宋僧寂照についての研究」（注11前掲書所収）、上川通夫「寂照入宋と摂関期仏教の転換」（『日本中世仏教と東アジア世界』塙書房、二〇一二年）、手島崇裕注9前掲書等参照。

（13）成尋については、藤善真澄『参天台五臺山記の研究』（関西大学出版部、二〇〇六年）、同『参天台五臺山記』上下（関西大学出版部、二〇〇七・二〇一一年）等参照。

（14）戒覚については、森克己「戒覚の渡宋記について」（『続日宋貿易の研究』勉誠出版、二〇〇九年）、小野勝年「戒覚の『渡宋記』」（『龍谷大学論集』四〇〇・四〇一合併号、一九七三年）等参照。なお『渡宋記』原文翻刻は宮内庁書陵部編『伏見宮家旧蔵　諸寺縁起集』（明治書院、一九七〇年）、影印は宮内庁書陵部編『渡宋記　僧慶政関係資料集』（一九九一年）として刊行されている。

（15）小野勝年注14前掲論文五一六頁。

(16) 拙論「『成尋阿闍梨母集』にみえる成尋ならびに従僧の書状について」(『中央大学文学部紀要』史学五二号、二〇〇七年)参照。
(17) 拙著『東アジア世界と古代の日本』(山川出版社、二〇〇三年)八～一四頁参照。
(18) 『園城寺文書　第一巻　智証大師文書』(園城寺、一九九八年)〔一七―三〕に写真と釈文とが収められている。
(19) 注8前掲田島公・佐伯有清論著参照。
(20) 『大日本史料』第一編之二十、永観元年八月一日条参照。
(21) 寂照に従って渡航を望んだ延殷について、『阿娑縛抄』所引「明匠等略伝日本下」に「官家有㆑議、下㆑牒拘㆓留延殷㆒。惜㆓偉器㆒也。」とある。西岡虎之助注11前掲書二三九～二四〇頁、手島崇裕注9前掲書七七頁、等参照。成尋も後冷泉天皇や藤原頼通らから信頼される高僧であるところから、なかなか許可が下りなかったのであろう。
(22) 桃裕行「符天暦と日延」(注10前掲書所収)二四頁注4参照。
(23) 拙論「入宋巡礼僧」(荒野泰典・石井正敏・村井章介編『アジアのなかの日本史』Ⅴ　東京大学出版会、一九九三年)、上川通夫「入唐求法僧と入宋巡礼僧」(荒野泰典・石井正敏・村井章介編『日本の対外関係3　通交・通商圏の拡大』吉川弘文館、二〇一〇年)等参照。
(24) 手島崇裕注9前掲書七六～七七頁。
(25) 森公章『成尋と参天台五臺山記の研究』(吉川弘文館、二〇一三年)八八頁。
(26) 上川通夫注12前掲書四八～五一頁。
(27) 注23前掲拙論及び拙論「成尋―一見するための百聞に努めた入宋僧」(元木泰雄編『古代の人物　6王朝の変容と武者』清文堂出版、二〇〇五年)等参照。なお渡航費用については、『参天台五臺山記』延久四年三月十五日条に、船頭等への志与物として、「米五十斛、絹百疋、褂二重、沙金四小両、上紙百帖、鐵百挺、水銀百八十両」を渡したと記されている。
(28) 小野勝年注14前掲論文五一六頁。
(29) 川瀬一馬『入唐記―平安末期鈔本　解説并釈文』(龍門文庫、一九六〇年)

(30) 慶盛については、手島崇裕注9前掲書二八四～二八五頁参照。
(31) 『本朝文粋』六・奏状中所収「天徳二年正月十一日（小野）道風奏状」には「名是得播唐国。」と道風自ら記している。
(32) 入宋僧の意義についてはさまざまな意見が出されているが、最近の研究として手島崇裕注9前掲書をあげるにとどめたい。
(33) 小山田和夫「中務位記と治部省牒」（『智証大師円珍の研究』（吉川弘文館、一九九〇年）参照。
(34) 『大日本史料』第一編之十九、天元五年十一月十七日第二条参照。東大寺牒については東寺牒とする史料もある（西岡虎之助注11前掲書八八～九〇頁参照）。延暦寺牒については、『東寺文書』甲号外十七を底本に『扶桑略記』天元五年八月十六日条及び大通寺所蔵『残闕醍醐雑事記』による校異が示されている。ここでは概要を示すため、「已上奝然法橋度唐牒」として引かれている『扶桑略記』の本文により、体裁等必要な範囲で『東寺文書』を参考にして引用することとする。なお大通寺所蔵『残闕醍醐雑事記』によると、二通共に慶滋保胤作とある。
(35) 注18前掲『園城寺文書』〔一三〕〔一四〕に写真と釈文とが収められている。なお礪波護「唐代の過所と公験」（『中国中世の文物』京都大学人文科学研究所、一九九三年）参照。
(36) 注33で触れた、円珍が入唐に携行した位記や治部省牒なども唐の役所に提出することを意識して、官名・人名すべて中国風に表記している。
(37) 礪波護注35前掲論文六八三頁。
(38) 石田実洋「伝教大師入唐牒」についての二、三の考察」（『日本歴史』六〇六号、一九九八年）、荒川正晴『ユーラシアの交通・交易と唐帝国』（名古屋大学出版会、二〇一〇年）三九六～三九九頁、等参照。なお桜田真理絵氏は唐代の通行証にみえる二つの書式について比較検討されている（「唐代の通行証─標準型・簡易型による区別」（鈴木靖民・荒井秀規編『古代東アジアの道路と交通』勉誠出版、二〇一一年）。
(39) 少し時代は降るが、承暦三年（一〇七九）、高麗から高麗国王の病気を治療する医師の派遣を求める大宰府宛礼賓省牒に対し、礼賓省宛大宰府牒で対応している（『本朝続文粋』巻一一・牒）。また宋との関係では、延久五年（一〇七三）に成尋の弟子がもたらした神宗の天皇宛親書と品物に対する返礼品を僧仲回らが届けたが、『続資治通鑑長編』元豊元年（一〇七八）二月辛亥条には、「明州言、得㆓日本国太宰府牒㆒称、附㆓使人孫忠㆒遣㆓僧仲回等㆒、進㆓絁二百匹・水銀五千両㆒。…」とあり、大宰府牒が用いられている。

一二世紀前後における対馬島と日本・高麗
――『大槐秘抄』にみえる「制」について――

近藤剛

はじめに

日本列島と朝鮮半島の間に位置する対馬島は、古代より両地域の人や物を結びつける役割を担ってきた。筆者が関心を抱いている高麗時代における対日通交の拠点は、朝鮮半島南部の金州（金海府）や慶州であり、担当官を中心に様々な交流が行われてきた。[1]『高麗史』では特に、一一世紀後半の文宗（在位一〇四六～一〇八三年）と宣宗（在位一〇八四～一〇九五）の時代に、対馬島・壱岐島・大宰府・筑前・薩摩などの九州諸地域から、様々な肩書きを帯びた日本人が高麗へ渡航し、方物を献上する記事が散見する。この点に関して後代の学者である李斉賢（一二八七～一三六七）は、文宗の治世について「宋朝毎錫二褒賞之命一、遼氏歳講二慶寿之礼一、東倭浮レ海而献レ琛、北貊扣レ関而受レ廛」（『高麗史』巻九）と述べ、「東倭」すなわち「日本」は海を渡って「琛」（蕃国が上京して献上する品物〈『佩文韻府』巻七三「献」〉）を献上する存在として位置づけている。しかし、一二世紀になると日麗交流を示す記事はほとんど見られなくなり、一三世紀になると、いわゆる「進奉船」をめぐる議論が日本の朝廷で行われるようになる。[2]すなわち、一二世紀の日本と高麗の関係については必ずしも明らかではないのである。このような状況の中で筆者が注目する史料として、藤原伊通（一〇九三〜一一六五）が応保二年（一一六二）頃に二条天皇に提出した意見書『大槐秘抄』がある。(3) この史料には、対外関係、とりわけ高麗との関係について記された箇所がある。そしてその中にみえる「制」について、いわゆる「渡海制」をさすとするのが通説となっている。(4) しかし「渡海制」に関しては、後述のようにその法源について議論となっている他、「渡海制」を示すと考えられている史料も一〇世紀から一二世紀にまで及んでおり、これらを同じ「渡海制」と理解できるのかどうかについて、これまで十分な検討がなされてきたとは言い難い。そこで本稿では、『大槐秘抄』の「制」の意味するところについて検討するとともに、一二世紀を前後する時期の日本と高麗との関係について考えてみたい（文章・史料中の「……」は中略、「／」は改行を示す）。

一　『大槐秘抄』対外関係記事の校訂

1　『大槐秘抄』の諸写本

『大槐秘抄』の活字本は、①『群書類従』巻四八九・雑部四十四（一八一九年完成。一九三三年続群書類従完成会刊行）、②『日本教育文庫家訓編』（同文館編輯局編、一九一〇年）、③『新校群書類従』第二十一巻（巻四八九・雑部四十四。内外書籍株式会社、一九三〇年）に収録されており、もっぱら①や③が流布・利用されてきた。これら活字本の奥書には、「右之一冊以㆓芝山勘解由次官廣豊本㆒令㆓書写㆒且遂㆓校合㆒畢／元禄五年二月　日　左中将公韶／右四辻宰相公韶卿以㆓自筆奥書之本㆒令㆓書写㆒訖／元禄八年仲冬廿七日」とある。すなわち、左中将四辻季輔《すえすけ》次男で、権中納言芝山定豊の養子となった芝山廣豊（一六七四〜一七二三）の所蔵本を、元禄五年（一六九二）二月に廣豊の実兄である四辻公韶《きんつぐ》（一六七〇〜一七〇〇）(5) が書写し、それを元禄八年（一六九八）十一月に何者かが転写した写本に依っているのである。(6)『群書解題』によれば、「他に写本として神宮文庫蔵本（天明元年〈一七八一〉写）などがある」という。(7)

しかし、久保常晴氏はこれらとは異系統の『大槐秘抄』の存在を紹介された。久保氏の蔵書中の『大槐秘抄』（享和本）には、活字本にはみられない系図、すなわち藤原道長の三男右大臣頼宗から始まり、伊通の男権中納言伊実に至る図を示し、それに続いて、「一覧書写加二朱墨一／享和一孟冬白也、正四位右少将藤（花押）」とある。(8)また、久保氏作成の『新校群書類従』本と享和本の対校表を見ると、相当数の異同があることがわかる。そのため筆者は他の写本と比較する必要があると考え『大槐秘抄』の写本調査を行なったところ、(9)閲覧した限りにおいて、近世を遡る写本を見出すことはできず、最も古い年代は寛文六年（一六六六）の奥書を持つ【内閣文庫寛文六年本】（後述。以下【　】は写本の略称を示す。所蔵機関との対応関係については注（9）を参照）で、その次は延宝八年（一六八〇）の年代のある【尊経閣本】(10)であった。そして奥書や本文の字句の異同などを検討したところ、大別して三ないしは四種類の系統に分かれることがわかった。詳細は別稿を期すこととし、本稿では整理したものを次に掲げる（書写年代がわかるものについては〈　〉で表記した）。

（A）芝山豊廣系統

ア　活字本が参照した系統の写本

【多和文庫弘化四年本】〈一八四七〉・【広瀬本】〈一八五九〉・【八洲文藻】〈書写年代は明らかではないが、『八洲文藻』そのものは一八四五に完成〉

イ　活字本と同じ奥書があるものの、アの系統と比べると少なからず異同のある写本

【国会図書館本】

ウ　活字本にある奥書のうち、「元禄五年二月日」までの記載しかないもの

【松岡本】〈一七八五〉・【本居本】〈一八三三以前〉・【穂久邇本】〈一八六四〉

（B）壺井義知系統の写本（久保氏所蔵享和本もここに含まれるであろう）

【多和文庫享保三年本】〈一七一八〉・【池田本】〈一七三四〉・【名古屋大本】〈一七三八〉・【山内本】〈一七五六〉・【内閣文庫寛政五年本】〈一七九三〉・【狩野文庫本】・【蓬左文庫本】・【紅葉山本】

この系統は、本文の後に伊通の曽祖父頼宗から子の伊実までの系図があり、それに続いて「再三校合且加一系図畢壺井義知」の跋文が見える。(11) 壺井義知（一六五七～一七三五）は官職・装束に通じた江戸時代中期の故実家である。(12)

（C）（A）・（B）の両系統の写本を見たことが示されている写本

【柳原本】〈一八六五〉(13)

（D）禁裏本系統の写本

【内閣文庫寛文六年本】〈一六六六〉・【東山本（書陵）】〈一七三二以前〉・【尊経閣本】〈一六八〇〉・【狩野文庫明和八年本】〈一七七一〉・【徳大寺本】〈徳大寺公迪の没年一八一一以前〉・【昌平坂本】〈一八六四〉・【清和院本】・【東山本（勅封）】・【東山本（史料）】

およそ以上のように分類することができる。(14) 本文全体をみると、活字本と同じ（A）アの系統は、本文の脱落や明らかな誤字が含まれているため、(15) 本史料を扱う際には他系統の写本による校訂が必要である。次節では調査を通じて蒐集した写本を利用して校勘した釈文を示すことにしたい。

2 『大槐秘抄』対外関係部分の翻刻および釈文

本節では、『大槐秘抄』対外関係部分の翻刻および釈文を掲げる。底本については、【内閣文庫寛文六年本】を用いる。奥書には「於二番衆所一遂二書写一者也。尤可レ為二秘蔵一者也／寛文六年三月十八日／権中納言藤原（花押）／再三令二校合一了」とあり、寛文六年（一六六六）三月十八日に書写を遂げ、「秘蔵」とすべきとある。書写者について、『公卿補任』で寛文六年当時の「権中納言藤原」を検索すると、池尻共孝・清閑寺熙房・四辻季賢・東園基賢・万里小路雅房・中御門資熙・小倉実起の七名がいる。(16) 次に「番衆所」とは「禁裏小番」の詰所のことで、江戸時代の禁裏小番は、内々番・外様番・近習番の三番から成り、摂家を除く全ての公家がそれぞれ五番あるいは六番に結番して宮中に参勤・宿直をする制度であった。(17) 田中暁龍氏は、菊亭文庫の「万治四年・寛文二年等日次記録」の分析から、寛文三年（一六六三）正月時点での内々・外様・近習それぞれの小番衆の一覧表を作成され、近習小番の編成については不明であるが、内々・外様小番については、五番編成であったことを明らかにされた。(18) 五番編成について本田慧子氏は、「五番というのは番衆を五組にわけ一番の人々は一、六、十一、十六、二十一、二十六日に参番し、以下二番は二、七、……、三番は三、八、……四番は四、九、……五番は五、十、……に参番する形態を言う」(19) と述べる。また本田氏は、「禁裏小番の職務の中で屢々目につくのは書物の書写と校合である……江戸時代においても書籍の書写はさかんに行われているが、なかでも寛文年間には大規模に行われた模様である。万治四年正月の火災に内裏が炎上し、新院御所の文庫が炎上を免れたため、その書籍の書写が行われたためである。まず、寛文三年十二月に『御湯殿上日記』弘治三年より天正十三年に至る四十三冊を公家衆に分配し書写を申付けた」とし、「御ゆとの、うへの日記一番二番三番四番五番へ取分校合之事申付也、一番〈五冊〉二番〈五冊〉三番〈五冊〉四番〈七冊〉五番〈六冊〉、以上廿八冊也」とある『葉室頼業記』寛文四年（一六六四）三月七日条を掲げ、「各番毎に分配、校合が行われた」と述べている。(20) このように理解することができれば、【内閣文庫寛文六年本】の奥書には三月十八日とあるため、三番の禁裏小番衆が書写を行なったと考えることができる。田中氏が作成された「寛文期の禁裏小番衆」(21) の表によれば、内々衆の三番には松木宗条・

山科言行・清水谷公栄・甘露寺方長がおり、外様衆の三番には東坊城知長・五条為庸・樋口信康・四条隆音・久世通音が配されているが、「寛文六年三月」当時に「権中納言藤原」に該当する者はいない。一方、先の七名のうち、寛文三年正月当時に禁裏小番衆として名が記されている者は、小倉実起（内々衆二番）、万里小路雅房（内々衆四番番頭）、東園基賢・中御門資熙（近習小番）、の四名である。寛文六年当時には、寛文三年正月に内々衆の三番であった山科言行が前年に亡くなっているため、変更がなされた可能性も十分に考えられるが、近習小番衆であった東園基賢か中御門資熙が書写者であったと推定したい。

以上の考察により、【内閣文庫寛文六年本】は番衆所において禁裏本を書写していた可能性が高く、実際に他の写本と比較してみると、外題が霊元天皇（一六五四～一七三二、在位一六六三～一六八七）の宸筆である【東山本（書陵）】[22]すなわち御所本（後水尾・後西・霊元天皇など数代にわたって書写収集した旧禁裏文庫本）[23]と体裁が非常によく似ているのである。田島公氏は、「東山御文庫本には奥書が殆どないため、書写をしたもとの本がどの公家や寺社に伝えられたものか不明だが、後水尾天皇の書写蒐集活動期も含め、天皇家を中心とする近世公家社会では、善本とみなされる写本がある程度判っていて、それを撰んで書写し、禁裏本とした可能性が高い」と述べており、[24]近世以前の古写本の体裁を色濃く残している可能性がある。よって両者は親子あるいは兄弟関係にあるのではないかと考えられるのであるが、それに加えて【東山本（書陵）】よりも書写が正確であると思しきことも、【内閣文庫寛文六年本】を底本として採用する理由である。[25]したがって、【内閣文庫寛文六年本】を底本として翻刻し、『大槐秘抄』の活字本として最も流布している『群書類従』本と底本との異同の主たるものを［1］～［27］の校異として示した。校異の［3］・［9］・［11］・［12］・［17］・［18］・［20］・［21］・［23］・［25］・［27］については補注を付し、さらに校異［21］・［27］については別に検討する。

〔翻刻凡例〕

一、【内閣文庫寛文六年本】を底本とする。ただし変体仮名は通用の仮名に改めて用いる。
二、底本の行末は／で表すが、余白を残しての改行は、翻刻でも改行する。
三、底本と『群書類従』本との異同の主たるものを校異（［1］〜［27］）として示し（「群書」と略称す）、いくつかのものについては、補注を付した。

〔翻刻〕

帥大弐に武勇の人なりぬれハかならす異国おこる／と申候けり
小野好古か大弐のとき[1]隆家の帥のとき[2]と[3]もに／異国の人おこりて候也[4]かれらはたゝわか心ともの／武をこのみ候[5]
けるに候今平清盛大弐にまかり成[6]／て候いかゝと思たま[7]ふるに高麗に事ありと聞候／高麗ハ神功皇后のみつから
ゆき[8]むかひてこそ[9]／とらせたま[10]ひたる国に候千よ年にやなりけ[11]む
東国ハむかし日本武尊と申人[12]ひうちた[13]ひらけ給て／候なりそれハ日本のうち[14]の事に候
高麗ハ大国をうちとらせ給て[15]候をいかに会稽を／きよめまほしく候らむしかれ[16]とも日本をハ神国と／申て高麗の
みち《に歟》[17]あらす隣国の《も歟》[18]みなおちて思[19]よら／す候也
鎮西ハ敵国の人けふま[20]てあつまる国なり日本の／人ハ高麗《対馬国人》[21]にこそわた[22]り候なれ其も宋人の日本／に渡躰にハ候は[23]
ぬかたにて希有の商人のたゝわ／つかに[24]小物もちてわたるにこそ候めれいかて[25]あなつら／はしく候らんしかれハ
制は候事なり異国の法は／政乱ぬる国をハうちとる事と存て候[26]歟。
鎮西ハ隣国をゝそるへきやうに格に[27]神事ならぬ／時ハ（以下続く）

〔校異〕

［1］とき　群書「時」。［2］とき　群書「時」。［3］ともに　群書「とり分と」。［4］也　群書「なり」。［5］候　群書なし。［6］成て　群書「なりて」。［7］思たまふる　群書「思ひ給ふる」［8］ゆきむかひて　群書「行むかひて」。［9］こそ　群書「うち」。［10］たまひたる　群書「給たる」。［11］なりけむ　群書「成候ぬらむ」。［12］ひ　群書「の」。［13］たひらけ給て候なり　群書「たいらげ給ひて候也」。［14］うちの事　群書「内事」。［15］給て　群書「給ひて」。［16］しかれとも　群書「然れども」。［17］高麗のみち《に歟》あらす　群書「高麗のみにあらず」。［18］隣国の《も歟》みな　群書「隣国のみな」。［19］思よらす　群書「思ひよらず」。［20］まで　群書「いまに」。［21］対馬国人（傍書）　群書「対馬の国人」（本文）。［22］わたり　群書「渡」。［23］候はぬ　群書「にぬ」。［24］小　群書なし。［25］いかて　群書「いかに」。［26］候　群書「さぶらふ」。［27］格に神事　群書「格に。《此間脱文》神事」。

〔校異補注〕

［3］「ともに」（【池田本】・【狩野文庫本】・【狩野文庫明和八年本】・【清和院本】・【多和文庫享保三年本】・【名古屋大本】・【東山本（書陵）】・【蓬左文庫本】・【紅葉山本】・【山内本】。【谷村本】・【内閣文庫寛政五年本】「ともにと」とあり四文字目の「と」をミセケチして「ともに」）。「ともにと」（【昌平坂本】・【尊経閣本】・【東山本（史料）】・【東山本（勅封）】・【林家本】。【徳大寺本】「ともにと」とし「イ无」と傍注。【柳原本】「ともに」の右下に「と」と朱字）。「とり分て」（【国会図書館本】・【八洲文藻】・【松岡本】。【多和文庫弘化四年本】「と」をミセケチして「て」）。「とり分と」（【広瀬本】・【本居本】・『新校群書類従』・『日本教育文庫家訓編』。【穂久邇本】右傍に「ともにイ」と朱字）。

「とり分と」は「て」の誤りであろう。「とり分て」の場合は「帥・大弐に武勇の人が就任した例はいくつかあるけれど、小野好古や隆家の時にはとりわけ異国との間で事が起きた」となる。一方、「ともにと」も文意不通である。「ともに」の場合は、「小野好古の時も、隆家の時もともに異国との間で事が起きた」という意味になるであろう。両者とも意味が通るが、後の文から考えると、「ともに」の方が理解しやすいため、底本を尊重する。

［9］「こそとらせ」（【池田本】・【昌平坂本】・【清和院本】・【東山本（書陵）】・【東山本（史料）】・【東山本（勅封）】。【内閣文庫寛政五年本】「こそ」の右傍に「イうち」と朱字）。「こそうちとらせ」（【狩野文庫本】・【紅葉山本】・【山内本】。【狩野文庫明和八年本】・【蓬左文庫本】「こそ」の下に挿入符（・）を付し右傍に「うち」。【名古屋大本】「こそ」の下に挿入符（・）を付し右傍に「うち」と朱字。【谷村本】「こそ」の下に挿入符（・）を付し右傍に「討」）。「うちとらせ」（【国会図書館本】・【多和文庫享保三年本】・【多和文庫弘化四年本】・【徳大寺本】・【八洲文藻】・【広瀬本】・【穂久邇本】・【松岡本】・【本居本】・【柳原本】・【林家本】・『新校群書類従』・『日本教育文庫家訓編』。【尊経閣本】「官本」には「うち」とあるが、「別本」には「こそ」とあることを示す[26]。）

「とる（取る）」そのものにも「うちとる」の意味がある[27]ことから、底本のようにして「神功皇后が自ら出向いたからこそ平らげられた国」としても文意は通じるであろう。本稿では底本を尊重して「こそとらせ」に作り、傍注に「うち（討ち）」を付す。

［11］「なりけむ」（【狩野文庫本】・【清和院本】・【谷村本】・【多和文庫享保三年本】・【名古屋大本】・【東山本（書陵）】・【東山本（史料）】・【東山本（勅封）】・【蓬左文庫本】・【紅葉山本】・【山内本】。【狩野文庫明和八年本】「けむ」の右傍に「候らん」と朱字。【内閣文庫寛政五年本】「けむ」の右傍に「候らむ」と朱字。【昌平坂本】「けむ」の右傍に「候らんイ」と注）。「なりけん」（【池田本】）。「成候ぬらむ」（【多和文庫弘化四年本】・【八洲文藻】）。「成候ぬらん」（【国会図書館本】・【広瀬本】・【松岡本】・【林家本】・『新校群書類従』・『日本教育文庫家訓編』。【徳大寺本】「ぬらん」の右傍に「けんイ」と朱字）。「なり候らん」（【本居本】。【尊経閣本】「官本」には「候らん」とあるが、「別本」には「けむ」とあることを示す。【柳原

本】右傍に「けむイ」と注。【穂久邇本】「候」の下に挿入符を付し右傍に「ぬイ」と朱字）。

「ぬらむ（ん）」の場合は現在推量となり「千余年になりますでしょうか」となり、「けむ（ん）」の場合は過去推量となり「千余年になりましたでしょうか」と理解できる。どちらも意味の上で大きく異なるものではないが、底本を尊重して「けむ」に作り、傍注に「候ぬらむ」を付す。

[12]「申人の」（【池田本】・【狩野文庫本】・【狩野文庫明和八年本】・【国会図書館本】・【昌平坂本】・【清和院本】・【尊経閣本】・【谷村本】・【多和文庫享保三年本】・【多和文庫弘化四年本】・【徳大寺本】・【内閣文庫寛政五年本】・【名古屋大本】・【八洲文藻】・【東山本（書陵）】・【東山本（史料）】・【東山本（勅封）】・【広瀬本】・【蓬左文庫本】・【穂久邇本】・【松岡本】・【本居本】・【紅葉山本】・【柳原本】・【山内本】・【林家本】・『新校群書類従』・『日本教育文庫家訓編』）。

底本の他に「申人ひ」とある写本はなく、底本と同系統とみられる【東山本（書陵）】も「申人の」とある。したがって、諸本により「申人の」と補う。

[17]「高麗のみち」（【東山本（書陵）】。【昌平坂本】右傍に「にイ」と朱字）。「高麗のみに」（【池田本】・【狩野文庫本】・【狩野文庫明和八年本】・【国会図書館本】・【清和院本】・【谷村本】・【多和文庫享保三年本】・【多和文庫弘化四年本】・【徳大寺本】・【内閣文庫寛政五年本】・【名古屋大本】・【八洲文藻】・【東山本（史料）】・【東山本（勅封）】・【広瀬本】・【蓬左文庫本】・【穂久邇本】・【松岡本】・【本居本】・【紅葉山本】・【柳原本】・【林家本】・『新校群書類従』・『日本教育文庫家訓編』。【尊経閣本】「官本」には「に」とあるが、「別本」には「ち」とあることを示す）。「高麗のみならす」（【山内本】）。

底本や同系統と思しき【東山本（書陵）】は「のみち」とするが文意が通じない。傍注や【池田本】以下の諸本により「のみに」と補う。

[18]「隣国のみな」（【池田本】・【狩野文庫本】・【狩野文庫明和八年本】・【国会図書館本】・【昌平坂本】・【清和院本】・【尊経閣本】・【谷村本】・【多和文庫享保三年本】・【多和文庫弘化四年本】・【内閣文庫寛政五年本】・【名古屋大本】・【八洲文藻】・【東

山本（書陵）】・【東山本（史料）】・【東山本（勅封）】・【広瀬本】・【蓬左文庫本】・【穂久邇本】・【松岡本】・【紅葉山本】・【本居本】・【柳原本】・【山内本】・【林家本】・『新校群書類従』。『日本教育文庫家訓編』「みな」の右傍に「皆」と記す）。「隣国みな」（【徳大寺本】）。

「隣国も」とする写本はなく、底本の傍注は校合者による考察であることがわかる。格助詞の「の」で文意は十分通じるので、本文の文字を尊重する。

[20]「まて」（【東山本（書陵）】）。「今に」（【徳大寺本】・【東山本（史料）】・【東山本（勅封）】）。「いまに」（【池田本】・【狩野文庫本】・【狩野文庫明和八年本】・【国会図書館本】・【昌平坂本】・【清和院本】・【尊経閣本】・【谷村本】・【多和文庫享保三年本】・【多和文庫弘化四年本】・【内閣文庫寛政五年本】・【名古屋大本】・【八洲文藻】・【広瀬本】・【蓬左文庫本】・【穂久邇本】・【松岡本】・【本居本】・【紅葉山本】・【柳原本】・【山内本】・【林家本】・『新校群書類従』・『日本教育文庫家訓編』）。

「けふ（今日）まで」としているのは底本及び【東山本（書陵）】のみで、他は「けふ（今日）いま（今）に」と作る。どちらの表記でも「鎮西は敵国の人が現在集まっている地域」という意味になるであろう。本稿では底本を尊重して「まて（まで）」に作り、傍注に「今に」を付す。

[21]「対馬国人（傍書）」（【清和院本】・【谷村本】・【東山本（書陵）】・【東山本（史料）】・【東山本（勅封）】。【狩野文庫明和八年本】「対馬国人イ」。【内閣文庫寛政五年本】「イ対馬国人」〈「イ」は朱字〉）。「対馬の国人（傍書）」（【昌平坂本】・【尊経閣本】・【柳原本】・【林家本】）。「対馬の国人（本文）」（【国会図書館本】・【多和文庫弘化四年本】・【広瀬本】・【穂久邇本】・【松岡本】・【本居本】・『新校群書類従』・『日本教育文庫家訓編』。【徳大寺本】「イ无」と朱字）。「対馬の国」（【八洲文藻】）。なし（【池田本】・【狩野文庫本】・【多和文庫享保三年本】・【名古屋大本】・【蓬左文庫本】・【紅葉山本】・【山内本】）。

[23]「渡躰にハ候はぬかた」（【東山本（書陵）】。【東山本（史料）】・【東山本（勅封）】「候」と「は」の間から線を右傍に向かって引き「本無」と記す）。「渡躰には候ぬかた」（【狩野文庫明和八年本】・【昌平坂本】・【清和院本】・【尊経閣本】・【徳

大寺本】)。「渡躰にはにぬかた」(【池田本】・【狩野文庫本】・【国会図書館本】・【多和文庫享保三年本】・【多和文庫弘化四年本】・【名古屋大本】・【八洲文藻】・【広瀬本】・【蓬左文庫本】・【穂久邇本】・【本居本】・【紅葉山本】・【柳原本】・【山内本】・『新校群書類従』。【谷村本】「候」にミセケチして「に」。【内閣文庫寛政五年本】・【林家本】「候」に朱でミセケチして右傍に「に」と朱字。『日本教育文庫家訓編』「にぬ」の右傍に「似」と記す)。「渡躰に候てにぬかた」(【松岡本】)。

「候ぬかた」と「にぬかた」は「候」と「に」の崩し字が似ているため、書写の過程で混同してしまった可能性がある。底本は「渡躰にハ候者ぬかた」、【東山本(書陵)】には「渡躰にハ候ハぬかた」と小文字でやや右側にずれている。文意としては、「其(高麗に渡る対馬島民)は、宋商人が日本に渡る姿ではない様子で」云々となり、「に(似)ぬかた」とそれほど文意がかわることはないであろう。本稿では底本を尊重して「候はぬかた」に作り、傍注に「にぬ(似ぬ)」を付す。

[25]「いかて」(【池田本】・【狩野文庫本】・【昌平坂本】・【清和院本】・【谷村本】・【多和文庫享保三年本】・【名古屋大本】・【東山本(書陵)】・【東山本(史料)】・【東山本(勅封)】・【広瀬本】・【蓬左文庫本】・【紅葉山本】・【山内本】。【狩野文庫明和八年本】「で」の右傍に「にイ」と注)。「いかに」(【国会図書館本】・【多和文庫弘化四年本】・【徳大寺本】・【松岡本】・【本居本】・【柳原本】・【林家本】・『新校群書類従』・『日本教育文庫家訓編』。【尊経閣本】「官本」には「に」とあるが「別本」には「て」とあることを示す。【内閣文庫寛政五年本】・【八洲文藻】・【穂久邇本】朱で「て」をミセケチして右傍に「に」)。

底本以下「いかで」とある写本も少なくないが、文脈から考えると、「いかに会稽をきよめまほしく候らん」(高麗はどれほど会稽の恥を雪ぎたいと思っているだろう)と同じで、「どれほど(高麗が日本を)侮るだろう」と理解できる。よって【国会図書館本】以下の諸本により「いかに」と補う。

[27]「格に神事」(【国会図書館本】・【清和院本】・【東山本(書陵)】・【東山本(史料)】・【東山本(勅封)】・【松岡本】)。「格に『此間脱文(本文)』」(『新校群書類従』・『日本教育文庫家訓編』細字。【林家本】朱字)。「格に『此間脱文』(傍書)」

（【多和文庫弘化四年本】・【広瀬本】）。「格に」の下に四文字分の□（【八洲文藻】）。「格に」で改行（【尊経閣本】・【穂久邇本】・【本居本】）。「格に見へたり」（【池田本】・【紅葉山本】。【谷村本】は傍書。【狩野文庫明和八年本】は「格に」の下から線を右方向に引き「見へたり」と記す）。「格にみへたり」（【狩野文庫本】・【多和文庫享保三年本】・【柳原本】。【名古屋大本】・【山内本】「みへたり歟」朱字。【蓬左文庫本】墨で「みへたり歟」）。「格にのせて候」（【徳大寺本】。【昌平坂本】「のせて候イ」）。「のせたりイ／見へたりイ」朱字傍書（【内閣文庫寛政五年本】）。

〔対馬国人〕について

校異［21］の「対馬（の）国人」については、活字本では本文に記されているのであるが、諸本を検討したところ、前述のごとく傍書されているものや記載自体がないものがある。これらはどのように理解すれば良いであろうか。

まず、この語が本文に記載されている写本のうち、【国会図書館本】・【松岡本】・【本居本】には「高麗」の記載がない。また【穂久邇本】は「対馬の国人に」の「に」をミセケチし、右傍に「高麗に」と朱書きされている。したがって、書写年代が比較的新しい芝山廣豊系統の写本（A）には、転写の際に混乱があったことがうかがえる。一方壺井義知系統の写本（B）には「対馬国人」の記載がない。壺井義知がどのような写本を用いたのかについては現段階では明らかではないが、可能性として底本に元々記載されていない、転写の際の脱漏、傍書を意図的に転写しなかった、などが考えられるであろう。

そして、底本をはじめとする禁裏本の系統（D）を中心とした写本には、「高麗」の右傍に「対馬（の）国人」とある。この系統の写本は中世以前の古写本に遡る可能性があるため、原本に近い体裁を残しているものと思われる。このような写本に傍書されているということは、この記載は元来傍注・補注として記されていたと考えられる。また、「高麗」の右傍に記されているが、その直前にある「日本の人」に対する注記と理解しなければならないであろう。すなわち、「日本の人（とりわけ対馬国人）は高麗にだけ渡っているのです」と解釈するのが妥当である。それでは、この傍注はいつの時点で付けられたのであろうか。『大槐秘抄』が二条天皇に奉呈された意見書という性格であることからすれば、元々傍書が存在したとは考えられないため、後の追記とみるべきであろう。その時期を断定することはもちろんできないが、いくつか可能性は考えられる。一つは、『大槐秘抄』本文に、「すこしの事のはしばしをきとおぼえ候らふ程をやはらげかき出して候也。……まなにうるはしくかきて叡覧にそなへて、すなはちやがて火にやきたまふべし。又此造紙は自筆いよいよ見ぐるし。かきうつされなば、とくとくかへし給ふべし」とある。すなわち、「政治等に関するあれこれをさっと覚えている程度にわかりやすく書きました。……〔二条天皇はこれを〕真名で美しく書いて叡覧に備え、すぐに火にくべるのが良いでしょう。また〔奉呈した〕紙は自筆で実に見苦しいので書き写した後はすぐに返して下さるのが良い」と述べている。自身の文書に対する謙遜の表現とみるべきであるが、仮に本文の通りに二条天皇によって返却されたのであれば、それについて伊通自身が注を加えた可能性がある。問題とする箇所に続く、「其も宋人の日本に渡躰には候はぬかたにて、希有の商人のただわづかに小物もちて渡るにこそ候めれ」という表現からも、「日本の人」全体を指すというよりは、対馬島民に限定した記述とみた方が自然に解釈できよう。そこで、「日本の人は高麗にこそわたり候なれ」とあるうちの「日本の人」の注記として「対馬国人」と傍注を付したと理解することができる。

もう一つの可能性としては、転写の過程で校訂者によって追記されたというものである。『大槐秘抄』の最後には、「此《御本云》本すこぶる世にまれなるにや。又とみへざらんか。御ふしん也。ゆめゆめ披露すべからず。／九条太相国《伊通公。》意見。／進二二條院一云々。」という記述がある。(28) これは伊通自身の自筆とは考えられず、ある時点における校訂者による注記であろう。「対馬国人」の追記がこの時か、その前後であるかといった時期について、あるいは校訂者が典拠としたものなどはもちろん不明だが、わざわざ補注まですることは、当時の状況を鑑みて、「日本の人」で高麗へ渡る人々といえば対馬島民であるとの確かな根拠・認識があったのであろう。

以上の検討から、「対馬国人」の語については底本を尊重して傍注とする。

〔格に〕について

校異［27］の「格に神事」については、前述のごとく、「格に」の下に「見へたり・のせたり・のせて候」などの文字を、校合の際に補っている写本がある。活字本をはじめ多くの写本には、ある程度のまとまりごとに合点を付しており、「格に」と「神事」の間にも合点が記されているものが多いことから、これらの写本では、ここで話の内容が変わることを示していると理解できる。『大槐秘抄』について荒木尚氏が「天皇は積極的に政治に関与すべきであること、また政治に対する天皇の心構えや、臣下に接する場合の態度、その他信仰生活や年中恒例・臨時の行事、詩賦のことなど天皇の日常生活の全般にわたって、天皇が留意すべき二十数カ条の心得を、宇多天皇（在位八八七〜八九七）の「寛平御遺誡」や、九条師輔（九〇八〜九六〇）の「九条殿遺誡」などを援用しながら、具体的な先例を豊富にあげて、平易な仮名文で説いている」[29]と述べているように、その話題は多岐にわたり、全体を通じて一貫した内容とはなっていない。一方、いくつかの写本には、当該箇所に校合者による注記がみられる。【昌平坂本】頭注には「神事ヨリ下又一章ナリ。神事ノ上ニ脱文アルベシ」[30]とある。【国会図書館本】頭注には、「按格にと云下ニ必闕文アルベシ」とあり、次行の「神事」に傍線を引き「按別章ニテ上文闕ルカ」と記す。これらは「格に」で終わることが不審であることを述べており、それゆえ前述のように「見へたり」などを補っている写本があることがわかる[31]。しかし、【狩野文庫明和八年本】には、これらとは異なる注記が存在する。この写本では、「格に……あしく候なむ」までの八行を墨で囲っている。この「あしく候なむ」とは、活字本では「神事ならぬ」を冒頭とする内容の末尾にあたる文言なのであるが、その次の丁の中央に、「○格に以下八行下の明くれ候べき也ノ下ニスベシ」との注記がある。「明くれ候べき也」とは、活字本では「神事ならぬ……あしく候なむ（ん）」の次の内容で、「又御持僧には」云々から始まる文章の末尾の文言である。そして、この写本の「明くれ候べき也」の下には挿入符を意味する「○」が記されており、おそらく「格に神事ならぬ……あしく候なん」の部分は本来「又御持僧には……明くれ候べき也」の次に来るべき内容であることを示しているのである。実際にこの部分を読んでみると、必ずしも前後が逆にならなければ意味が通らないということはなさそうであるが、注目すべきことは、これまで「鎮西は隣国をおそるべきやうに格に」と理解されていた部分が、「鎮西は隣国をおそるべきやうに」で切れ、「格に」は「神事」の内容に含まれ、すなわち「格に神事ならぬ時は日々にまいりてぞ候し」云々と続く可能性があるということである。このように理解できるとすれば、「異国の法は政乱ぬる国をばうちとる事と存て候歟。鎮西は隣国をおそるべきやうに」の文章が浮いてしまうようにみえるのだが、これはあるいは別の箇所から混入されてしまったと考えられるかもしれない。『大槐秘抄』は前述のごとく数十文字単位の脱落も写本によってはみられる。(32)当該箇所に関する当否については今後の課題とし、本稿では『大槐秘抄』を読む際には、上記のような錯簡や脱落・脱文の可能性を考慮しなければならないことを指摘するにとどめる。

〔釈文凡例〕

一、活字本や諸写本を参照して読みやすいように仮名を漢字に改め、句読点を付した。

二、助詞についてもカタカナを仮名に改めた。

三、内容ごとに改行し、〔　〕で段落番号を付した。
四、「鎮西は隣国をおそるべきやうに格に」については、前述のように「格に」が次の「神事ならぬ」云々に接続されることも考えられるが、本稿では便宜上〔4〕にいれた。

〔釈文〕

〔1〕

帥大貳に武勇の人なりぬれば、必ず異国おこると申候けり。小野好古が大貳の時、隆家の師の時、ともに異国の人おこりて候也。彼らはただ我が心どもの武を好み候けるに候。今平清盛大貳に罷り成て候。いかがと思ひ給ふるに、高麗に事ありと聞候。

〔2〕

高麗は神功皇后のみづから行むかひてこそとらせ《〔討ち／こそ討ちイ〕》給ひたる国に候。千余年にやなりけむ《〔候ぬらむイ〕》。東国は昔日本武尊と申人《〔のカ〕》ひうちたひらげ給ひて候なり。それは日本の内事に候。高麗は大国をうちとらせ給ひて候を、(33)いかに会稽をきよめまほしく候らむ。然れども日本をば神国と申て、高麗のみち《〔にカ〕》あらず、隣国の皆怖ぢて思ひよらず候也。

〔3〕

鎮西は敵国の人今日まで《〔今にイ〕》集まる国也。日本の人は高麗《対馬国人》にこそ渡り候なれ。其も宋人の日本に渡躰には候は《〔似イ〕》ぬかたにて、希有の商人のただわづかに小物もちて渡るにこそ候めれ。いかで《〔にカ〕》侮らはしく候らん。然れば制は候事也。

〔4〕

異国の法は、政乱ぬる国をばうちとる事と存て候歟。鎮西は隣国をおそるべきやうに格に《〔見へたり／のせたり／のせて候イ〕》・。

二　『大槐秘抄』にみえる「制」に関する先行研究

『大槐秘抄』の「制」に関する記述は前掲釈文の〔3〕にあるが、その前の対外関係の箇所から見ていくと、〔1〕では、大宰帥や大弐に武勇に優れた者が就任した際に、異国との間で事が生じるということで、大弐の小野好古や帥の藤原隆家、[34]そして平清盛が大弐の時に、高麗との間で問題が起きたことを聞いたとする。〔2〕では、〔1〕の最後に記された「高麗」に関して、神功皇后の三韓征伐によって討ち取られた国であり、以来恨みを雪ぐことを願っているが、日本は神国なので、高麗だけでなく、隣国がみな神国の威力を恐れて思いをかけず近寄って来ないという、従来から日本が抱いている「神国」観を説明する。そして〔3〕では当代の鎮西（九州）と高麗との関係について述べている（詳細は後述）。〔4〕の「異国の法」について石井正敏氏は、『長秋記』紙背文書「高麗渤海関係某書状」にある「漢家之法」との関連で「政治が乱れれば討ち滅ぼされる」のが〈異国の法〉であると述べているので、〈異国の法〉とは「異国の習い」もしくは「異国の例」であるといった意味に解釈されている。具体例としては、悪政を行い人望を失って滅ぼされた夏の桀王や殷の紂王の伝説の時代から、隋の煬帝あたりが思い浮かぶとされ、「『大槐秘抄』における異国は中国だけでなく広く高麗・渤海・刀伊までを含めて用いられているが、『将門記』に、「于レ時新皇（将門）勅云、……今世之人、必以二撃勝一為レ君。縦非二我朝一、僉在二人国一。如二去延長年中大赦契王（大契赧王カ）一、以二正月一日一、打二取渤海国一、改二東丹国一領掌也。盍二以レ力虜領一哉。」……という記述があるので、九条伊通の念頭にはあるいは契丹による渤海滅亡の事実もあったかも知れない」と考えられている。[35]ただし、それに続く「鎮西は」以下の記述は、前述のように本文の錯簡・脱落等の可能性も考慮する必要がある。

ここで、筆者が注目する〔3〕について、校訂した結果および先行研究に依りながら概要を述べると次のごとくである。[36]

「鎮西（九州）は、敵国[37]（高麗）の人が今日まで集まっている国（地域）です。日本の人（対馬島民）は高麗にだけ渡っているのです。それも、宋〔商〕人が日本に渡る姿とは異なっており（似ておらず）、とんでもない〔身なりの〕商人が、僅かな取るに足らないつまらない小物を持って渡っているようです。どれほど〔日本が高麗から〕侮られていることでしょう。ですから『制』があるのです。」となるであろう。

さて、〔3〕の「制」については、いわゆる「渡海制」との関連で引用されている。「渡海制」については、村井章介氏や河辺隆宏氏によって研究史が整理されているので[38]詳細はそちらに譲るとして、本稿では『大槐秘抄』にみえる「制」に関して言及している先行研究をみてみたい。まず、稲川やよい氏は次のように述べている。

「日本の商人が高麗と往来していることを示し、敵国へ渡る彼らを「あなづらはし」と軽蔑し[39]、何らかの「制」を設けている。これは「鎮西」とあることからしてもf（『渡宋記』永保二年〈一〇八二〉九月五日条—近藤）の「府制」かまたはそれに近い制であり、その内容は海外出国の制限であろう。『大槐秘抄』は、九条伊通が二条天皇に提出した政治意見書である。よってその中に見られる「制」とは、政府の公式見解として考えて良い。院政時代は先述したように貴族の律令認識が高まっていた時代であるから、この「制」はいわゆる「渡海制」である可能性が高く、どれほどの実行力はあったかは別として理念的には一二世紀半ば過ぎまでこの禁制が生きている指標となる[40]」。稲川氏は「渡海制」のモデルを山内晋次氏が主張される唐衛禁律越度縁辺関塞条にあるという立場を取る[41]。そこから、渡海制を示す可能性のある史料の検討を通じて、「いわゆる「渡海制」と呼ばれる禁制は、個人の私的渡海を禁止するものであり、私人身分の者、例えば商人等が渡海する場合は、大宰府の発給する牒の類を携帯していればこの禁制には触れないらしいことが推定できた。……一二世紀半ばすぎまで理念的存在と化しつつも……連動して生きてきたらしいことも窺えるのである」[42]と述べる。

次に石井正敏氏は、森克己氏が指摘する延喜十一年（九一一）制定のいわゆる年期（年紀）制と対になる存在の「渡海の制」とを「いわば出入国管理令のようなもの」と述べ、延喜十一年とは時期は隔たっているが、『大槐秘抄』の「制」が貿易と深く関わっていることを推測されている。[43]

また、村井章介氏は『国境を超えて』の中で、この「制」について九世紀から十世紀のあたりにできた「渡海の制」で、日本から外へでることを制限する国法と捉えている。そしてその存在理由としては、日本を神国ととらえ、日本の周りの国々、特に高麗を敵国とするような見方、世界観が存在する中において、「神国と敵国とを遮断するための方法としてあったといえると思う」と述べる。[44]『日本史史料〔2〕中世』でも『大槐秘抄』の「制」を「渡海禁制」であると示し、【解説】の中で、「高麗へ小規模な交易のために渡航する対馬人への蔑視観もみてとれ、一一世紀以前に成立していた渡海禁制が、一般庶民をも対象としていたことがわかる」と指摘されている。[45]

いずれの説についても、『大槐秘抄』の「制」は「渡海制」で、それは一一世紀以前には存在し、律あるいは一〇世紀初頭の延喜年間に制定され、一二世紀の半ばにおいてもどれほどの効力があったかはわからないが生き続けていた、と解釈されているのである。

三　これまでの『大槐秘抄』にみえる「制」の理解に対する疑問

本章では、上記の先行研究に対する筆者の疑問を述べてみたい。まず、稲川やよい氏の説から見てみると、前述のように、稲川氏は「渡海制」の法源を唐衛禁律越度縁辺関塞条が日本律にもあったとする山内晋次氏の説に拠っている。しかし、これについては榎本淳一氏が、養老律越度縁辺関塞条の存在を否定し、主に寛仁三年（一〇一九）の刀伊の入寇について記述した『小右記』の検討から、これを賊盗律謀叛条に法源があると指摘された。また、稲川氏が渡海制を示す可能性のある史料として挙げる寛徳二年（一〇四五）の「清原守武の「入唐」事件」および寛治六年（一〇九二）の「僧明範の契丹密航・兵具交易事件」についても、違反者は賊盗律謀叛条により処罰されたとし、成尋や戒覚らの僧侶が、密航により宋に渡る際に大宰府の監視の目を逃れたのも、「渡海制（賊盗律謀叛条）」を恐れてのものと考えられている[46]。村井章介氏は『小右記』の記事に見られる「渡海制」の法源を律に求めるのであれば、榎本氏の賊盗律謀叛条説に分がありそうにも思えると指摘されている[47]。さらに石井正敏氏は越度縁辺関塞条存在説の根拠の一つとなる縁辺城戍条を検討し、関塞条存在の根拠とはなり得ず、日本律に同条はないとする説を支持されている[48]。

また、『大槐秘抄』にみえる「制」について、稲川氏はこれを『渡宋記』永保二年（一〇八二）九月五日条に「於二筑前国博多津一、師弟三人乗二於唐船一。是大商客劉琨蒙二廻却宣旨一之便也。依レ恐二府制一、隠如レ盛レ嚢、臥二舟底一、敢不レ出レ嗟。……」とある中の「府制」かまたはそれに近い制であり、その内容は海外出国の制限であろうとする。この「府制」については、「渡海制」なのか、大宰府独自の取り締まり制度を示すのかはわからないとし、注に森克己氏の「戒覚の渡宋記について」を掲げる。当該論文には、「遣唐使廃止後、日本政府の対外方針は消極的となり、唐船の頻繁な来航に制限を加えるとともに、日本人の海外渡航や、海外との私的な交際をも厳禁し、犯すものは厳罰に処した。唯中国の天台山・五台山等の仏界聖跡巡礼を目的とする僧侶は例外として渡航を許したが、それも朝廷より勅許を得たものだけに限った。ところが実際には勅許は簡単には得られない。そこで勅許を得られないものは密航という非常手段をとらざるを得なかった。この密航に対してはまた大宰府が厳重に取締っていた。「府制」というのはつまりこの大宰府の取締りを指したものである[49]」とある。森克己氏は延喜年間に渡海制が制定されたと考えられていることから、この「府制」は渡海制違反者を取り締まるために大宰府で設けられたより具体的な「制」と理解することができる。しかし、稲川氏はこの頃（一一世紀後半）に「渡海制」は作用していたようであるから、さらに大宰府独自の取り締まり制度は不必要に思える。とすればこの「府制」は「渡海制」の可能性がある」と述べる。意味が取りづらいのであるが、結論としては「渡海制」と「府制」を同じものと理解されているとみられる[50]。

ところで、山内氏も榎本氏も「渡海制」を明らかにする上で検討の中心に挙げている史料は、『小右記』寛仁三年（一〇一九）八月三日条所収の同年七月十三日付大宰府解文である。これは、刀伊の襲撃により拉致された家族の安否を尋ねて高麗へ渡った対馬島判官代の長岑諸近が、被害者数名を連れて帰国してきた際のことなどを記したもので、「渡海制重」・「（向二異）国一之制已重」・「投二若《（ママ）》異国一、朝制已重。何況近日其制弥重」・「越二渡異域一、禁制素重」・「以二先行者一為下与二異国一者上。而始破二制法一而渡海、無二書牒一而還」・「愚民偏思二法緩一輙渡海」など多様な表現がある。榎本氏は、「越渡異域」について「国家の許可なく不法に異国へ行くこと」と解釈し、「先行者」すなわち「不法に異国に渡った者」を、日本を裏切って異国側についた者とみなしている。それにも関わらず「制法」を破って渡海し、高麗側からの文書もなく帰国していることを咎めている。また、賊徒来攻直後ということもあり、「禁制」がますます重みをもつとされているなど、敵国襲来による緊迫した状況を示していると論じられている[51]。

筆者には、以上のような文脈で語られている「渡海制」と、「小物」を持って高麗へ渡る日本人（対馬国人）が、高麗側に侮られてしまうので設けられている「制」とを、果たして同じものと理解してよいかどうか、疑問が感じられるのである。

一方、石井正敏氏は年期制が同一宋商人の来航間隔について定めたものであることから[52]、『大槐秘抄』の「制」

について も、貿易と深く関わっているとの指摘は説得力がある。ただ、「延喜十一年とは時期は隔たっているが[53]」と述べており、実行力があったのかどうかというところまでは論じられていない。また、村井章介氏も「渡海の制」が聖なる領域としての日本を外部世界の影響から遮断するためのものとして、平安貴族の意識のなかではとらえられていたと述べる一方で、「そのことだけをみるのでは、もうこの時期、不十分」として、高麗へ渡る対馬島民の姿について「十二世紀の変化をみてとることができる」とされている。[54]『大槐秘抄』にみえる「制」とは、こうした変化を受けて設けられたものとは考えられないであろうか。

このように、先行研究では『大槐秘抄』の「制」を、一一世紀以前には成立していた「渡海制」と同じもので、理念的には生きていたが、その効力の有無はわからないという文脈で理解されてきた。しかし、筆者はそれとは異なる考え方もできるのではないかと思われるのである。すなわち、一二世紀の実情に合わせた「制」の存在を追求できるのではないかと考えているのだが、このことについて下文で検討したい。

四　一一世紀末〜一二世紀における日本・高麗間通交について

1　平清盛大宰大貳在任時の対馬島民の動向と日本・高麗

『大槐秘抄』では、神功皇后の三韓征伐の話など古典に基づく記載もあるが、例えば〔1〕段落には「今平清盛大貳に罷り成て候。いかがと思ひ給ふるに、高麗に事ありと聞候」とあるように、平清盛の大宰大弐在任時（保元三年〈一一五八〉八月十日〜永暦元年〈一一六〇〉十二月三十日）という、[55]『大槐秘抄』執筆時に極めて近い時期の出来事についても記されている。この点について石井正敏氏は、「永暦元年四月以前に対馬の貢銀採掘夫（あるいは商人）が高麗の金海府に禁固されたという事件があり、あるいはこのことをさしているのかも知れない[56]」

と指摘される（後掲【史料1】〜【史料3】）。筆者はこれと関連する史料を検討した結果、この「事」とは対馬島と高麗の東南海都部署との間で牒状を取り交わすような外交問題に発展した可能性が高いと考えるに至った。[57] まずはこの点について述べてみたい。関連史料は次のごとくである。

【史料1】『百練抄』永暦元年（一一六〇）四月二十八日条

対馬嶋司言下上、高麗国金海府禁二銅採進房并貢銀採丁一事上、令二諸道勘申一。

【史料2】『百練抄』永暦元年十二月十七日条

諸卿定下中高麗国搦二留対馬嶋商人一事上。

【史料3】『山槐記』永暦元年十二月十七日条

今夜有下高麗国搦二留商人一之定上云々。可レ尋二諸道勘文・定文等一。

【史料1】では、高麗国金海府による対馬島の「銅採進房」や「貢銀採丁」の拘束を、対馬島司が（大宰府を経て）朝廷に言上している。[58]【史料2】・【史料3】では、【史料1】と同年の十二月十七日に、それ以前に対馬島の商人が高麗国によって拘留されたことについて、陣定で議論している。同年に続けて対馬島民拘束の記事があるため、【史料1】と【史料2】・【史料3】は関連した出来事であるとみることもできる。[59] その場合、対馬島から高麗へ渡った「商人」の中に、「銅採進房」や「貢銀採丁」が含まれていたことになる。もちろんその可能性もあり得るが、もしそうであれば、同じ『百練抄』の記事のうち、【史料1】で特に詳しく「銅採進房」・「貢銀採丁」と記されていることに違和感を覚える。仮に採掘夫たちが獲得した銀や銅を、彼らが自ら高麗へ渡って貿易を行おうと考えていたとしても、集団（房）で渡航する必要はないであろう。また【史料1】では採掘夫たちが拘束されたことについて諸道に勘申させ、さらに【史料3】でも「商人」が搦留されたことについて勘文や定文などを諸道に尋ねさせていることから、これらが別個の事件であったとみることも十分可能である。『山槐記』

に明確に「商人」とあることも、両者が異なる事件であることを示唆しているのではないだろうか。このように【史料1】と【史料2】・【史料3】については、両者が関連するのか否かで考え方がわかれ、いずれであるか断定はできないが、商人と鉱夫それぞれが高麗によって拘束されたとみられる。

そして、この事件に関連すると思われる史料が高麗墓誌に残されている。

【史料4】「李文鐸墓誌」[60]（日本関係記事については内容によりア～エの段落を付した）

至二丙寅歳一、以二上舎第二人一、擢二丙第一。出補二寧州掌書記一。……崔相允儀、当レ国欲下選二文士該明□理者一、為中都兵馬録事上。問二諸左右一時、省閤諸公、倶以レ公為レ言。崔相喜謂二諸公一曰、「吾亦、嘗聞二其為一レ人矣。」遂引為二録事一。凡辺要大議、皆所二総攬一。

ア　時□、日本国対馬島官人、以二辺事一移二牒東南海都部署一。

イ　都部署不二敢□決一、馳聞二諸朝一。

ウ　両府議、即欲下以二尚書都省牒一回示上。

エ　公聞レ之、謂二承制李公升一曰、「彼対馬島官人辺吏也。今以二尚書都省牒一回示、失レ体之甚。宜レ令三都部署却二回公文一。」承制李公驚曰、「微二子之言一、幾失二国家之体一。」自レ此服二公之達識一。

至二正豊間一、聞二金国草賊蜂起一。……至二壬午歳一、金国牒、問因□□□……

本史料における、対日関係記事（ア～エ）の内容については、次のように理解できる。

ア　日本国対馬島の官人が、辺事をもって東南海都部署に牒を発給。

イ　東南海都部署では判断（□決）ができなかったので朝廷に報告。

ウ　両府で議論が行われ、尚書都省牒で返事をしようとした。

エ　李文鐸はこのことを聞き、承制李公升に対して、対馬島の官人は辺吏であるため尚書都省牒をもって返事をすれば国家の体面を失う。したがって、都部署から公文を却回するべきであると建議した。李公升は驚き、李文鐸の建言がなければ国家の体面を失うところであったと言い、李文鐸の達識に感服した。

「李文鐸墓誌」のこの一節はすでによく知られており、[61]例えば、対日外交に関わる東南海都部署の役割や、[62]中央の尚書都省名義で返牒する例があった可能性についての指摘、[63]そして日本（対馬島）との名分関係などについて論じる際に参照されている。[64]さらに、現存する史料において日本側が主体的に高麗へ牒状を発給した最初の事例であることも注目されるところである。ところが、対馬島が高麗へ牒状を送った時期やその具体的内容、そして対馬島の牒状をめぐる高麗側の対応等については明確ではない。そこでまず「李文鐸墓誌」の対日関係記事の年代について検討してみたい。本文中には明記されていないが、その前後に「丙寅歳」（一一四六年）、「正豊間」（金国の正隆年間。西暦一一五六年二月一日〜一一六一年十月八日）、「壬午歳」（一一六二年）とあるのが参考となる。田島公氏や金雲泰氏は一一四七〜一一七〇年、[65]すなわち高麗毅宗朝の出来事とし、周藤吉之氏は毅宗朝の初めころとされている。[66]李領氏は一一四八〜一一六〇年の間の出来事とされているが、その根拠として、上限は李文鐸が都兵馬録事となった時期を一一四八年と推測し、下限については「李文鐸墓誌」の対日関係記事に続く「正豊間」の記載による。[67]これらの見解は、李文鐸が都兵馬録事となった時期に焦点を当てて比定を行なっているが、その年代には幅がみられる。また、一一五一年頃の出来事とする研究もあるが、[68]その根拠は『青方文書』安貞二年（一二二八）三月十三日関東下知状にある、仁平元年（一一五一）に肥前国小値賀島地頭清原是包が高麗船を「移取（略奪）」した事件と関連させたものと推測される。一方、韓国の李在範氏や張東翼氏は、「李文鐸墓誌」の対日関係記事の年代を一一五六〜六五年の間と比定された。[69]特に張東翼氏は「李文鐸が答書の発給官府を議論した李公升が承制すなわち承宣および知奏事に在職していた毅宗一〇年一二月から一九年二月以前の間である」と述べている。[70]李在範氏は特に根拠は示されていないが、おそらく張氏と同じく李公升に注目したのではないかと思われ、記述からは一一五六年のことと考えられているようである。筆者も李公升の承制在任記事に着目して検討を進めるべきであると考えているが、結論は異なるため、以下に関連史料を挙げて考察を加えてみたい。

【史料5】『高麗史』巻一八、毅宗世家十年（一一五六）十二月乙丑条

以㆓東北面兵馬副使李公升㆒為㆓枢密院左副承宣㆒。

【史料6】『高麗史』巻七三、選挙志一、科目一

毅宗……十二年（一一五八―近藤）五月、枢密院使李陽升知貢挙・右承宣李公升同知貢挙、取㆓進士㆒、賜㆓金正明等二十七人及第㆒。

【史料7】『高麗史』巻一八、毅宗世家十二年（一一五八）冬十月丁酉条

曲㆓宴于安平斎㆒、召㆓左承宣李公升㆒献㆑寿。公升賦㆑詩以進。

【史料8】「李公升墓誌」(71)

進為㆓枢密院右承宣・礼賓卿㆒、兼㆓太子左庶子㆒。正豊四年（一一五九―近藤）、升為㆓知奏事㆒、凡四方章奏無㆑不㆑総焉。

【史料9】『高麗史』巻一八、毅宗世家十五年（一一六一）十二月乙丑条

以㆓金永夫㆒知門下省事……李公升知尚書吏部事。

【史料10】『高麗史節要』巻一一、毅宗十八年（一一六四）夏四月条

以㆓枢密院知奏事李公升㆒、為㆓刑部尚書㆒。公升於㆓禘日㆒、遽奏㆓祀事已辦㆒。王入㆓廟庭㆒、執礼奏、「未㆑辦」。
王大怒、欲㆑加㆓重責㆒、頼㆓右承宣李聃営救㆒。但罷㆓知奏㆒。

【史料11】『高麗史』巻一八、毅宗世家十九年（一一六五）十二月乙巳条

……李公升為㆓枢密院副使・太子賓客㆒。……

李公升は毅宗十年十二月に枢密院左副承宣となって以来（【史料5】）、左右承宣を経て（【史料6】・【史料7】）、毅宗十三年に知奏事となった（【史料8】）。その後、毅宗十八年までは、知尚書吏部事などを兼務しながら（【史料9】）、知奏事職を続けていたとみられる（【史料10】）。[72]【史料10】によれば、毅宗十八年（一一六四）に李公升は禘祭における不手際の責任を取り知奏事を罷免し（傍線部）、翌毅宗十九年に枢密院の上部組織である「枢密院副使」に就任している（【史料11】）。よって彼が「承制」であった時期は一一五六～一一六四年までとなる。[73]

ここであらためて「李文鐸墓誌」をみると、対日関係記事の後には、対金関係の記事が続いており、その冒頭には「至二正豊間一」とある。李領氏はこの記述から「李文鐸墓誌」の対日関係記事の下限を一一六〇年とされているのであるが、この記載は後にみえる「壬午歳」に、宰相崔允儀が金国への対応をめぐって李文鐸を召して議し、最終的に李文鐸の言に従ったために金国との良好な関係が維持されたことを伝える前提の話となる。[74]よって、「李文鐸墓誌」の対金関係記事における李文鐸の事績を示す確かな年代は「壬午歳」となるため、その前に記載されている対日関係記事の下限は、「壬午歳」すなわち一一六二年の対金関係記事の直前までとすべきである。

以上の考察により、「李文鐸墓誌」記載の日本関係記事の年代は、一一五六～一一六二年の間であると判断される。このような理解ができるとすれば、「李文鐸墓誌」の日本関係記事は、永暦元年の事件（【史料1】～【史料3】）と関連する蓋然性が高いと考えられる。「李文鐸墓誌」にある「東南海都部署」の当時の所在地は、対馬島の「銅採進房」や「貢銀採丁」を拘束した「金海府」（金州）に位置していた。[75]また「辺事」とは「辺防のしごと」[76]の意味があり、『高麗史』にも国境地域関連の記事の中で散見されるが、[77]これはまさに対馬島民が高麗によって拘束されたことに対する日本（対馬島）側の牒状の内容を「辺事」と示しているのではないだろうか。[78]そしてこのような内容を、『大槐秘抄』では「今平清盛大貳に罷り成て候。いかがと思ひ給ふるに、高麗に事ありと聞候」と記したのではないかと考える。

すなわち、『大槐秘抄』は、執筆時とごく近い時期の出来事について、簡潔ながら正確に記している。(79) さらに、〔3〕段落にある「鎮西は敵国の人今日まで〔今にイ〕集まる国也」についても、『百練抄』平治元年（一一五九）八月二日条にある「陣定。竈門宮焼亡并高麗商人□□。播磨国伊和社焼亡事」との関連が推測される。『百練抄』の記事には欠損があるため多様な解釈が可能であるが、陣定で高麗商人に関することが取り上げられている。張東翼氏は、一二世紀半ばには日本から高麗に渡航するだけでなく、高麗からも商人が日本にやって来ていた可能性を示す重要な史料であると述べている。(80) 高麗産の出土物は宋のそれと比べはるかに少ないようであるが、(81) 村井章介氏や石井正敏氏も述べるように、一二世紀半ばの時点で宋人のみならず高麗の人々も鎮西にいたことがこの記述からうかがえるのである。(82)

2 「日本の人は高麗《対馬国人》にこそ渡り候なれ」について

次に『大槐秘抄』の「制」と関連して筆者が注目したいのが、「日本の人は高麗《対馬国人》にこそ渡り候なれ」という記述である。

【表】にあるように、一一世紀半ば（一〇五六年）から末（一〇八九年）にかけては、対馬島のみならず、壱岐島・大宰府・筑前・薩摩など九州各地の人々が高麗に渡航していた。承暦四年（一〇八〇）に商人の王則貞が高麗からもたらした請医の礼賓省牒状を、大宰府は解状を副えて太政官に送付したが、その中には「右商人往二反高麗国一、古今之例也」とある。(83) また、この牒状に対する議論の中で、『帥記』承暦四年九月四日条には、関白藤原師実が、「若遣二王則貞一者、子細語二示彼朝一歟。有二如レ此往反之輩一乎」と尋ねた際に、皇太后宮権大夫藤原師成は、「甚多候者也」と答えており、多くの日本人が高麗へ渡航していたことがわかる。(84)

容	出　典	備　考
する。	『高麗史』	
来航し、螺鈿鞍橋・刀・鏡匣・硯箱・櫛・書案・画屏・香炉・弓箭・ 許される。	『高麗史』	同年11月に開催された八関会大会において、「大宋・黒水・耽羅・日本等諸国人」が礼物・名馬を献上。彼らによるものか。
遣し、方物を東宮及び諸令公府に献上することを請願する。海道か	『高麗史』	
	『高麗史』	
	『高麗史』	
	『高麗史』	
	『高麗史』	
が、国王の長寿を祝うために彫像した仏像を入京して献上したいと	『高麗史』	
王の長寿を祝う。	『高麗史』	
人（牒状では「商客」）が高麗国に往反するのは「古今之例」である	『朝野群載』・ 『帥記』	
	『高麗史』	
	『高麗史』	
	『高麗史』	
	『高麗史』	
	『高麗史』	
	『高麗史』	
真珠・水銀・宝刀・牛馬を献上するという。	『高麗史』	
	『高麗史』	
	『高麗史』	
	『高麗史』	宋商人か（本文参照）
たことが朝廷に報告される。	『百練抄』・ 『山槐記』	
姿で、わずかな小物を持って渡っていると記される。	『大槐秘抄』	
翌年正月に毅宗が作成した賀表に、「日域」が宝を献じて毅宗を「帝」	『高麗史』	
り交流を拒否されたことを記す。	『平戸記』	
て金州南浦に来着。「進奉」と号称し文牒を献上するが、「進奉之礼」	『平戸記』	
嶼の人々と対馬島民が好を交えていたことを記す。	『吾妻鏡』	

【表】11世紀～13世紀前半における日本人による高麗渡航・方物献上記事一覧表

No.	年・月	出発地	到着地	内
1	1056・10	日本国	金州	「日本国使正上位権隷藤原朝臣頼忠等」30人が金州に来て滞在・宿泊
2	1073・7	日本国(大宰府？)	金州？→開京	東南海都部署の奏によれば、「日本国人」の王則貞・松永年等42人が水銀・螺・甲などの物を献上することを請願する。海道からの入京が
3	1073・7	壱岐島	金州？→開京	東南海都部署の奏によれば、「壱岐島勾当官」が藤井安国等33人を派らの入京が許される。
4	1074・2	日本国		「日本国船頭」の重利等39人が土物を献上する。
5	1075・閏4	日本		「日本商人」の大江等18人が土物を献上する。
6	1075・6	日本		「日本人」の朝元・時経等12人が土物を献上する。
7	1075・7	日本		「日本商」59人が来る。
8	1076・10	日本国	霊光郡→開京	有司（担当官）の奏によれば、霊光郡に到着した「日本国僧俗」25人請願する。制により入京が許される。
9	1079・11	日本	開京？	「日本商客」の藤原等が来て、法螺30枚・海藻300束を興王寺に施し、
10	1080前後	日本（大宰府？）		請医一件の礼賓省牒状を報告する解において、（王則貞のような）商と述べる。また、高麗に往反する輩が「甚多候也」と記す。
11	1080・閏9	薩摩州		「日本国薩摩州」が使者を派遣して方物を献上する。
12	1082・11	対馬島		「日本国対馬島」が使者を派遣して方物を献上する。
13	1084・6	筑前州		「日本国筑前州商客」の信通等が、水銀250斤を献上する。
14	1085・2	対馬島		「対馬島勾当官」が使者を派遣して柑橘を進上する。
15	1086・3	対馬島		「対馬島勾当官」が使者を派遣し方物を献上する。
16	1087・3	日本		「日本商」の重元・親宗等32人が来て方物を献上する。
17	1087・7	対馬島	金州？	東南道都部署の奏によれば、「日本国対馬島」の元平等40人が来て、
18	1089・8	大宰府		「日本国大宰府商客」が来て、水銀・真珠・弓箭・刀剣を献上する。
19	1116・2	日本国(対馬島？)		「日本国」が柑子を進上する。
20	1147・8	日本		「日本都綱」の黄仲文等21人が来る。
21	1160	対馬島	金州？	4月に対馬島の採掘夫が、12月に対馬島商人が高麗によって拘束され
22	12c 半ば	対馬島		高麗に渡る対馬島民は、日本に来る宋商人とは異なる（似ていない）
23	1169・1	日本国		毅宗が宋商および「日本国」が進上した玩物を群臣に下賜する。（※と称うとある）。
24	1205・8	対馬島	金州	1206年作成の高麗牒状に、恒平等11人が文牒をもたらすが、無礼によ
25	1206・1	対馬島	金州	1206年作成の高麗牒状に、「貴国使介」の明頼等40名が船3艘に乗っに非ずとして遣還されたことを記す。
26	1227・2	対馬島	金州	1227年作成の高麗牒状に、高麗が「館舎」を設け、海辺の州・県や島

しかし一二世紀に入ると、日麗間の通交記録は大きく減少し、『高麗史』では次の四件のみとなる。

【史料12】『高麗史』巻一四、睿宗世家十一年（一一一六）二月丙寅条

日本国進㆓柑子㆒。

【史料13】『高麗史』巻一七、毅宗世家元年（一一四七）八月甲辰条

日本都綱黄仲文等二十一人来。

【史料14】『高麗史』巻一九、毅宗世家二十三年（一一六九）正月丁亥条

幸㆓奉香里離宮㆒宴㆓群臣㆒、仍賜㆓宋商及日本国所㆑進玩物㆒。

【史料15】『高麗史』巻一九、毅宗世家二十四年（一一七〇）春正月壬午朔条

王受㆓賀於大観殿㆒、親製㆓臣僚賀表㆒、宣㆓示群臣㆒。表曰、「三陽応㆑序、万物惟新。玉殿春回、竜顔慶洽。……北使上㆑寿而致㆑辞、日域献㆑宝而称㆑帝。……」百官表賀。是日御㆓奉元殿㆒、講㆓書益稷㆒。

これらのうち、【史料14】は、正月に催された宴において、群臣らに「宋商」と「日本国」が進めた「玩物」を下賜したことが記されていることから、これ以前に日本から高麗へ渡航した人々がいたことがわかる。また、【史料15】は、正月元日の朝賀に際し、国王毅宗が自ら臣僚の賀表を起草し、「日域が宝を献じて帝を称う」（傍線部）と作文している。すなわち、直接の高麗渡航が確認される記事は【史料12】と【史料13】のみで、地名についても「日本国」の表記に限られる。このうち【史料12】の「日本国」は、山内晋次氏によって対馬島である可能性が高いことが指摘されている(85)。【史料13】については、「日本都綱黄仲文」とあるが、後述のごとく彼は宋商人だったのではないかと推測している。このように考えると、一一世紀末から一二世紀になると、高麗へ渡航する日本人が対馬島民に一元化されていった可能性がある。それでは逆に、一一世紀半ばまで高麗に渡っていた九州の他の地域の人々が渡航しなくなったのはなぜであろうか。この点に関連して三浦圭一氏は、「日麗貿易

は、一一世紀末、高麗からの日本医師派遣要請を断ってから、急速に衰退にむかうが、これは日本が孤立政策をとったからではなく、日宋貿易が本格的に展開しはじめてきた理由によるものである」[86]と述べている。筆者も一二世紀前後の日麗交通の変化の理由の一つに、日宋貿易が関係していると考えている。しかし、論の展開過程は異なるので、以下に述べてみたい。

まず当該期における日宋貿易の実態が、近年文献・考古の両面から相当な発展を遂げている[87]。その概要を簡略に示すと次の通りである。

〈1〉 貿易陶磁器の出土状況から、日宋貿易をはじめ日本外交の拠点であった大宰府鴻臚館は、一一世紀後半には利用されなくなり、かわりに博多が中心となっていく。

〈2〉 一一世紀後半以前には宋商人が貿易品を積載して来日し、大宰府鴻臚館で貿易を行う「人・物一体型貿易」（波打際貿易）であったのに対し、一一世紀後半以降は博多で形成された唐房（唐坊）に長期滞在・定住する宋商人（博多綱首）があらわれ、部下に日中間を往来させて取引を行う「人・物分離型貿易」（住蕃貿易）の形態が展開され始めていく（貿易形態の多様化）。この動きにともなって、これまでの「年期制」の枠組みでは捉えきれない宋商人が出現する。

〈3〉 一方、朝廷から派遣されていた「唐物使」が一一世紀後半頃を最後に派遣されなくなると、貴族層が天皇から唐物を頒布される機会が減るため、博多に滞在する宋商人との間で貿易品入手に関して一定の契約関係が結ばれていた可能性が高い。また、有力寺社などの権門とも関係を持って貿易活動に従事していた宋海商の存在が考えられる。

以上のような日宋貿易の転換期とほぼ同時期に、次のような史料がみられる。

【史料16】『阿弥陀経通賛疏』巻下奥書（『大日本史料』第三編之六、七六三〜七六四頁を参照。異同は『平安遺文』題跋

編六七五号による）

件書等、予以二嘉保二年（一〇九五―近藤）孟冬下旬一、西府郎〔即イ〕会二宋人柳裕一、伝二語高麗王子義天一、誂二求極楽要書・弥陀行願相応経典章疏等一。其後柳折〔裕カ〕守レ約、以二永長二年《丁丑》（一〇九七―近藤）三月二十三日《丁丑》一、送レ自二義天一、所二伝得一弥陀極楽書等十三部二十巻、則〔別イ〕以二同五月二十三日家時〔亥カ〕一、興福寺浄名院到来。懇誠相臻、清素自偕。仍以二彼本一已重新写、善種不レ朽、宿心爰成。欲レ為二自他法界・往生極楽之因縁一矣。

康和四年（一一〇二―近藤）《壬午》四月二十二〔三イ〕日、未剋薬師寺西室大房書写畢。

【史料17】『釈論通玄鈔』巻第四奥書（『大日本史料』第三編之八、一四六頁、『平安遺文』題跋編二五八六～二五八八号を参照）

寿昌五年己卯歳（一〇九九―近藤）、高麗国大興王寺奉宣雕造。正二位行権中納言兼太宰帥藤原朝臣季仲、依二仁和寺禅定二品親王仰一、遣二使高麗国一請来。即長治二年《乙酉》（一一〇五―近藤）五月中旬、従二太宰一差三専使二奉‐請之一。

【史料18】『弘賛法華伝』巻上・奥書（『平安遺文』題跋編一〇四三号を参照）

弘賛法華伝者、宋人庄永・蘇景、依二予之勧一、且自二高麗国一、所レ奉レ渡聖教百余巻内也。依二一本書一為レ恐二散失一、勧二俊源法師一、先令レ書二写一本一矣。就レ中、蘇景等帰朝之間、於二壱岐嶋一、遇二海賊乱起一、此伝上五巻入二海中一少湿損。雖レ然海賊等、或為二宋人一被二殺害一、或為二嶋引一被二搦取一、敢无二散失物一云々。宋人等云、偏依二聖教之威力一也云々。

保安元年七月五日於二大宰府一記レ之、大法師覚樹

此書本奥有二此日記一。

（巻下・奥書）

大日本国保安元年七月八日於二大宰府一勧二俊源法師一書写畢。宋人蘇景自二高麗国一奉レ渡聖教之中、有二此法花伝一。仍為レ留二多本一、所レ令二書写一也。

羊僧覚樹記レ之。

此書本奥在二此日記一。

【史料16】には興福寺の僧と思われる某が、嘉保二年（一〇九五）十月に大宰府で宋人柳裕に会い、高麗王子義天から『極楽要書』・『弥陀願相応経典章疏』等を求めるように依頼し、二年後の永長二年（一〇九七）に伝えたことが知られる。【史料17】は長治二年（一一〇五）に大宰権帥藤原季仲が、仁和寺覚行法親王の仰せによって、高麗に「専使」を派遣し、『釈論通玄鈔』を輸入している。そして【史料18】では、保安元年（一一二〇）に東大寺の覚樹の勧めにより、宋人の庄永・蘇景が高麗から聖教百余巻を輸入させたことが伝えられている。[88] これらの史料についてはすでに様々な指摘がなされているが、本稿では、【史料17】の「専使」と【史料18】の「蘇景等帰朝之間、於二壱岐嶋一、遇二海賊乱起一」に注目したい。

まず、「専使」について堀池春峰氏は、仁和寺禅定二品親王覚念の依託により藤原季仲が大宰府より高麗に使者を派遣して求めたものであると述べている。[89] ついで横内裕人氏は、大宰府の専使がどのような性格のものか不明だが、高麗宣宗六年（一〇八九）に方物を献じたという「大宰府商客」のような商人であったろうと思われると指摘する。[90] さらに原美和子氏は、「この時に《宋商人》が関与したものかは明らかにできないが、続蔵経の輸入が宋経由ではなく大宰府・高麗間で直接行われていることを確認しておきたい」と述べ、注で「義天版の輸入を依頼された大宰権帥藤原季仲は、覚行法親王の母の従兄弟にあたり、その家系の人々は大宰府と関わりが深い（『尊卑文脈』一・実頼公孫）。季仲の叔父の経平は、大宰大弐の時に《宋商人》孫忠と僧仲廻と謀って明州に使者を派遣したことがある」(91)と指摘する（後掲【史料21】～【史料23】参照）。

以上のように専使の具体的内容について明らかに言及したものはないが、筆者は【史料16】・【史料18】で、高麗からの経典の輸入に宋人（宋商人）が関与していること、また、次の史料にみられるように、かつて大宰府が宋商人を使者として宋に派遣したことがある事実から、この時の「専使」も宋商人ではなかったかと推測する。

【史料19】『小右記』万寿三年（一〇二六）六月二十六日条

六月二十六日、庚子、中将云、宋人良史欲レ及二解纜一、而献二名籍于関白一〈民部卿所レ伝献〉、懇望二栄爵一、贖二-労桑糸三百疋一。若無二朝納一、帰二本朝一。戊辰年（長元元・一〇二八―近藤）明後年帰参、可レ献二錦・綾・香薬等類一。件良史母本朝人也。関白返二贖労一解文、給二以黄金三十両一云々。彼門客云、徳化覃二異域一、尤足二感歎一。愚所レ案者、当朝国用二位記一、深所レ恥也。何況異朝商人客献芹乎。遙聞二貪欲一有二計略一歟。不レ可レ謂二徳化一、祇可レ取レ辱歟。

【史料20】『宋会要輯稿』補編、職官市舶、宋天聖四年（一〇二六）十月条

四年十月、明州言、「市舶司牒、『日本国大宰府進奉使周良史状、奉二本府都督之命一、将三土産物色進二-奉本府一。看レ詳、即無二本処章表一、未二敢発遣上京一。欲レ令三明州只作二本州意度一。諭二周良史一縁レ無二本国表章一、難三以申二-奏朝廷一。所二進奉一物色、如肯留下、即約二度價例一廻答、如不二肯留下一、即却二給付一、暁示令レ廻。』」従レ之。

【史料21】『宋史』巻四九一、日本伝

元豊元年（一〇七八―近藤）、使通事僧仲回来、賜二-号慕化懐徳大師一。明州又言レ得二其国太宰府牒一、「因二使人孫忠還一、遣二仲回等一貢二絁二百匹・水銀五千両一。」以二孫忠乃海商一、而貢礼与二諸国一異。請自移牒報、而答二其物直一、付二仲回東帰一。従レ之。

【史料22】『続資治通鑑長編』巻二八八、元豊元年（一〇七八）二月辛亥条

辛亥……明州言、得二日本国太宰府牒一称、「附二使人孫忠一遣二僧仲回等一、進二絁二百匹・水銀五千両一。」本州勘会、「孫忠非二所レ遣使臣一、乃泛レ海商客而貢奉之礼不レ循二諸国例一。乞以二此牒報一、仍乞以下所二回賜一銭物上付二仲回一。」従レ之。

【史料23】『善隣国宝記』

承暦二年（一〇七八―近藤）、宋人孫吉所レ献之牒曰、「賜二日本国大宰府令藤原経平一。」

【史料19】・【史料20】は、関白藤原頼通に名籍を進め、母が「本朝人」であることを理由に位を得ようとした宋商人の周良史が、大宰大弐藤原惟憲と結び「大宰府進奉使」と称して宋に渡ったことが記されている。榎本渉氏は「彼の朝貢は退けられたが、それは彼が「本処章表」を持ってなかったためである。宋人であることは、大宰府進奉使であることにとって何の問題にもなっていない」[92]と指摘される。そして【史料21】～【史料23】は、前述の原氏も言及されているように、延久五年（一〇七三）に入宋した僧成尋の弟子が、北宋皇帝神宗（在位一〇六七～八五）の天皇宛ての親書と品物をもたらして帰国したことを受け、日本の朝廷は審議を重ね、ようやく承暦元年（一〇七七）に絹・水銀などを返礼の品として送ったのであるが、これを宋に届けた人物が宋商人の孫忠であった。史料には「使人孫忠」とあるが、宋側では彼らは海商で正式な使節ではないと認識している[93]。日本の朝廷も公使とは認めていなかったとみられ、石井正敏氏は「明州の宋朝廷への報告のなかに、「日本国大宰府の牒を得るに称く」（【史料22】―近藤）とあり、また孫忠が帰国に際してもたらした文書の宛先が「日本国大宰府令藤原経平」（『善隣国宝記』〈【史料23】―近藤〉）となっていたことからすると、孫忠は大宰大弐藤原経平と結び、進奉使を称して宋に向かったものと推測される」と述べている[94]。すなわち、これも大宰府が独自に宋商人を使者として海外に遣使した事例と言えるであろう。

このように、中央政府とは距離があり、宋海商とつながりのある大宰府が、彼らに使者の肩書を与えて派遣することがあったのであれば、【史料17】にみえる「専使」も大宰府（博多）に滞在していた宋海商と理解することができるのではないだろうか。より確実に聖経を入手する手段として、海商に使節としての肩書を与えて派遣することがあったのではなかろうか。

次に【史料18】にある「蘇景等帰朝之間、於㆓壱岐嶋㆒、遇㆓海賊乱起㆒」について検討したい。宋商人の蘇景等が帰国の際に壱岐島で海賊に遭遇していることが知られるので、彼らは日本と高麗との間を往来していたと判断される(95)。これと関連して、前掲【史料13】には、「日本都綱の黄仲文等二十一人が（高麗に）来」たと記されている。この人物に関しては、大宰府の府官（府老）となって活躍した王氏の一族と考えられている前述の王則貞と同様に、日本を拠点にして日麗貿易を行った海商との理解がある(96)。しかし、筆者は王則貞とは異なり、むしろ彼は【史料18】に出てくる「宋人庄永・蘇景」のような博多に来日・長期滞在の宋商人で、そこから高麗へ渡った人物とみるべきであると考える。黄仲文の肩書である「都綱」を『高麗史』で検索したところ、黄仲文の事例以外は全て宋商人に付されており、一方王則貞は「日本国人」と記載されている(97)。「都綱」すなわち「綱首」とは、「中国宋代の商船における乗員の最上位にあたる階層」で、「綱は輸送のために組織された貨物の組を現わす語であり、綱首はそれを管理・統括する責任者」のことである(98)。したがって、日宋間を往来した海商が、日本側の要望などを受けて高麗に渡った事例と理解することができると考える。

以上のように一一世紀末より一二世紀にかけて、宋海商が日本側の要請を受けて、高麗に渡航して聖経を入手するような状況が形成されていたと推測される。この時期の宋商人の活動について原美和子氏は、「日常生活物資等容易に手に入るものであれば、日本人・高麗人同士の交易で事足りても、特別な文物や情報は《宋商人》の力を借りなければ容易には入手できなかったという状況が読み取れるのではないだろうか。つまり、《宋商人》

は宋麗間・宋日間交流の主要な担い手であったばかりでなく、日麗間においても、他の勢力の優位に立つ文物・情報の収集・伝達能力を有していたと考えられる」[99]と述べている。さらに石井正敏氏は、これ以前の承和九年（八四二）に筑前守の文屋宮田麻呂が新羅人張宝高にあらかじめ絁を渡して唐物の入手をはかっていたことや[100]、藤原頼長が宋海商に「要書目録」を渡して書籍の入手を図っている例なども挙げながら、原氏の述べる経典類のみならず、陶磁器や香料といった一般の唐物についても、日本側があらかじめ欲しい品・希望する品の船載を宋商人に依頼し、次回来航の際に優先的に購入しようとする動きは当然あったと推測されている[101]。来着する海商などと懇意になった場合にしばしばこのような行為があったことが考えられるが、一一世紀末には博多に拠点を置く宋海商の活動がみられることから、大宰府（博多）を中心とした九州本土では、いわゆる日本人（【史料19】でいう「本朝人」）の使節や商人を直接高麗に派遣せずとも、博多に居住する宋商人や彼らの持つネットワークを介して、宋や高麗の文物が入手できる状況になっていったものと理解される。これこそが、一二世紀を前後して、対馬島以外の地域の人々が高麗に渡航をしなくなった理由の一つだったのではないだろうか[102]。

五　『大槐秘抄』にみえる「制」の実態に関する私見

これまでの検討により、『大槐秘抄』にみえる一二世紀の対外関係記事は、記録は簡潔ながらも正確に当時の状況を反映・記述していること。また、一一世紀末以降、権門と結びついた宋海商が日本と高麗との間も往来するようになったことがうかがえ、九州本土の人々が貿易のために高麗へ渡航することはなくなり、『大槐秘抄』に注記されているように、「日本の人」（とりわけ対馬島民）は高麗にだけ渡るという状況になっていたことが推測されることを述べてきた。以上の理解に基づいて、『大槐秘抄』の「制」に関して検討してみたい。

『大槐秘抄』では、高麗へ渡る日本（対馬島）の商人について、ａ「宋商人が日本に渡って来る姿とは異なっており（似ておらず）、とんでもない（みっともない）姿である」・ｂ「わずかなつまらない小物を持って高麗に渡っている」とあり、このような行動によって、ｃ「どれほど（日本が高麗から）侮られていることでしょう」と続く。[103]そして、ａ・ｂのような対馬島民の行動がｃのようにならないために「制」があるのである、と解釈することができる。このように理解することができるのであれば、『大槐秘抄』にみられる「制」とは、高麗への渡航が対馬島民に一元化されていったことを受けて制定あるいは再整備されたものとみることができるのではないだろうか。そうであるとすれば、この「制」はこれまで言われてきたように、「どれほどの実行力はあったかは別として理念的には一二世紀半ば過ぎまでこの禁制が生きてい[104]」たというものではなく、それなりの実行力を伴っていたものではないかと考えられるのである。

このような「制」が一一世紀以前から存在したいわゆる「渡海制」を再整備したものなのか、あるいは新たに設けられたものなのかを断定することはできないが、これまでの検討を踏まえれば、少なくとも一二世紀の初頭には存在していたとみられる。また、この「制」とは、対馬島民の渡航を「禁止」するのではなく、「制限」するものと考えなければならないであろう。[105]そうでなければ、『大槐秘抄』執筆からおよそ二十年後の治承・寿永の乱の最中の文治元年（一一八五）に、対馬守藤原親光が、平氏方の追捕を避けて高麗に渡り厚遇を受けたこと[106]も説明ができない。[107]また、高麗側が「対馬嶋人」のために「館舎」を営み、彼らと高麗の「海辺の州・県」や「島嶼」の「居民」が好を交え、疑い忌むことがなかったとあることも、[108]対馬島民と高麗との定期的・安定的な交通の存在が前提となっている。

以上のような対馬と高麗（朝鮮半島）との特殊な関係については、古くは『扶桑略記』延長七年（九二九）五月十七日条の記事がある。対馬島に来着した後百済使張彦澄の語るところによれば、去る正月十三日に新羅人が貪羅嶋へ向かったところ、対馬島に漂着した。史料には「初経国皈二飄蕩人一之時、牒送二全州一。全州後寄二彦澄一送二返牒一」とあり、対馬島司坂上経国が漂流民を保護した際、牒状を全州に発給したことが知られ、それに対して張彦澄は返牒をもたらしているのである。この時経国が送った牒状は、対馬島司が独自に発給したものとみなしてよいであろう。[109] 次に、『小右記』長元四年（一〇三一）二月十九日条には、日本に来着した耽羅人についての解文を発給した大宰府に対し、「異国人無二事疑一者、不レ経二言上一、給レ粮可二還却一之由」とある。これについて山内晋次氏は「さしたる疑いのない漂流民の来着や送還については、中央に言上する必要はないとする中央貴族の法文解釈がみえる」と述べる。[110] そして、文宗五年（一〇五一）七月に対馬島に逃げ込んだ高麗の犯罪人三人を高麗に送還した記事[111]からは、高麗の官司から捜索願が対馬島に伝えられていたと考えられ、大宰府や対馬島などの官衙と高麗の官庁との間で、比較的頻繁にコンタクトがとられていたことが推測される。[112] すなわち、対馬島が一定の裁量権をもって高麗と関係を持っていたことがうかがわれるのである。先に僧戒覚が入宋する際に「府制」を恐れて船底に身を隠していたことを見たが、これはいわゆる「渡海制」違反者を取り締まるためのより具体的な大宰府で設けられた「制」と解することができる。対馬島が持っていた高麗に対する一定の裁量権も、朝廷からの指針を受けて設けられた、まさに「島制」とでも称すべきものではなかっただろうか。高麗へ渡航する日本人が対馬島民に一元化されていったことを受けて、日本国が高麗に侮られないように朝廷では「制」を設け、その具体的な制限（管理）については、対馬島司をはじめとする在地の裁量に委ねられたのではないかと憶測されるのである。一二世紀の日麗通交に関して森平雅彦氏が「通交記録は大きく減少するが、史料の残り方からくる見かけという部分があるようで、必ずしも実勢そのものとは言えない[113]」と述べているように、渡航を直接示す記事は無くとも、対馬島民による高麗への渡航・交易は対馬島司や在庁官人等の管理下においてむしろ安定的に行われていたのではあるまいか[114]。

そして、『大槐秘抄』の「制」と対応するのではないかと筆者が憶測するのが、一三世紀の日本宛ての高麗牒状[115]にみられる、対馬島民による高麗渡航・方物献上行為に対して、高麗側が「進奉之礼」・「進奉礼制」を設定していたことである。いわゆる「進奉船」については、多くの先行研究があるが[116]、森平雅彦氏は、「本来「進奉」とは〝下〟から〝上〟に対する進献を意味する一般的な用語であり、当時は中国でも通用していた。日麗関係に関する用語としては、13世紀にのみ確認されるので、一見、この時期に特有な現象であるかにおもえる。しかし、これらの用語はいずれも高麗の外交文書中にみられるのに対し、12世紀以前の日本からの物品〝献上〟に関する史料は、二次的な編纂記録にかぎられ、同時代の一次史料ないしこれに准ずる史料が残されていない。そこで現時点では、「進奉」という語が12世紀以前の朝貢形式をとる日麗貿易でも広く用いられた一般的な述語であり、主体の範囲や形式内容が時期ごとに変遷していった可能性を想定しておく必要もあるだろう[117]」と述べている。筆者もかつて、『平戸記』所載の高麗牒状を検討した際に、一三世紀初頭において高麗側が対馬島に対して守るべきものとして指摘した「進奉之礼」とは、日本と高麗の政府間の了解によって確立された「制度」としての「進奉」ではなく、来航してくる日本人一般の方物献上「行為」に対する、高麗側で設定された規定に過ぎないのではないかと述べた。そして、これまで同一に考えられてきた、『高麗史』元宗四年（一二六三）四月条所引の高麗牒状に、年に一度で船は二艘以下などの記載のある進奉に関する「定約」は、高麗が倭寇禁圧要請の牒状をもたらした嘉禄三年（安貞元・一二二七）から翌年にかけて行われた、二度にわたる日麗交渉により、大宰府と高麗との間で成立した約なのではないかと考え、それ以前から存在していた「進奉之礼」・「進奉礼制」は、いわゆる「進奉船」の具体的様相や展開過程に関して様々な状況を想定し、検証する必要があることを指摘した[118]。

下から上への献上を「進奉」というのであれば、【表】にあるような一一世紀半ば以降の日本人による高麗に対する方物献上行為も「進奉」となる。しかし、一二世紀を前後するある時期に、『大槐秘抄』にある「制」が設けられたことにより、「宋商人が日本に渡って来る姿とは異なっており（似ておらず）、とんでもない（みっともない）姿」で、「わずかなつまらない小物を持って高麗に渡っている」対馬島民が、対馬島司等によって管理されたことを受け、高麗側はこれを「対馬島（日本）による定期的な進奉」とみなしたのではないだろうか。前述の嘉禄三年に発給された高麗牒状には、「元来進奉礼制、癈絶不レ行。船数結レ多、無レ常二往来一」という記述がある。対馬島からの船が無秩序にひっきりなしに高麗との間を往来しているという状況を「進奉礼制」が「癈絶」したと表現しているのである。逆に言えば、一定の間隔・秩序を持った往来は「進奉礼制」が守られているということになるが、その秩序こそ『大槐秘抄』にみえる「制」の効力によって維持されていたのではないだろうか。高麗ではそれに加えて、文書の形式や内容に関する取り決めである「進奉之礼」を設定し、対馬島民との間で交流（貿易）を行なっていったのではないかと考えられるのである。[119]

おわりに

以上、『大槐秘抄』にみえる「制」の意味するところについて検討した。その結果をまとめてむすびとしたい。『大槐秘抄』はこれまで活字本として『群書類従』本などが利用されてきたが、異系統の写本が複数存在するために可能な限り蒐集し校訂を行なった。その結果、活字本やそれが基にした写本では本文に記されていた〔3〕の「対馬国人」は、その前の「日本の人」に関する傍注であった可能性が高いことが明らかとなった。いつの時点で追記されたかについては不明であるが、藤原伊通かあるいは転写の過程で校訂者がわざわざ補注までするということは、当時の状況を鑑みて、「日本の人」で高麗へ渡る人々といえば対馬島民であるとの確かな根拠・認識があったであろうことを述べた。また〔4〕の内容については、転写の問題を含めあらためて検討する必要があることを指摘した。そしてこのような成果を反映させた釈文に基づいて検討を進めたところ、『大槐秘抄』が作成された直前の出来事である「今平清盛大貳に罷り成て候。いかがと思ひ給ふるに、高麗に事ありと聞候」の内容とは、永暦元年に対馬島の銅採進房や貢銀採丁、さらには対馬島の商人が、高麗の金海に設置されていた東南海都部署によって拘束されたことについて、対馬島が牒状を発給して外交問題になったことを述べている可能性があることを指摘した。ついで、一二世紀を前後して、それまで九州の各地域から高麗へ渡航し、貿易を行なっていた日本人（本朝人）にかわり、博多唐房に居住・滞在する宋商人が、日本・高麗間を往来し、聖教の輸入をしていたことを確認し、高麗へ渡る日本人（本朝人）が対馬島民に一元化されていったと考えた。このような状況を受けて、みすぼらしい姿の日本の商人（対馬島民）が高麗から侮られないように、朝廷の指針を受けた対馬島司を中心とした在地の勢力によって、彼らの渡航を管理・制限したものこそが、『大槐秘抄』にみえる「制」なのではないかと推測した。そしてこの「制」によって安定的・定期的に対馬島民が往来する状況を受けて、高麗側ではこれを「定期的な進奉」と認識し、いわゆる「進奉之礼」・「進奉礼制」を対馬島民に課し、友好的な交流が行われていたと考えた。もし、このような理解が認められるとすれば、次の問題として、一三世紀になぜこのような交流が破綻してしまったのかについて考える必要があるが、これらは今後の課題としたい[120]。以上、推測に頼る部分も少なくないが、大方のご批正を賜れば幸いである。

（1）拙稿「高麗における対日本外交案件の処理過程について」（中央大学人文科学研究所編『情報の歴史学』中央大学出版部、二〇一一年）一七九〜一八二頁。

（2）いわゆる「進奉船」に関する研究および研究史については、李領「中世前期の日本と高麗―進奉関係を中心として」（『倭寇と日麗関係史』東京大学出版会、一九九九年、初出一九九五年）。森平雅彦「10世紀〜13世紀前半における日麗関係史の諸問題―日本語による研究成果を中心に―」(日韓歴史共同研究委員会編『第2期日韓歴史共同研究報告書(第2分科会篇)』日韓歴史共同研究委員会、二〇一〇年)。拙稿「『平戸記』所載泰和六年二月付高麗国金州防禦使牒状について」(『古文書研究』七〇、二〇一〇年)などを参照。

(3)『大槐秘抄』の成立事情については、飯田久雄「大槐秘抄の成立」(『日本歴史』八三、一九五五年)を参照。

(4)稲川やよい「「渡海制」と「唐物使」の検討」(『史論』四四、一九九一年)。石井正敏「日本・高麗関係に関する一考察―長徳三年(九九七)の高麗来襲説をめぐって」(中央大学人文科学研究所編『アジア史における法と国家』中央大学出版部、二〇〇〇年)一九九頁。村井章介「一〇一九年の女真海賊と高麗・日本」(『日本中世の異文化接触』東京大学出版会、二〇一三年、初出一九九六年)三六八頁。河辺隆宏「年期制と渡海制」(荒野泰典・石井正敏・村井章介編『日本の対外関係3通交・通商圏の拡大』吉川弘文館、二〇一〇年)二二七頁。

(5)以上『公卿補任』第四篇(新訂増補国史大系第五十六巻、吉川弘文館)一一三・一八四頁。

(6)③の『新校群書類従』本には、奥書に続いて「イ右大槐秘抄、九條侯爵家所蔵古写本を以て校勘す/(昭和五年六月)」と記載があり、「九條侯爵家所蔵古写本」の存在が知られるが、筆者が行なった写本調査では当該写本の所蔵場所を確認することができず、実見していない。

(7)『群書解題』第一九(続群書類従完成会編、一九六一年)一一八~一一九頁。荒木尚氏執筆。神宮文庫蔵本についても、筆者は実見できていない。

(8)久保常晴「享和本「大槐秘抄」」(『立正史学』二六、一九六二年)四七頁。

(9)筆者は『国書総目録』第五巻(岩波書店、一九六七年)や『古典籍総合目録―国書総目録続編』第二巻(国文学研究資料館編、岩波書店、一九九〇年)を参照し、さらに国文学研究所・東京大学史料編纂所・宮内庁書陵部図書寮文庫所蔵資料目録・画像公開システムなどのインターネットの検索サイトなどを利用して写本の所蔵場所を調べ、調査を行なった。筆者が閲覧・蒐集した写本は次のごとくである(【 】は略称を示す)。

【池田本】岡山大学池田家文庫本(請求記号P1-122)。

【狩野文庫本】東北大学所蔵狩野文庫本(請求記号17869-1)。

【狩野文庫明和八年本】東北大学所蔵狩野文庫本（請求記号30425-1）。

【国会図書館本】国立国会図書館所蔵本（請求記号 848-19）。

【昌平坂本】国立公文書館所蔵昌平坂学問所旧蔵本（請求記号211-0170）。

【清和院本】宮内庁書陵部所蔵本（請求記号170-332）。

【尊経閣本】尊経閣文庫所蔵本（請求記号7/59/大）。

【谷村本】京都大学附属図書館所蔵谷村本（請求記号1-84/タ1）。

【多和文庫享保三年本】東京大学史料編纂所所蔵多和文庫本（請求記号6170.82/5/67）。

【多和文庫弘化四年本】東京大学史料編纂所所蔵多和文庫本（請求記号6170.82/5/70）。

【徳大寺本】東京大学史料編纂所所蔵徳大寺本（請求記号 徳大寺本05-45）。

【内閣文庫寛文六年本】国立公文書館所蔵内閣文庫本（請求記号 和53016/1（1）/211-172）。

【内閣文庫寛政五年本】国立公文書館所蔵内閣文庫本（請求記号 211-0171）。

【名古屋大本】名古屋大学附属図書館所蔵本（請求記号 神皇210.09 Ku）。

【八洲文藻】宮内庁書陵部所蔵八洲文藻（請求記号4382/89/452/7）。

【東山本（書陵）】宮内庁書陵部所蔵東山御文庫本（請求記号 875/1/506 57）。

【東山本（史料）】東京大学史料編纂所所蔵東山御文庫本（請求記号2001/1/262）。

【東山本（勅封）】宮内庁侍従職保管東山御文庫所蔵史料（勅封113-5-6-18）。筆者は東京大学史料編纂所所蔵の写真帳を閲覧（請求記号6170.67-1）。

【広瀬本】九州大学附属図書館所蔵広瀬文庫本（請求記号622/キ/4）。

【蓬左文庫本】蓬左文庫所蔵本（請求記号 15224/4/108）。

【穂久邇本】愛知県蒲郡市竹本油脂所蔵穂久邇文庫本（請求記号六―四―57）。

【松岡本】宮内庁書陵部所蔵松岡本（請求記号 8339/1/208/1391）。

【本居本】東京大学文学部図書室所蔵本居文庫本（請求記号 本居記680）。

【紅葉山本】国立公文書館所蔵紅葉山文庫旧蔵本（請求記号 特025-0004）。

【柳原本】宮内庁書陵部所蔵柳原本（請求記号 44667/1/柳504）。

【山内家本】土佐山内家宝物資料館所蔵本（国文学研究資料館所蔵ホームページで公開されているデジタル画像を閲覧、請求記号、ヤ327—55）。

【林家本】国立公文書館所蔵林家（大学頭）旧蔵本（請求記号190-0165）。表題は『九条諫草』となっている。

（10）前田綱紀が巻末に記した跋文によれば、去歳秋冬に「一本」を「京師」で得て「謄録」し、さらに「久我通矩」（この人物については、國學院大學久我家文書編集委員会編『久我家文書』〈続群書類従完成会、一九八七年〉一一二一～一一三三頁にある「久我家系圖」に記載がなく、詳細は不明である）所蔵の『大槐秘抄』を借りて「校考」したところ、転写の誤りと思われる他は「千條万句」異なる所なく、侍史に命じて校讎させたとある。表紙には「以官本又校合之趣、凡例并異本□□□□□」とあり、「官本」と「異本」とがあるが、「官本」とは京師にて得た一本で、「異本」とは久我通矩所蔵の『大槐秘抄』を指すと考えられる。また、本文の前には五カ条の「校正凡例」が朱書きされている。

（11）【蓬左文庫本】・【狩野文庫本】には系図は記されていないが、本文の体裁等から壺井義知系統に属すると判断される。

（12）壺井義知については、林森太郎「壺井鶴翁に就て」（『史林』一、一九一六年）、浅野三平「壺井義知と江戸―『師古日記』をめぐって」（『紀要』〈日本女子大学文学部〉三三、一九八三年）、浅野三平「壺井義知再校―源語研究を主に―」（『紀要』〈日本女子大学文学部〉三五、一九八五年）などを参照。

（13）本文からは禁裏本系統の写本（D）も参照したことがうかがえる。

（14）【林家本】については、（A）と（D）両方の特徴を持っており、また【谷村本】については、本文の体裁は（D）の特徴を多く持つが、（B）にみえる系図も記されており、にわかに判断することはできない。今後さらに検討することとしたい。

（15）久保常晴氏も指摘されているが、例えば『新校群書類従』本四一四頁上段十八～十九行目には、「昨日けふになりてこそいとみだりがはしきふるまひきこえ候めれ。長谷雄。善宰相清行などが」とあるが、他の写本を見てみると、「昨日けふになりてこそいとみだりがはしきふるまひきこえ候めれ。なまよろしき人もすちなき事に候めり。昔紀中納言長谷雄。善宰相清行などが」（傍点は近藤、以下同じ）と、傍点部の文が見られる。

(16)『公卿補任』第四篇（注(5)前掲書）一〇～一四頁。

(17) 本田慧子「近世の禁裏小番について」（『書陵部紀要』四一、一九八九年）五三頁。禁裏小番に関する近年の研究成果については、田中暁龍「中近世の禁裏小番と武家昵近衆」（『近世の天皇・朝廷研究』五、二〇一三年）に詳しい。

(18) 田中暁龍「寛文三年近習公家衆の成立と展開」（『近世前期朝幕関係の研究』吉川弘文館、二〇一一年、初出一九九〇年）二六～二七頁。

(19) 本田慧子注(17)前掲論文七七頁。

(20) 本田慧子注(17)前掲論文七一頁。

(21) 田中暁龍注(18)前掲論文二六～二七頁の表2「寛文期の禁裏小番衆」。

(22) 宮内庁書陵部図書寮文庫所蔵資料目録・画像公開システム。サイトURLは、http://toshoryo.kunaicho.go.jp/Kotenseki/Detail/33640。

(23) 小池一行「御所本」（『日本古典籍書誌学辞典』岩波書店、一九九九年）二一〇頁。

(24) 田島公「典籍の伝来と文庫―古代・中世の天皇家ゆかりの文庫・宝蔵を中心に」（石上英一編『日本の時代史30 歴史と素材』吉川弘文館、二〇〇四年）三五一頁。

(25) 例えば、【内閣文庫寛文六年本】七丁裏に「窠の紋のさしぬきはき候はず。蔵人の此御さしぬきをおろしてきるは」とあるが、【東山本（書陵）】八丁裏には、「窠の紋の・さしぬきをおろしてきるは」とあり、挿入符（・）の右傍に「さしぬきはき候はず蔵人の」と記す。同じく【内閣文庫寛文六年本】八丁裏には「一代に年号の多つもり候と当代の蔵人五位とのおほくつもるは。よしなき事に候」とあるが、【東山本（書陵）】九丁裏には、「一代に年号の多つもり・はよしなき事に候。御用心候べき事也」としてやはり挿入符（・）を付し、右傍に「候と当代の蔵人五位とのおほくつもるは」とある。また【内閣文庫寛文六年本】の方が、校合者による「〇〇歟」や「モトノママ」などの表記が多い。

(26) 【尊経閣本】の五カ条ある「校正凡例」のうちの第五条には「一、此本或字脱或字異者、則以二別本一而朱二記其字於傍」」とある。前掲注(10)に記したように「此本」は「官本」、「別本」は「異本」を示すと考えられる。

(27)『日本国語大辞典〔縮刷版〕』第八巻（小学館、一九八〇年）八七頁。

(28)「此本」右傍にある「御本云」について、活字本やそれが基にした写本には「本」となっているが、底本をはじめ禁裏本系統の写本には「御本云」とある。

(29)荒木尚執筆注(7)前掲『群書解題』一一八～一一九頁。

(30)『大槐秘抄』の末尾には「帝王の○○事」とある十七箇条（「○○事」のみの文を含めると十九箇条）の項目があり、その中に「帝王の神事をあがめさせ給ふべき事」という一文がある。しかし、『大槐秘抄』の当該部分には、「神事ならぬ時は日々にまいりてぞ候し」云々として「神事」ではない時の御持僧の心得を挙げるのみで、神事そのものの内容を語ってはいない。したがって、頭書の「神事ノ上ニ脱文アルベシ」とは「帝王の神事をあがめさせ給ふべき事」に関する内容が脱落している可能性を示しているのかもしれない。詳細については現時点では判断できないため、今後さらに検討したい。

(31)『和泉式部日記』の最後は、「宮の上御文書き、女御殿の御ことば、さしもあらじ、書きなしなめり、と本に。」で終わり、また、『枕草子』の跋（三一九段）の末尾も「それよりありきそめたるなめり、とぞ本に。」と不完全な形で終わっている。現代語訳を載せる『新編日本古典文学全集』（小学館）では、前者について「宮の北の方の御文や女御様のお言葉は、実際にはこんなものではあるまい、作り書きのようである、と私の書写した原本には記されている」（第二六巻、八八頁）とあり、後者については、「その時から世間に流布するようになったらしい、と原本にある」（第一八巻、四六八頁）として、いずれも傍点部を補って意味を取っている。新編日本古典文学全集本の『和泉式部日記』当該部分の頭注には、「「と私の書写したもとの本には書かれている」の意。本を書き写す場合に、原文を尊重する立場から行う書写者の注記の仕方。この付記めかした二行は、おそらく作者が自身を単なる書写者にすぎなくみせるための虚構的作為として加えたものであろう」と記す。日本古典文学大系本の『和泉式部日記』（巻二〇、岩波書店、一九五七年）の当該部の補注（四五九頁）には、「「…と本に」という形式は、……「もとの本にかいてあるぞ」という注記で、奥書に「本云……」とある類である」と記す。また、新日本古典文学大系本の『枕草子』（岩波書店、一九九一年）の当該部分の注（三四九頁）には、「と原本に書いてある、の意だが、作品を書き終えて筆を擱く時によく使われる言い廻し」とある。『大槐秘鈔』の場合には、文末ではないという違いはあるが、いずれにせよ、このような用法があることからすれば、「みへたり」や「のせたり」のような語がないだけで「脱文」とは言わないのではないだろうか。むしろ注(30)で述べたように、「神事」に関する内容が脱落しているとみることもできるのではないだろうか。

(32) 前掲注(15)を参照。

(33) 諸本みな「大国をうちとらせ給ひて」に作るが、これでは「高麗は大国（日本）をお討ち取りになられて」となり前後の文との整合性がとれない。また、高麗に対して最高敬語である「せ給ふ」という表現をとることも考えられない。文脈としては「高麗は大国（日本）にお討ち取りになられて」と理解すべきであるため、「大国にうちとらされ給ひて」となるべきである。ただし字句の改変は慎重を期すべきであること、また『大槐秘抄』全文を通じて敬語表現等文法が不明確な点が少なからずあるため、釈文では底本の通りとし、意味としては右のように理解する。

(34) 石井正敏氏は、「藤原隆家が大宰帥在任中に起った異国の事件とは、言うまでもなく刀伊の入寇であるが、小野好古の場合は、明らかでない。好古が鎮定に活躍した藤原純友の大宰府襲撃を述べているのでもあろうか」と述べている〈注(4)前掲論文一六九頁〉。小野好古の大宰大弐の在任期間は天慶八年（九四五）十月十四日〜天暦四年（九五〇）正月二十日で、天暦元年〈九四七〉には現地へ赴任する（『公卿補任』第一篇〈新編増補国史大系第五十三巻、吉川弘文館〉一八九〜一九〇頁、『日本紀略』天暦元年正月九日条）。石井氏が述べるようにこの時期に異国との関わりを示す明確な記事は見出し難いのであるが、わずかに『貞信公記抄』天慶九年（九四六）十一月二十一日条に「大弐来、令レ見二少弐経基書一。其書云、『大船二来二著対馬島一云々。未レ知二何国船一云々。』中使頭朝臣来。好古朝臣参入、令レ奏二経基書一、為レ之何云々」とある。詳細は不明としか言いようがないが、高麗か、あるいは朝鮮半島南部を実効支配する豪族によるもの（森平雅彦氏は天禄三年（九七二）に高麗の南原府と金海府の使者が相次いで対馬島に来着した事件について、「当該地域を実効支配する豪族の自主的通交である可能性がある……この点において、かつての豪族の対外活動との連続性が注意される。確証があるわけではないが、中央政府による辺境統制が弱かった当時、地方豪族が独自に対外活動を行う意欲と、これを可能にする環境がなおも残されていた疑いがあるのである」と指摘する〈注(2)前掲論文二〇八〜二〇九頁〉）、さらには契丹などの人々が対馬島に訪れ、接触をしたことを述べている可能性があるのではないだろうか。

(35) 石井正敏「藤原定家書写『長秋記』紙背文書「高麗渤海関係某書状」について」（中央大学人文科学研究所編『人文研紀要』六一、二〇〇七年）二八〜二九頁。

(36) 村井章介『国境を超えて—東アジア海域世界の中世—』（校倉書房、一九九七年）四二〜四五頁。『日本史史料〔2〕中世』（岩波書店、一九九八年）六四〜六五頁。石井正敏注(4)前掲論文一六八〜一七一頁。

(37) 石井正敏氏は『大槐秘抄』にみえる「敵国」・「隣国」・「異国」の語を検討し、異国・隣国は朝鮮・中国さらに沿海州地域を指していると述べる。そして「敵国」については、「敵対」と互角・対等、すなわち「匹敵」の意味があり、後者の意味であれば、〔3〕段落に「宋人の日本に渡躰には」とあることから、宋人や高麗人を含む解釈も可能だが、〔2〕段落の内容から「敵対する国の意味で用いられているとみなして間違いない」とし、ここの「敵国」を高麗と理解して誤りないと指摘する（注（4）前掲論文一七〇頁）。

(38) 村井章介注(4)前掲書、河辺隆宏注(4)前掲論文。

(39) 稲川氏は藤原伊通が対馬島民を軽蔑していると理解されている。確かに宋商人と比べてとんでもない（みすぼらしい）みなりの対馬島民に対してそのような認識はあったとは思うが、村井章介氏が「いかにも侮りを受けかねない状態で」（『増補中世日本の内と外』筑摩書房、二〇一三年、三一頁）と述べるように、この「あなづらはし」は、「高麗が日本を侮る」と解釈すべきであろう。

(40) 稲川やよい注(4)前掲論文一〇〇頁。

(41) 稲川やよい注(4)前掲論文九七〜九八頁。また、山内晋次「古代における渡海禁制の再検討」（『待兼山論叢』二二、一九八八年）を参照。

(42) 稲川やよい注(4)前掲論文一〇四頁。

(43) 石井正敏注(4)前掲論文一九九頁。森克己氏の見解は、「転換期十世紀の対外交渉」（『続日宋貿易の研究』新編森克己著作集2、勉誠出版社、二〇〇九年、初出一九六九年）二〇八〜二一〇九頁を参照。また、石井正敏「一〇世紀の国際

変動と日宋貿易」（『新版古代の日本2　アジアからみた古代日本』角川書店、一九九二年）三五四頁も参照のこと。森克己氏は「日宋麗連鎖関係の展開」の中で『大槐秘抄』の当該部分を取り上げ、「伊通が中央に在って大宰府の実情に暗く、依然として延喜以来の制が厳存して、我が国人の海外渡航が禁止されていたとかんがえていたからにほかならない。これは伊通独りに限らず、一般貴族は皆認識不足だった」（前掲『続日宋貿易の研究』初出一九四九年、三七二頁）と述べ、『大槐秘抄』の「制」を「延喜以来の制」と指摘されている。

(44) 村井章介注(36)前掲書四四～四五頁。

(45) 注(36)前掲『日本史史料〔2〕中世』六四～六五頁。

(46) 榎本淳一「律令国家の対外方針と「渡海制」」（『唐王朝と古代日本』吉川弘文館、二〇〇八年、初出一九九一年）。及び同「広橋家本「養老衛禁律」の脱落条文の存否」（同前書、初出一九九八年）。「僧明範の契丹密航事件・兵具売却事件」については、兵具売却の処罰規定の存在も想定されている（五四～五五頁）。

(47) 村井章介注(4)前掲書三六八頁。

(48) 石井正敏『東アジア世界と古代の日本』（山川出版社、二〇〇三年）一二～一三頁。

(49) 森克己「戒覚の渡宋記について」（注(43)前掲『続日宋貿易の研究』初出一九七二年）二九三頁。

(50) 河辺隆宏注(4)前掲論文二二七頁。

(51) 榎本淳一注(46)前掲書二三～二四頁。

(52) 渡邊誠氏は年期（年紀）の適用対象となる海商は貿易船の船長である「綱首」で、他の船員は対象とならないと指摘する（「年紀制と中国海商」『平安時代貿易管理制度史の研究』思文閣出版、二〇一二年、初出二〇〇九年、一二三頁）。

(53) 石井正敏注(4)前掲論文一九九頁。

(54) 村井章介注(36)前掲書四四～四五頁。

(55) 『公卿補任』第一篇（注(34)前掲書）四四九～四五〇頁。

(56) 石井正敏注(4)前掲論文一六九頁。

(57) この点について筆者は「平治・永暦年間の日本・高麗関係に関する一考察」と題した口頭発表を、二〇〇八年十一月に第一〇六回史学会大会で行なった。

(58) 本史料について小峯和明氏は、「高麗の金海府が銅や銀の採掘を禁じたことを対馬国守が言上した」・「高麗が銅や銀採掘をめぐる工夫らの活動を禁じた」と理解されている(「『対馬貢銀記』の世界—異文化交流と地政学」『院政期文学論』笠間書院、二〇〇六年、九二〜九四頁)。しかし、『小右記』治安元年(一〇二一)七月十九日条や、『中右記』寛治六年(一〇九二)九月九日条などを参照すれば、「禁」は「禁止」ではなく「拘禁」と理解すべきであろう。また、対馬と高麗における銀生産に関しては田中史生「筑前国における銀の流通と国際交易」(『国際交易と古代日本』吉川弘文館、二〇一二年、初出二〇〇四年)一〇六〜一〇九・一一五頁を参照。

(59) 李領注(2)前掲書六〇頁。石井正敏注(4)前掲論文一六九・一九八頁。

(60) 「李文鐸墓誌」については、拙稿「고려《高麗》 전기의《前期の》 관료《官僚》 이문탁의《李文鐸の》 墓誌를《を》 통해《通じて》 본《みた》 고려・금《高麗・金》 관계에《関係に》 대하여《ついて》」(고려대학교일본사연구회편《高麗大学校日本史研究会編》『동아시아《東アジアの》 속의《なかの》 한일관계사《韓日関係史》 下』J&C、二〇一〇年)および、上記論文の日本語改訂版「高麗前期の官僚李文鐸の墓誌を通じてみた高麗・金関係について」(『教育・研究』二四、中央大学附属中学校・高等学校、二〇一一年)を参照。

(61) 田島公「海外との交渉」(橋本義彦編『古文書の語る日本史2—平安』筑摩書房、一九九一年)二九四頁。南基鶴(村井章介訳)「高麗と日本の相互認識」(『グローバリゼーションの歴史的前提に関する学際的研究』平成12〜14年度科学研究費補助金研究成果報告書〈基盤研究A2〉、二〇〇三年、初出二〇〇〇年)一四〇〜一四一頁。金雲泰『高麗政治制度와《と》 官僚制』(博英社、二〇〇五年)四七頁。李在範「13世紀以前의《の》 麗日関係」(한일문화교류기금《韓日文化交流基金》・동북아역사재단《東北亜歴史財団》編『몽골의《モンゴルの》 고려・일본《高麗日本》 침공과《侵攻と》 한일관계《韓日関係》』景仁文化社、二〇〇九年)六五頁。

(62) 周藤吉之「高麗初期の地方制度—とくに宋の地方制度との関連において—」(『高麗朝官僚制の研究』法政大学出版局、一九八〇年、初出一九七五年)二五四〜二五五頁。李宗峯「高麗時代釜山地域의《の》 対外交流」(『港都釜山』二〇、二〇〇四年)一八七〜一八八頁。姜恩景「기록의《記録の》 전달과《伝達と》 행정운영《行政運営》」(『고려시대《高麗時代》 기록과《記録と》 국가운영《国家運営》』慧眼、二〇〇七年、初出二〇〇四年)二四五頁。

(63) 邊太燮「高麗時代 中央政治機構의《の》 行政体系—尚書省 機構을《を》 중심으로《中心に》」(『高麗政治制度史研究』一潮閣、一九七

一年、初出一九七〇年）二四頁。朴龍雲『高麗時代尚書省研究』（景仁文化社、二〇〇〇年）四七～四八頁。

(64) 山内晋次「朝鮮半島漂流民の送還をめぐって」（『奈良平安期の日本とアジア』吉川弘文館、二〇〇三年、初出一九九〇年）九三～九四頁。李領「院政期の日本・高麗交流に関する一考察」（注(2)前掲書）二八～二九頁。

(65) 田島公注(61)前掲論文二九四頁。金雲泰注(61)前掲書四七頁。

(66) 周藤吉之注(62)前掲書二五四頁。

(67) 李領注(2)前掲書七七頁。

(68) 対外関係史総合年表編集委員会編『対外関係史総合年表』（吉川弘文館、一九九九年）一四四～一四五頁。笹山晴生編『日本古代史年表（下）』（東京堂出版、二〇〇八年）二六六頁。

(69) 李在範注(61)前掲論文七二～七三頁。張東翼『高麗時代対外関係史綜合年表』（동《東》북《北》아《亜》역《歴》사《史》재《財》단《団》、二〇〇九年）一四〇頁。

(70) 張東翼注(69)前掲書四五〇頁。

(71) 金龍善編『高麗墓誌銘集成』第四版（翰林大学校出版部、二〇〇六年）二四四～二四五頁。

(72) 「柳公権墓誌」（金龍善注(71)前掲書二八〇～二八三頁）には、枢密院知奏事と知尚書吏部事を兼職した事例がある。

(73) 張東翼氏は、「李公升が毅宗一八年四月に知奏事職を剥奪されたことをみる時」云々と論じられているが、彼が「承宣」であった下限は一一六五年とされている（「高麗墓誌 4例 検討」『大丘史学』一九、一九八一年）一八〇頁。

(74) 「李文鐸墓誌」にみえる高麗・金関係については拙稿注(60)前掲論文を参照。

(75) この点については、拙稿注(1)前掲論文一七九～一八二頁を参照。

(76) 諸橋轍次編『大漢和辞典』巻一一（大修館書店、一九五九年）二〇五頁。

(77) 例えば、『高麗史』巻一〇、宣宗世家五年（一〇八八）二月甲午条など。

(78) この牒状が鉱夫のことを取り上げたものか、商人についてのことなのか、あるいは双方のことについて述べているのかについては不明とせざるを得ない。

(79) 逆に言えば、ごく最近のことであるため、この程度の記述でも内容を理解することができたのかもしれない。

(80) 張東翼『日本古中世高麗資料研究』(SNUPRESS、二〇〇四年)一一九～一二〇頁。

(81) 田中克子・佐藤一郎「貿易陶磁器の推移」(大庭康時・佐伯弘次・菅波正人・田上勇一郎編『中世都市博多を掘る』海鳥社、二〇〇八年)一二八～一三〇頁。佐藤一郎氏は、一一世紀後半から一二世紀前半における博多出土の高麗陶磁器について、中国北宋後半の白磁に比べると、「わずかな量の高麗産の青磁と陶器が出土している」と述べ、一一世紀後半までは全羅南道康津窯産の精製品が少数出土するが、一二世紀前半に入ると精製品に替わって粗製品の出土が急増することを指摘する。また、無釉の陶器も入って来るそうだが、これらは交易品の容器として用いられたものであろうとする。そして、この時期の高麗陶磁器は大宰府政庁、学校院、観世音寺とその周辺に集中して出土しているため、大宰府官人が日麗貿易に大きく関与していたと指摘する。

(82) 村井章介注(36)前掲書四四頁。石井正敏注(4)前掲論文一七〇頁。

(83) 『朝野群載』巻二〇、異国「大宰府解申請官裁事」。

(84) 石井正敏「高麗との交流」(注(4)前掲『日本の対外関係3通交・通商圏の拡大』)一〇二頁。

(85) 山内晋次注(64)前掲書九四～九五頁。

(86) 三浦圭一「十世紀―十三世紀の東アジア」(『日本中世の地域と社会』思文閣出版、一九九三年、初出一九七〇年)一一三頁。

(87) 亀井明徳『日本貿易陶磁史の研究』(同朋社出版、一九八六年)。同「日宋貿易関係の展開」(『岩波講座日本通史6―古代5』岩波書店、一九九五年)。石井正敏注(43)前掲論文。同「肥前国神崎庄と日宋貿易―『長秋記』長承二年八月十三日条をめぐって―」(皆川完一編『古代中世史料学研究 下』吉川弘文館、一九九八年)。田島公「大宰府鴻臚館の終焉―八世紀～十一世紀の対外交易システムの解明―」(『日本史研究』三八九、一九九五年)。林文理「博多綱首の歴史的位置―博多における権門貿易―」(大阪大学文学部日本史研究室編『古代中世の社会と国家』清文堂、一九九八年)。山内晋次「平安期日本の対外交流と中国海商」(注(64)前掲書、初出二〇〇一年)。同「日宋貿易の展開」(加藤友康編『日本の時代史6　摂関政治と王朝文化』吉川弘文館、二〇〇二年)。榎本渉「宋代の「日本商人」の再検討」(『東アジア海域と日中交流―九～一四世紀―』吉川弘文館、二〇〇七年、初出二〇〇一年)。同「日宋貿易」(注(43)前掲

『続日宋貿易の研究』)。同「宋元交替と日本」(『岩波講座日本歴史』第七巻、岩波書店、二〇一四年)。手島崇裕「平安中期の対外交渉と摂関家—入北宋僧の社会的位置把握のための基礎的考察」(『平安時代の対外関係と仏教』校倉書房、二〇一四年、初出二〇〇四年)。渡邊誠「平安貴族の対外意識と異国牒状問題」(『歴史学研究』八二三、二〇〇七年)。同注(52)前掲書。河辺隆宏「日宋貿易における年紀制管理と貿易形態の変化」(佐藤信・藤田覚編『前近代の日本列島と朝鮮半島』山川出版社、二〇〇七年)。大庭康時「大宰府鴻臚館・博多」(注(43)前掲『続日宋貿易の研究』)。佐伯弘次「博多と寧波」(注(4)前掲『日本の対外関係3通交・通商圏の拡大』)。高銀美「12세기의《世紀の》 여일교류와《麗日交流と》 송상《宋商》」(『史林』(韓国)四九、二〇一四年)など。

(88) 堀池春峰「高麗版輸入の一様相と観世音寺」(『南都仏教史の研究 上 東大寺篇』法蔵館、一九八〇年、初出一九五七年)。原美和子「宋代東アジアにおける海商の仲間関係と情報網」(『歴史評論』五九二、一九九九年)。上川通夫「中世仏教と「日本国」」(『日本中世仏教形成史論』校倉書房、二〇〇七年、初出二〇〇一年)二六四~二六五頁の「表1高麗国義天版と日本の動き」。横内裕人「高麗続蔵経と中世日本—院政期の東アジア世界観」(『日本中世の仏教と東アジア』塙書房、二〇〇八年、初出二〇〇二年)。手島崇裕注(87)前掲書一一四~一一六頁。高銀美注(87)前掲論文三二四~三二八頁。

(89) 堀池春峰注(88)前掲書三七一~三七三頁。

(90) 横内裕人注(88)前掲書三九六頁注(15)。また、『高麗史』巻一〇、宣宗世家六年(一〇八九)秋八月条には「日本国大宰府商客来、献水銀・真珠・弓箭・刀剣」とある。

(91) 原美和子注(88)前掲論文九頁および一四~一五頁注(43)。

(92) 榎本渉注(87)前掲「宋代の「日本商人」の再検討」八二頁。

(93) 榎本渉「東シナ海の宋海商」(注(4)前掲『日本の対外関係3通交・通商圏の拡大』)五一頁。

(94) 石井正敏注(43)前掲論文三五九頁。

(95) 原美和子「宋代海商の活動に関する一試論—日本・高麗および日本・遼(契丹)通交をめぐって—」(小野正敏・五味文彦・萩原三雄編『中世の対外交流—場・ひと・技術』高志書院、二〇〇六年)一二四頁。高銀美注(87)前掲論文三二七～三二八頁。榎本渉氏は、博多―宋間の経由地として、平戸・五島列島・肥前加部島などを挙げられている（榎本渉注(93)前掲論文四三頁）。

(96) 原美和子注(95)前掲論文一三四～一三五頁。高銀美注(87)前掲論文三二八頁。王則貞の出自に関しては中国系で、日本に居留した宋商ないしはその子孫が日本に帰化したとみる見解がある（森克己「日宋麗連鎖関係の展開」注(43)前掲『続日宋貿易の研究』。門田見啓子「大宰府の府老について（上）―在庁官人制における」『九州史学』八四、一九八五年、一二～一五頁。手島崇裕注(87)前掲書一〇六～一〇七頁。高銀美注(87)前掲論文三二一～三二二頁）。しかし、石井正敏氏が「その出自については、新羅末期半島南部を拠点として活躍した王逢軌といった王姓もいるので、新羅・高麗からの渡来人の可能性も考えられる」（注(84)前掲論文一〇三頁）と述べるように、朝鮮系である可能性も排除できないであろう。

(97) 『高麗史』巻九、文宗世家二十七年（一〇七三）秋七月丙午条。また、請医一件においてもたらされた「高麗国礼賓省牒状」（『朝野群載』巻二〇、異国）では、「商客王則貞」とある（他の高麗へ渡航した日本人の表記については【表】を参照）。榎本渉氏は、宋代の史料において「高麗商人」・「日本商人」が意味するのは高麗・日本から来た商人であり、宋海商を排除する概念ではないことを指摘された（注(87)前掲「宋代の「日本商人」の再検討」）。高銀美氏は「高麗側史料に日本商人と記録されている人物の中には、中国系が含まれており、宋と同様に高麗も該当する商人の民族的出身よりは、彼がどこから来たのかということを重視して、日本商人と指称したことがわかる」と述べている（高銀美注(87)前掲論文三二八頁）。筆者も「日本都綱黄仲文」は『高麗史』の記載ではあるが、「日本から来た宋都綱の黄仲文」と解釈することが可能なのではないかと考えている。

(98) 河辺隆宏「綱首」（田中健夫・石井正敏編『対外関係史辞典』吉川弘文館、二〇〇九年）二六二～二六三頁。

(99) 原美和子注(88)前掲論文一〇頁。

(100) 『続日本後紀』承和九年（八四二）正月十日条。

(101) 石井正敏注(87)前掲論文一九五頁。

(102) 高銀美氏も、「一二世紀に高麗に渡っている商人の中で具体的な姓名が確認できる人々が全て宋商である点を勘案すれば、むしろ一二世紀の両国間の交流は彼らが主導していたとみるのが妥当である」と述べている（注(87)前掲論文三二八頁）。

(103) このような日本側の意識については、石井正敏注(4)前掲論文二〇〇頁および渡邊誠注(87)前掲論文一三頁を参照。

(104) 稲川やよい注(4)前掲論文一〇〇頁。

(105) 渡邊誠氏は、「石井氏（石井正敏注(4)前掲論文—近藤）が注目した『大槐秘抄』においても、「あなづらはしく」見える対馬商人の高麗への渡航を制限することで日本が侮辱される要素を排除する一方、神功皇后の三韓征伐に対する高麗の「会稽をきよめまほしく候らん」という報復の危惧には「日本をば神国と申て、高麗のみにあらず、隣国のみなおぢて思ひよらず候也」と言って、神国思想に安全保障を託しているのである」と述べる（注(87)前掲論文一三頁）。渡邊氏の主題は別なところにあるため、当該箇所については以上の記述で終わっており、細かい論証は特に無いのだが、「対馬商人の高麗への渡航を制限する」という見解に関しては筆者も同じ考えである。

(106) 『吾妻鏡』文治元年（一一八五）五月二十三日・六月十四日条、『玉葉』文治二年（一一八六）二月二十四日条。拙稿「嘉禄・安貞期（高麗高宗代）の日本・高麗交渉について」（『朝鮮学報』二〇七、二〇〇八年）五六〜五八頁を参照。

(107) 川添昭二氏は、「対馬守親光が平氏の攻撃を避けて、やすやすと高麗に亡命し、高麗王（明宗）の臣下となったというのも、対馬を主とする日本の対高麗進奉船貿易による「朝貢」関係が背景にあったからであろう。親光の対馬守時代に高麗に対する進奉船貿易の事実は見出せないが、右のように解して、まず大過なかろう」と指摘されている（「鎌倉初期の対外関係と博多」箭内健次編『鎖国日本と国際交流 上』吉川弘文館、一九八八年、一〇頁）。

(108) 『吾妻鏡』嘉禄三年五月十四日条所載「丁亥年（一二二七）二月付日本国惣官大宰府宛高麗国全羅州道按察使牒状」。

(109) 渡邊誠「日本古代の対外交易および渡海制について」（専修大学社会知性開発研究センター『東アジア世界史研究センター年報』三、二〇〇九年）八三頁。

(110) 山内晋次注(64)前掲書八六頁。

(111) 『高麗史』巻七、文宗世家五年（一〇五一）七月己未条。

(112) 山内晋次注(64)前掲書九〇頁。石井正敏注(84)前掲論文一〇七頁。

(113) 森平雅彦「日麗貿易」(注(81)前掲『中世都市博多を掘る』)一〇三頁。

(114) 高銀美氏は、一二世紀の麗日間交流について、博多綱首が主導していたことを検討し、結びの部分で「しかし当時の両国間の交流は宋商が全てを受け持っていたわけではない。両国間を往来して貿易した対馬商人も存在していた」と述べ、【史料1】・【史料2】を挙げる。また「対馬商人が高麗に渡って貿易を行うが、宋商が日本に来て貿易をするのとは比較ができない程小さい規模で、わずかな商人が粗末な品物を持って渡っている程度であると一一六二年に記録している。しかし規模は小さくても、一一世紀に続いて対馬の対高麗貿易も持続されているという点を知ることができる」として注で『大槐秘抄』を掲げる。そして「このように多様に展開された両国間の交流は、一二〇五年頃には対馬と高麗間の交流に収斂される様相をみせる。しかしどのような過程を経てそのような傾向が発生し、その原因が何であるのかについてはいまだ明確に究明されていない」とされる(注(87)前掲論文三一九〜三二〇頁)。一二〇五年というのは、『平戸記』延応二年四月十七日条所載の「泰和六年二月付高麗国金州防禦使牒状」の文言を受けてのことであると考えられるが、本稿で述べてきたように、筆者は対馬島と高麗との関係は、一二世紀を前後する時期に整備されたのではないかと考えている。

(115) 注(108)前掲高麗牒状および注(114)前掲高麗牒状。

(116) 前掲注(2)を参照。

(117) 森平雅彦注(2)前掲論文二一六頁。

(118) 拙稿注(2)前掲論文二九〜三一頁および三六頁注(72)。

(119) 拙稿注(2)前掲論文二八〜二九頁。

(120) この点について高銀美氏は、『平戸記』所載「泰和六年二月付高麗国金州防禦使牒状」にある「文牒、徒以讒訣之事、直指牒京朝礼賓省」の部分に関して、礼賓省宛に牒状を送ることが「讒訣」に該当すると解釈した拙稿(注(2)前掲論文)を批判し、「引用文をそのまま解釈すれば、牒状には、ただ讒訣の内容が書かれており、そのことを直接礼賓省宛に送ってきたということがあり、高麗側が牒状を礼賓省宛に送ったこと自体を讒訣と評価していたとみることはできない」と述べる。その上で、対馬の在庁官人が船舶と船員についての徴発権を利用して、高麗とも往来していたといい、

一一世紀から一二世紀にかけて対馬の在庁官人として主にその姓名が確認できるのは阿比留氏であったが、一一九五年には藤原氏や惟宗氏が確認され、以後惟宗氏が勢力を拡大し、建仁年間（一二〇一～一二〇四）には国司を排除して入港税を独占したという。そして対高麗関係においても、守護がそれまで進奉関係に関与した勢力を排除して、高麗との関係において主導権を掌握しようとしたことが問題になったのではないかと述べる（「가마쿠라막부의《鎌倉幕府の》 쓰시마장악과《対馬掌握と》 대고려관계《対高麗関係》」『東洋史学研究』一二五、二〇一三年）。筆者としては、対馬島の対高麗交易を行う者のなかで、高麗に対して邪な気持ちを懐いて、媚び諂うような文言を牒状に記し、それを「直」に礼賓省に宛てて送ったことが高麗側で問題になったと理解することは十分可能であると考えるが、今後さらに検討を進めることにしたい。

〈付記1〉 本稿は、二〇〇八年十一月に第一〇六回史学会大会において行なった口頭発表「平治・永暦年間の日本・高麗関係に関する一考察」（第四章第1節）、二〇一二年七月に第三七回中央史学会大会において行なった口頭発表「一一世紀末～一二世紀における日本・高麗関係について」、同年九月に大韓民国ソウル大学校で開催された第二回日韓若手歴史研究者交流会議において行なった口頭発表「12世紀における日宋貿易の転換と日本・高麗関係の変化について」（以上第四章2節・第五章）、二〇一四年三月に中央大学人文科学研究所公開研究会において行なった口頭発表「『大槐秘抄』の考察—日本・高麗関係記事の理解のために—」（第一章）の内容を基にして加筆・修正を加えたものである。

〈付記2〉 本稿は二〇一三年度および二〇一四年度学校法人開成学園ペン剣基金より交付を受けて行なった研究成果の一部である。

古代・中世環日本海沿岸の港町
——日本海対岸地域からみた奥州津軽十三湊——

中澤寛将

はじめに

港湾は、天然の島や岬、または人口の構造物により風浪が遮られ、船舶が安全に停泊できる場所を指す。[1] 古代・中世日本の水上交通に関わる施設として、津・済・泊・湊などが知られる。津は「渡し場、船着き場」、湊は「水路が集まる港」、泊は「停泊機能をもつ港」を語義とするが、[2] 古代には「津」が沿海岸の湾・入江や湖岸、「湊」が河川河口部に立地することから、港湾の立地によって「津」・「湊」の呼称が使い分けられていたと考えられている。[3] 考古学では、港の管理・運営に関わる陸上施設と船舶の停泊する水域を含めたエリアを港湾遺跡と呼んでいる。[4] 近年、港湾遺跡の発掘調査の進展によって、古代・中世の港町の形態や空間構造、変遷などが明らかになってきた。[5] たとえば、古代では伊場《いば》遺跡・井通《いどおり》遺跡（静岡県浜松市）で埠頭遺構、藤原宮や陸奥国牡鹿郡衙に比定される赤井遺跡（宮城県東松島市）・陸奥国行方郡衙に比定される泉官衙遺跡（福島県南相馬市）で運河跡、中世では津軽半島北西部の十三湖西岸に位置する十三湊《とさみなと》遺跡（青森県五所川原市）や益田川河口付近に位置する中須東原遺跡（島根県益田市）などで船着き場、金沢港に近い低地に立地する南新保E遺跡（石川県金沢市）

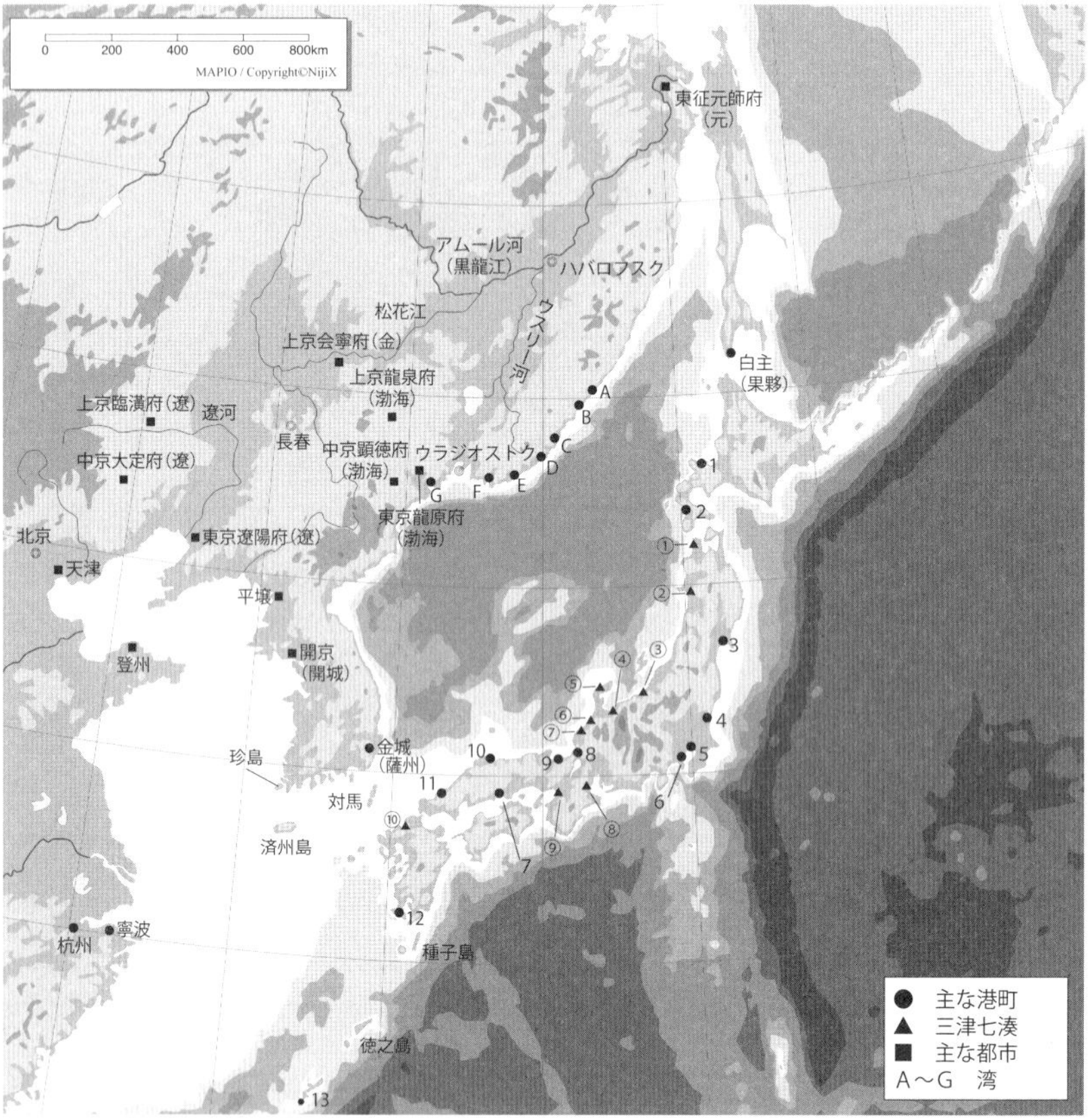

図1　古代・中世環日本海沿岸地域の港町（筆者作成）

①十三湊　②出羽秋田　③越中今町　④越中岩瀬　⑤能登輪島　⑥加賀本吉　⑦越前三国
⑧伊勢安濃　⑨泉州堺　⑩博多
1 大川遺跡　2 上ノ国　3 石巻　4 那珂　5 品川
6 六浦　7 尾道　8 敦賀　9 小浜　10 美保関　11 益田　12 坊津　13 那覇
A アムグ　B テルネイ湾　C ルィンダ湾　D ルドナヤ湾　E オリガ湾　F ナホトカ湾
G ポシェト湾

で運河跡、太田川下流に位置する元島遺跡（静岡県磐田市）で木製碇や構造舟（川舟）が確認されている。なかでも、十三湊遺跡や中須東原遺跡は国史跡に指定された港湾遺跡であり、その保存や整備活用も行われている。また、文献史学や歴史地理学などの分野でも、水上交通や物資流通の観点から港町への関心が向けられている(6)。

本稿で取り上げる十三湊は、津軽半島北西部に位置する、中世北日本を代表する港町である（図1）。室町時代末期頃に成立した『廻船式目』に登場する「三津七湊」（三津は伊勢安濃・博多・泉州堺、七湊は越前三国・加賀本吉・能登輪島・越中岩瀬・越後今町・出羽秋田・奥州津軽十三湊）の一つとして挙げられ、近世には青森・鰺ヶ沢・深浦とともに弘前藩を代表する重要な港（四浦）の一つとして機能した。現在、青森県五所川原市の無形文化財に指定されている「十三《と さ》の砂山踊り」は、近世十三湊の繁栄や日本海流通の活発化を物語る。「三津七湊」のなかでも、十三湊は保存状態が良好であり、中世の港町の景観を知る上で貴重な遺跡の一つである。

本稿では、中世十三湊の特質や意義を考える一つの視点として、日本海を挟んだ対岸地域の古代・中世の港湾遺跡との比較検討を行う。日本海を取り巻く環日本海沿岸域の港町の立地や形態、時代・地域間の特質について概観した上で、十三湊との類似性・相違性について述べ、奥州津軽十三湊の位置付けを考える。以下では、十三湊関連遺跡の調査成果を整理した上で、日本海対岸地域の七世紀から十三世紀（おおむね、渤海《ぼっかい》（六九八〜九二六年）から金（一一一五〜一二三四年）・東夏《とうか》（一二一五〜一二三三年）に相当する）の港湾遺跡を取り上げ、中世十三湊の特質・意義について考察する。

一　中世十三湊の変遷と景観

1　十三湊関連遺跡群の概要

津軽半島北西部に位置する十三湖一帯は、古くから日本海交通と岩木川水系を媒介とした内陸交通の結節点として、重要な役割を果たした。十三湖西岸には十三湊遺跡や明神沼遺跡、北岸には福島城跡や唐川城《からかわじょう》跡、山王《さんのう》坊《ぼう》遺跡など、中世に十三湊を支配した安藤氏に関連する遺跡（十三湊関連遺跡）が存在する（図2）。一九九一～一九九三年度に国立歴史民俗博物館が実施した学術調査を受け、青森県教育委員会・五所川原市教育委員会（旧市浦村教育委員会）が十三湊遺跡の内容確認調査を実施してきた(7)。その結果、十三湊遺跡の構造や変遷が明らかになった(8)。また、平成十七年度の十三湊遺跡の国史跡指定を受け、青森県教育委員会は福島城跡及び明神沼遺跡(9)、五所川原市教育委員会は山王坊遺跡で内容確認調査を実施した(10)。十三湖一帯に形成された広義の「十三湊」の変遷や歴史的景観が明らかになりつつある。以下、十三湊関連遺跡の発掘調査で明らかになった成果について整理する。

十三湊遺跡

十三湊は、岩木川河口の十三湖西岸の砂州に形成された河口港である。日本海に沿って南北に延びる七里長浜が堤防となり、天然港として機能した。調査の結果、中世十三湊は十三世紀初めから十五世紀中葉に機能し、その変遷については三時期（Ⅰ期～Ⅲ期）で捉えられている(11)（図3）。

【Ⅰ期（十三世紀初め～十四世紀前半）】十三湊遺跡中央部（現在の湊迎寺《そうごうじ》門前付近）の「前潟《まえかた》地区」で集落が発生し、

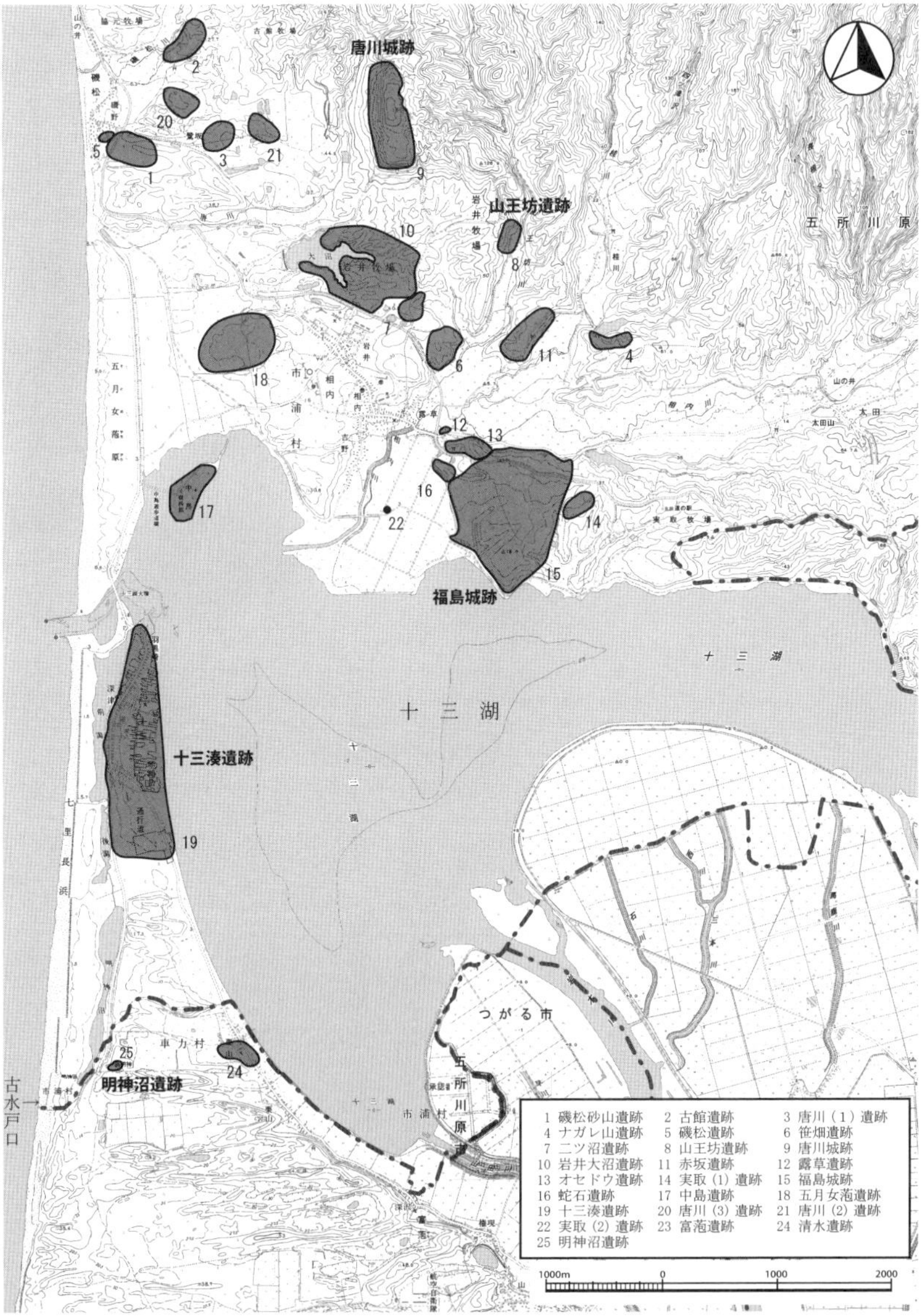

図２　十三湖周辺の遺跡

（青森県教育委員会『明神沼遺跡・福島城跡』2014年、図２を改変）

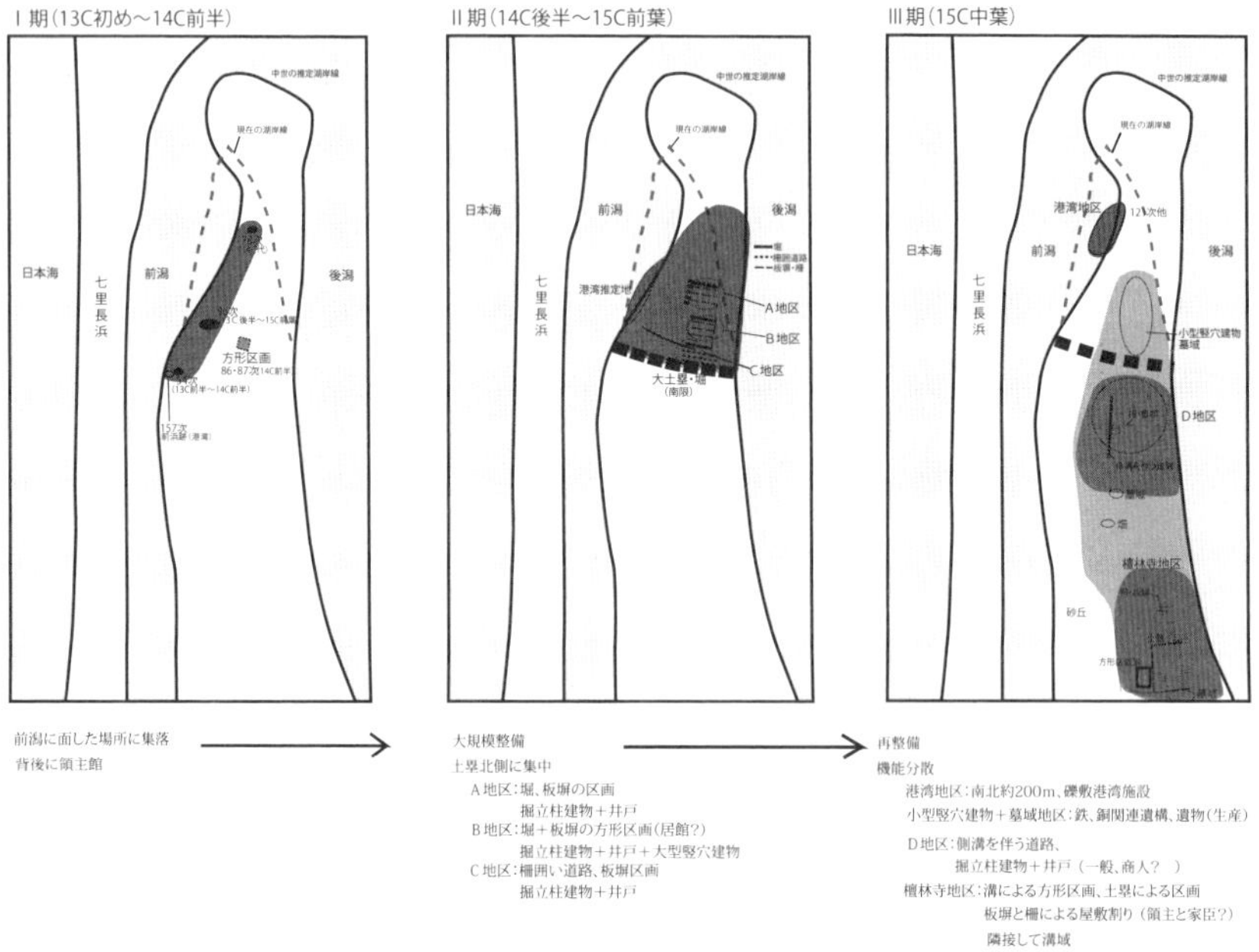

図３　十三湊遺跡変遷模式図
（五所川原市教育委員会『十三千坊の世界と十三湊』より転載）

展開する。一五七次調査で十三世紀代の前浜跡が確認されている。前浜跡の砂礫層は集落側から前潟に向かって長さ一四mほどの範囲で確認されている。桟橋などの埠頭遺構は確認されていない。また、前浜跡の東側では排水施設と考えられる溝跡や掘立柱建物跡が検出されている。この時期は、掘立柱建物からなる小規模な集落が形成される。前浜周辺に倉庫なども存在した可能性がある。十四世紀前半になると、その後背地に一辺四〇m四方の方形区画が整備される。十三湊を支配した領主権力の居館と推定されている。

【Ⅱ期（十四世紀中葉から十五世紀前葉）】十三湊遺跡が立地する砂州を南北に分断する大土塁と堀が築かれる。土塁は基底部幅一〇m・高さ一・六mで砂とシルト土を交互に重ねた構造である。堀跡は幅一〇mであり、深さは不明である。土塁北側地区では南北に縦断する中軸街路とそれに直交する東西方向に延びる引き込み路によって都市計画的な町割が認められる。引き込み路は、大土塁からほぼ等間隔に配置され、道路側溝と柱穴列の存在から、柵で囲われた柵囲い道路であったと推定されている。[12] 屋敷地は掘立柱建物跡・井戸・竪穴遺構から構成される。十三湊遺跡北西部に港湾施設が位置し、埠頭遺構が確認されている。砂地の緩斜面に拳大の角礫を敷き詰め、砂礫の流出を防ぐための護岸と推定される丸太材が湖岸線に沿って確認された。また、桟橋と推定される木杭列が確認され、ロープ状の縄が巻かれた木杭も検出された。

【Ⅲ期（十五世紀中葉）】土塁北側地区の屋敷地が衰退し、代わって土塁南側地区に屋敷地が形成される。土塁北側地区と同様に、南北に縦断する中軸街路とそれに直交する東西方向に延びる引き込み路によって町割りが行われ、屋敷地は掘立柱建物跡や井戸から構成される。また、十三湊遺跡最南端に位置する檀林寺地区は宗教的空間と日常生活空間に大別され、前者では南北約六五m×東西約五〇mの範囲に溝を巡らした区画施設や墳墓、後者では土塁で囲まれた範囲内から屋敷地を区画する溝跡や掘立柱建物跡、井戸跡が確認されている。[13] 日常雑器のほか、古瀬戸花瓶や青磁盤などの奢侈品が出土している。特に、日常生活空間は屋敷地が土塁で囲郭された閉鎖的空間であり、安藤氏の管理下に置かれた市や宿場が存在した可能性が想定されている。

福島城跡

福島城跡は十三湖北岸に面した標高二〇～四〇mの台地に立地する城館である（図4）。『十三往来』（享保十六年（一七三一）成立）や『十三湊新城記』（秋田家文書）などの文献史料から、安藤氏の居館が置かれた場所と推定されている。[14] この城跡は、面積約六二・五万㎡で、「内郭」と「外郭」から構成される。「外郭」は一辺一㎞の平面三角形を呈する。「外郭」東部に土塁・堀で囲郭された一辺七〇mの方形区画、[15] 北西部に一辺約二〇〇mの「内郭」が良好に遺存する。「外郭」東辺及び北西辺に大規模な土塁・堀跡がある。東辺

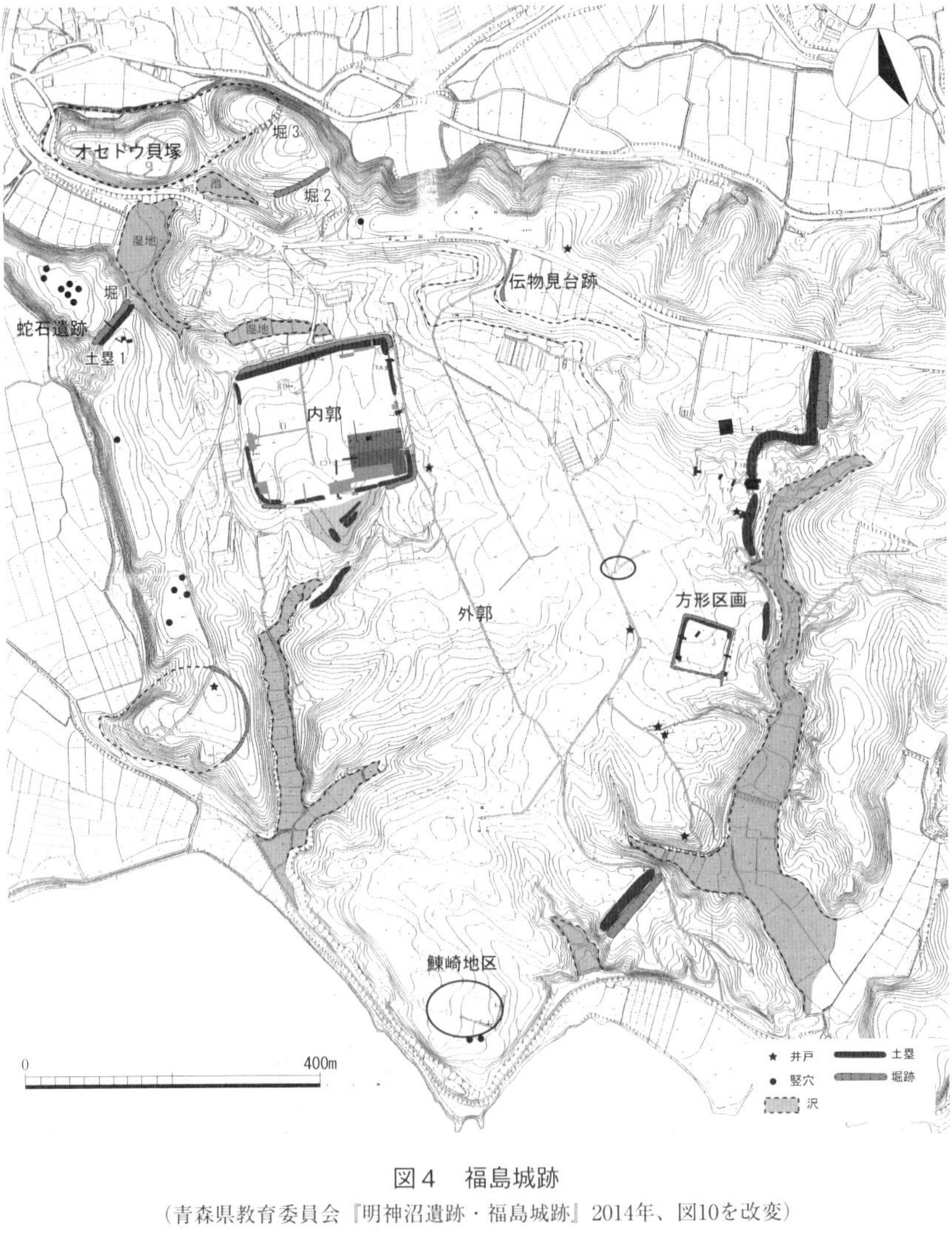

図4　福島城跡

（青森県教育委員会『明神沼遺跡・福島城跡』2014年、図10を改変）

土塁は基底部幅約八・九～一〇・五m、高さ三～四mであり、堀跡は上端幅約一二mである。発掘調査の結果、「外郭」東辺土塁が中世に構築された可能性が高いこと、土塁の構築方法が十三湊の大土塁と類似することが指摘されている[16]。また、「外郭」北西辺では土塁一条（土塁1）、堀跡二条（堀1・2）が認められ、土塁1と堀跡1は平行して北東から南西にかけて延びる。発掘調査の結果、土塁1は基底部幅一九m、高さ三m、延長約七〇m、堀跡1は上端幅一一m、下端幅八・三m、深さ一mの断面逆台形を呈し、土塁頂部と堀底部の比高は約六・五～七mを測ることが明らかになった。この土塁・堀跡は、「外郭」東辺の土塁と規模・構築方法が類似することから、中世に構築された可能性が高い[17]。「外郭」東辺土塁については、十三湊の東の境界を示す防塁としての機能を果たしたとする見解もみられるが[18]、「外郭」北西辺の土塁・堀の存在は福島城が当初から防御機能を持つ城館として築造されたことを示唆する。中世には福島城跡の西側には湿地が広がり、その西縁を流れる相内川やその支流山王坊川流域に宗教遺跡が所在する。福島城「内郭」が台地北西部に立地することを考慮すれば、福島城跡西側に船着場や運河のような物資流通に関わる施設が存在した可能性も想定される。

一方、「内郭」は台地北西部に位置し、東西約二一〇m、南北約一九〇mの矩形で土塁と堀が巡る[19]。発掘調査の結果、「内郭」南東部に板塀で区画された東西約七〇m、南北約五〇mの屋敷地が存在することが確認された（図5）。屋敷地北半には、掘立柱建物跡SB01・SB02・SB03（SB06）が配置される。西側のSB01は、東西六間×南北六間あるいは東西七間×南北七間（八間）の身舎の周囲に一間または二間の縁が巡る建物で、その南西部に「中門」と推定される張り出しを持つ。この建物は、規模・構造から「主殿」と推定されている。SB01の東側に隣接するSB02は三棟の建物SB02A（東西四間×南北三間の身舎に一間の四面庇が巡る建物）・SB02B（東西二間×南北四間）・SB02C（東西三間×南北二間）から構成され、コの字状に配置される。SB02Bには井戸跡SE01を伴う。屋敷地は、板塀跡SD01・SD02・SD06の重複関係から三時期の変遷が想定されるが、建物

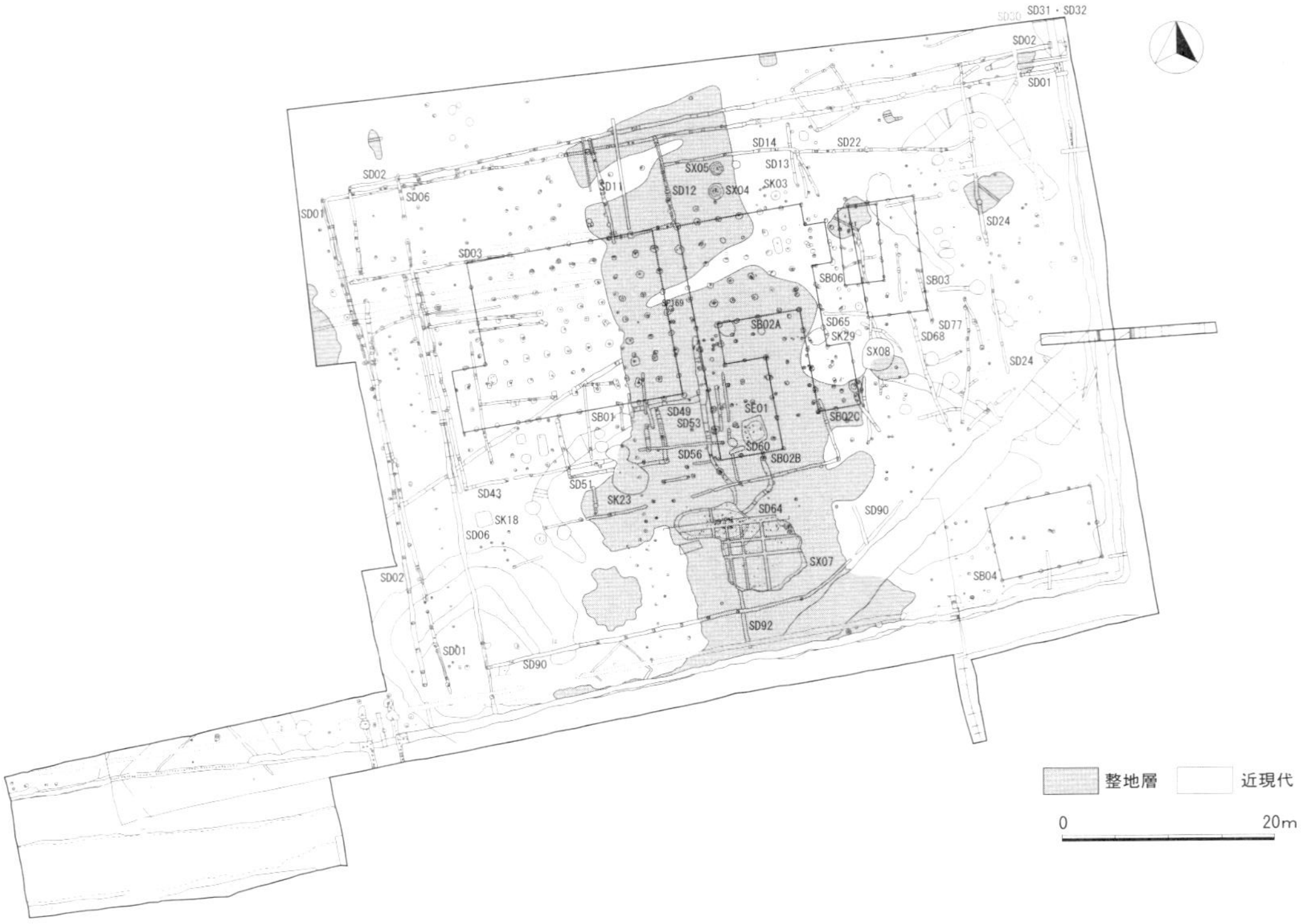

図５　福島城跡「内郭」南東部遺構配置図
（青森県教育委員会『福島城跡』2012年、図30を改変）

跡の重複はみられない。出土遺物から、「内郭」は十五世紀前半に成立したと推定されている。中村隼人氏は、主殿と考えられるＳＢ01について「模倣ではない対面儀礼を成立させる装置」と捉え、安藤氏の中央志向を示唆するものと指摘している[20]。屋敷地の建物構造や配置が国人居館や守護所でみられる屋敷と類似することから、福島城跡「内郭」は京都の建築・屋敷構造の影響を受けて整備された国人居館や守護所といった「方形館」の系譜で理解できる、安藤氏の政治的拠点と推定される[21]。

明神沼遺跡

明神沼遺跡は、津軽半島の日本海に面して南北に延びる屏風山《びょうぶざん》砂丘の北端部、標高約二〇mの砂丘上に立地し、十三湊遺跡の南方約二・五キロメートルに所在する（図6）。この遺跡は、十三湊から日本海への船の出入り口（古水戸口）に面した砂丘上に立地することから、中世十三湊の南限境界に設けられた、船の航行安全を祈願するために建立された社堂と推測されている[22]。また、この遺跡で文久三年（一八六三）に境内の南東側で懸仏をはじめとする一一九体の宗教遺物が出土したという伝承が残る[23]。ボーリング調査では、現地表面から深さ五～七mに黒褐色砂層が存在することが確認された[24]。その層に含まれる炭化物の放射性炭素年代測定の結果、一〇四五～一二一一 cal AD、一〇四三～一二一二 cal AD の年代値が得られている。発掘調査は実施されていないが、文献史料やボーリング調査結果から、縄文時代後期から古代にかけて厚さ五～六mに及ぶ砂層が堆積し、砂丘形成が停止する古代・中世（十一世紀中葉～十三世紀前葉）に黒褐色砂層が堆積する。十五世紀前・中葉頃から再び砂丘（新期砂丘）が形成され、延宝四年（一六七六）に厚く堆積した砂丘層を切土して平場を造成し、湊明神宮の前身にあたる「濱明神」が建立されたと想定されている[25]。

図6　明神沼遺跡
（上：青森県教育委員会『明神沼遺跡・福島城跡』2014 年、図 4 を改変、下：筆者撮影）

唐川城跡

福島城跡の北方には唐川城跡が位置する。南部氏に攻められた安藤氏が最後に立て籠もった山城とされる。発掘調査の結果、古代の井戸跡や竪穴住居跡、鉄生産関連遺構が確認され、平安時代後期の環壕集落であることが確認された[26]。城内からは中世陶磁器も出土し、中世に再利用されたことが判明している。

山王坊遺跡

十三湖北岸に位置する山王坊遺跡では、方形配石墓を特徴とする奥院、拝殿・渡廊・舞台・中門・瑞垣・本殿が並ぶ社殿跡として復元可能な礎石建物跡、仏堂跡と推定される礎石建物跡が確認され、十三湊最盛期に機能したと考えられている[27]（図7）。

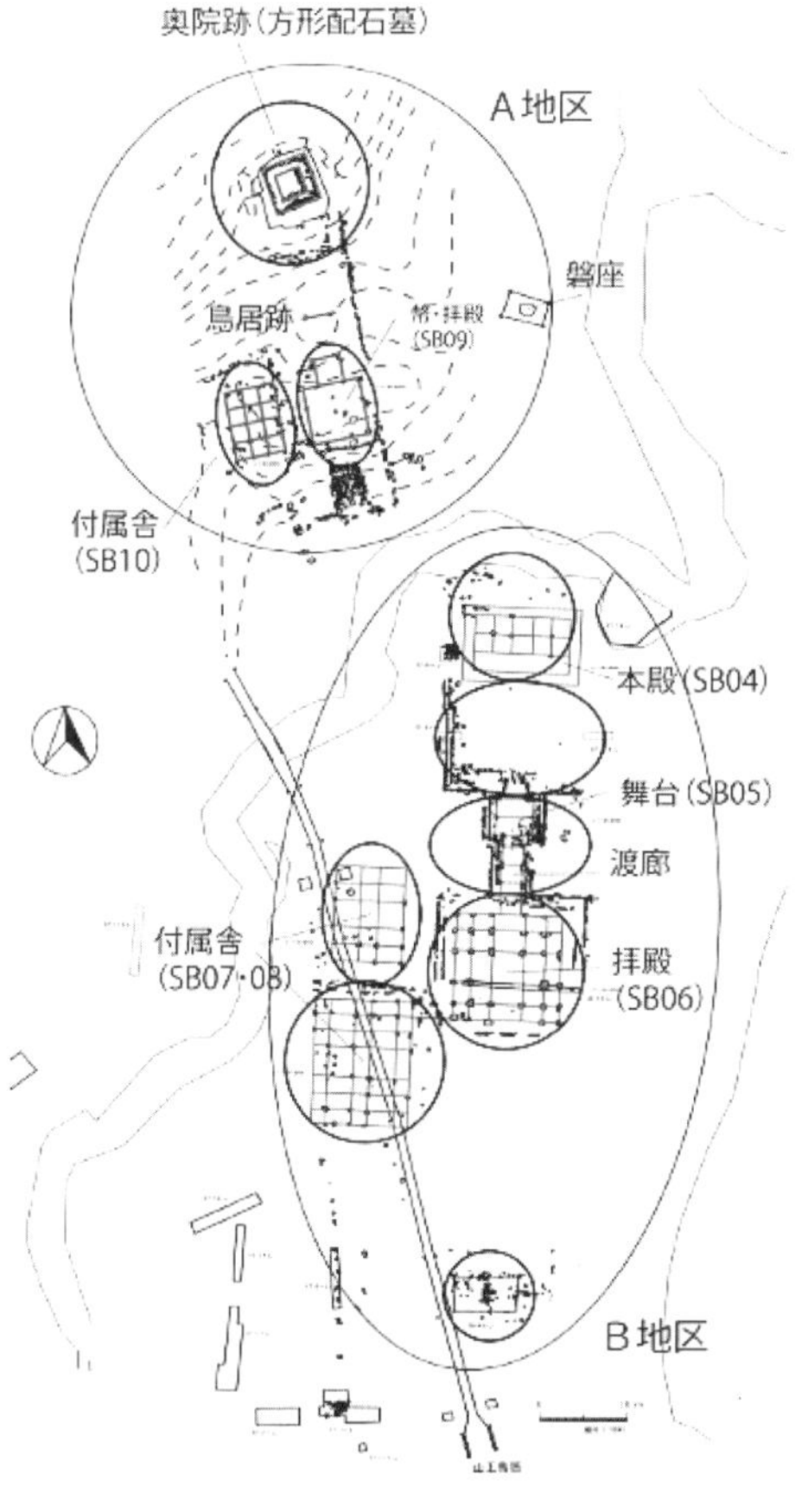

図7　山王坊遺跡
（五所川原市教育委員会『十三千坊の世界と十三湊』より転載）

2　中世十三湊の変遷と構造

十三湊遺跡及びその関連遺跡の確認調査を踏まえ、十三湊の変遷をまとめる。[28]

中世十三湊成立期（十三世紀前半）

現在の十三湊迎寺の門前付近で集落や船着場（前浜跡）が確認されているが、港湾施設の様相は不明瞭である。十三湊遺跡を除けば、十三湖周辺の当該期の遺跡の様相は判然としない。

中世十三湊発展期（十三世紀後半～十四世紀前半）

十三湊遺跡の「前潟地区」一帯に集落が展開し、その後背地に一辺四〇m四方の方形区画が整備される。十三湊を支配した領主権力の居館と推定されている。また、『十三湊新城記』によると、正中年間（一三二一～一三三一七年）に安倍（安藤）貞季が「新城」を築いたとされる。しかしながら、「新城」に比定する説が有力な福島城跡では当該期の遺物はみられない。

中世十三湊最盛期（十四世紀後半～十五世紀前葉）

十三湊遺跡の砂洲中央に東西に大土塁と堀が築かれる。その北側では整然とした都市計画的な屋敷割が認められ、掘立柱建物・竪穴遺構・井戸からなる屋敷が展開する。また前潟地区に代わって、北西部に港湾施設が形成される。[29]同じ頃、福島城跡「外郭」東辺・北西辺に土塁と堀が構築され、「外郭」が成立する。「外郭」東辺域では一辺約七〇mの方形区画も整備される。また、十三湖北岸の相内川支流の山王坊川の谷間には宗教施設である山王坊遺跡が展開する。発掘調査では、方形配石墓を特徴とする奥院、拝殿・渡廊・舞台・本殿が一直線上に並ぶ社殿跡として復元可能な礎石建物跡、仏堂跡と推定される礎石建物跡が確認されている。十三湊最盛期には、十三湖西岸に日本海交易に関わる港湾機能・流通機能を集中させ、十三湖北岸に宗教施設や城館等を配置し、十三湖周辺の各種遺跡が一体となった、広義の「十三湊」が形成・展開する。『廻船式目』にある「奥州津軽十三湊」の姿は、この頃の様子を伝えたものと推定される。

中世十三湊衰退期（十五世紀中葉）

土塁北側地区に代わって土塁南側地区が繁栄し、居住域の移転が行われた。土塁北側地区では都市計画的な遺構配置を壊すような形で、集石土坑や竪穴遺構、土壙墓群が散在する。また大規模な火災に見舞われた後、火事場整理のため大量の角礫を一括廃棄した集石土坑が広範囲に認められることから、永享四年（一四三二）に起きた安藤氏と南部氏による攻防で衰退した可能性が指摘されている。(30) 山王坊遺跡でも火事の痕跡を示す二次被熱を受けた陶磁器が出土している。一方、十三湊遺跡の土塁南側地区では中軸街路に沿って掘立柱建物・井戸からなる屋敷割が展開し、十三湊南端に檀林寺が整備される。福島城跡では「内郭」が整備され、その南東隅には板塀で囲郭された屋敷が形成される。「主殿」と推定される掘立柱建物跡を中心とした建物群からなる。この頃、安藤氏の政治的拠点が十三湊から福島城へ移転した可能性も示唆される。

文献史料によれば、永享四年（一四三二）に安藤氏は南部氏の攻撃を受けて蝦夷島へ退去するが（『満済准后日記』）、その後室町幕府による南部氏との調停によって安藤氏は十三湊に帰還する。永享八年～文安四年（一四三六～一四四七）には、安藤康李が後花園院の勅命を受けて若狭国羽賀寺の再建事業を行い、中央権門や室町幕府と密接な関係を深めたが（『本浄山羽賀寺縁起』羽賀寺文書）、嘉吉元年（一四四一）に室町将軍足利義教が赤松氏に殺害されると（「嘉吉の乱」）、安藤氏は後ろ盾を失い、嘉吉二年（一四四二）に再び南部氏に攻められ、翌年再び蝦夷島へ渡海したという（『新羅之記録』）。山王坊遺跡の北西の丘陵には、南部氏に攻められた安藤氏が最後に立て籠もった詰城との伝承を持つ唐川城跡が存在する。発掘調査の結果、平安時代後期の環壕集落であることが判明しているが、城内から中世陶磁器も出土していることから、中世にも再利用されたと考えられる。

空白期（十五世紀後半～十六世紀前半）

安藤氏の二度目の退去後、まもなく十三湊は衰退する。十三湊遺跡では厚さ約一〜二mに及ぶ飛砂が堆積し、明神沼遺跡が立地する屏風山北端でも砂丘形成が進んだ。(31)かつて津波によって十三湊が衰退したと推測されてきたが、発掘調査でその痕跡は確認されていない。(32)この頃に南部氏が十三湖一帯を領有したとみられるが、十三湊遺跡では当該期の遺物がほとんど出土しない。南部氏は十三湊を積極的に利用することはなかったものと推察される。南部氏が十三湊を積極的に利用しなかった背景には、気候寒冷化という環境要因、南部氏が日本海交易の枠組みに入ることができなかったという社会的要因が想定される。これ以後、十三湊で人々の生活の痕跡が認められるのは十六世紀後半以降である。江戸時代には、弘前藩領内の四浦の一つとして、前潟地区の十三街道沿いに建物が軒を連ね、御蔵や御用屋敷、沖御番所、廻船御札、御高札などが配置され、近世十三湊が成立・発展する。

二　日本海対岸地域の港湾遺跡

1　日本海対岸地域の地形と遺跡立地

日本海を挟んで対岸地域にあたるロシア沿海地方は、日本海沿いに南北にのびるシホテ・アリニ山脈を中軸として、内陸部（西部）と日本海沿岸地域（東部）に区分できる。内陸部には、中国黒龍江省東寧市付近に水源を持ち日本海に注ぐラズドリナヤ河（綏芬河《スイフン》）、アムール河の支流にあたるウスリー河やイマン河、ビキン河などが流れる。一方、日本海沿岸地域には、北からルドナヤ湾、ゼルカリナヤ湾、ウラジーミル湾、オリガ湾、ピョートル大帝湾（ナホトカ湾、ウスリースク湾、アムール湾、ポシェト湾）などがあり、シホテ・アリニ山脈に水源を持つ小中規模河川が東流し、日本海へ注ぐ。ロシア沿海地方日本海沿岸地域の湾岸には、ロシア極東を代表する港湾都市・ウラジオストクやロシア極東最大級の物流拠点であるナホトカをはじめとする港湾都市や港町が存在し、河川河口部の三角州や河川流域の谷底平野に集落が形成されている。また、ロシア沿海地方南部のピョートル大帝湾岸に沖積平野が発達し、遺跡が濃密に分布する。当該地域では、港湾遺跡の発掘調査は多くないものの、ポシェト湾岸のクラスキノ城址、ナホトカ湾に注ぐパルチザンスク河流域の金・東夏代に帰属する城郭遺跡(ニコラエフカ城址、シャイガ城址など)で継続的な発掘調査が行われている。最近ではロシア沿海地方日本海沿岸北部でも靺鞨・女真遺跡の分布調査・確認調査が行われ、湾岸域の遺跡動態も明らかになりつつある。以下では、渤海代の港湾遺跡が分布するポシェト湾、女真(金・東夏代)の拠点の一つであるナホトカ湾、日本海沿岸北部のテルネイ湾・ルィンダ湾・ルドナヤ湾・ゼルカリナヤ湾などを取り上げ、日本海対岸地域の港湾遺跡の立地・構造等について述べる。

2　渤海の拠点港・ポシェト湾

ポシェト湾はロシア沿海地方最南端のハサン地区に位置する。ピョートル大帝湾の内湾である。ポシェト湾は、クラブ半島とススロヴァ半島に挟まれ、エクスペディツィア湾やペイド・パラダ湾などの入り江から構成される。ススロヴァ半島の南東約八kmにはフルゲリマ島が位置する。エクスペディツィア湾には小中規模河川が流入し、土砂堆積によって湾岸域に三角州・低地が発達する。エクスペディツィア湾とペイド・パラダ湾の間には、ボロトナヤ河河口からナジモヴァ岬にのびる長さ約三・五km、幅約二〇〇mの砂州が形成されている。エクスペディツィア湾は、この砂州とノヴゴロドスキー半島に囲まれた波風が穏やかな地形環境となっている。

ポシェト湾岸には、渤海遺跡が多数分布する。渤海国の塩州治所に比定されるクラスキノ城址をはじめ、ポシェト洞窟、ナジモヴァ岬遺跡、ムラモルヌィ岬遺跡、フルゲリマ島遺跡などの靺鞨・渤海遺跡が存在する[33](図

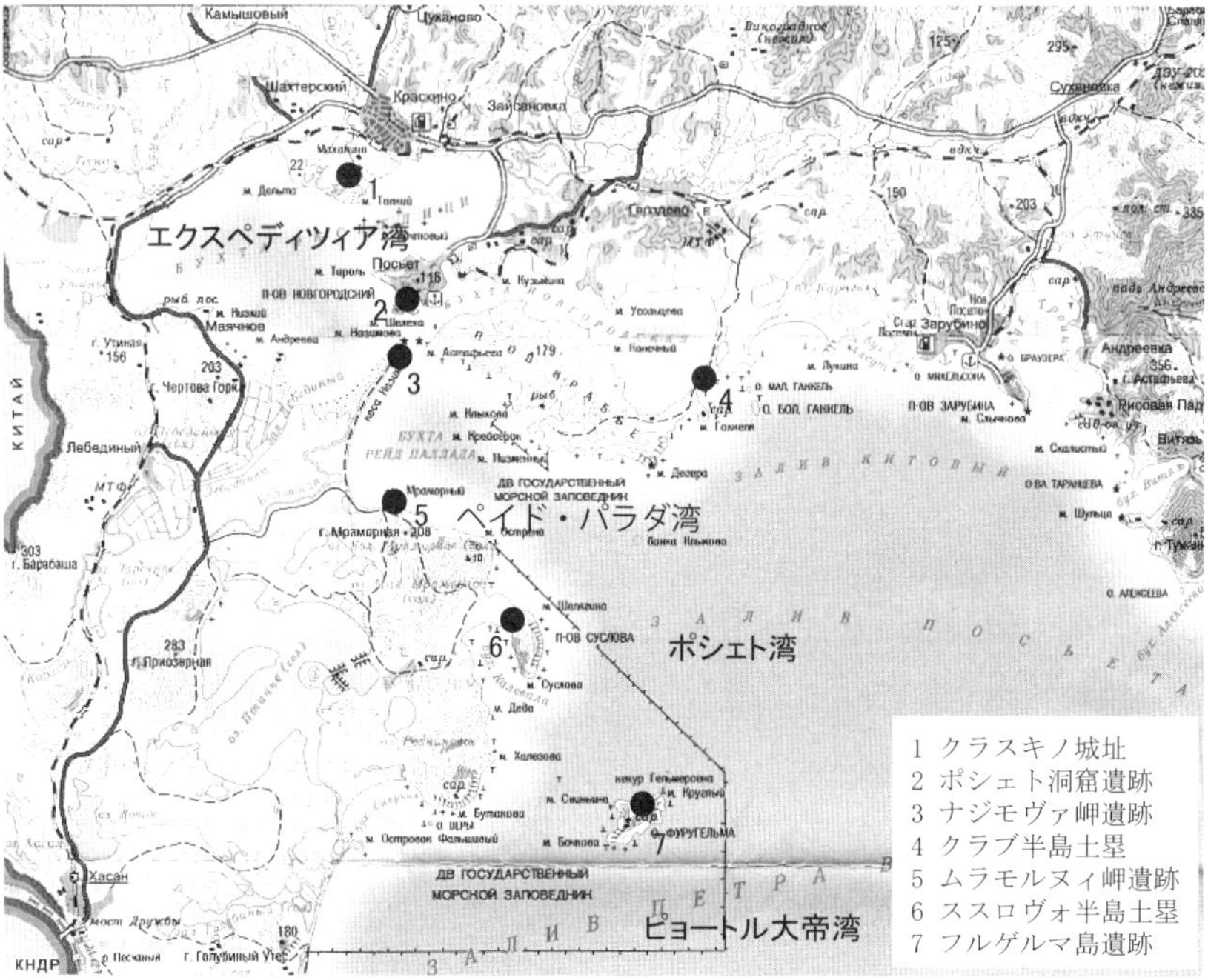

図８　ポシェト湾沿岸の中世遺跡（筆者作成）

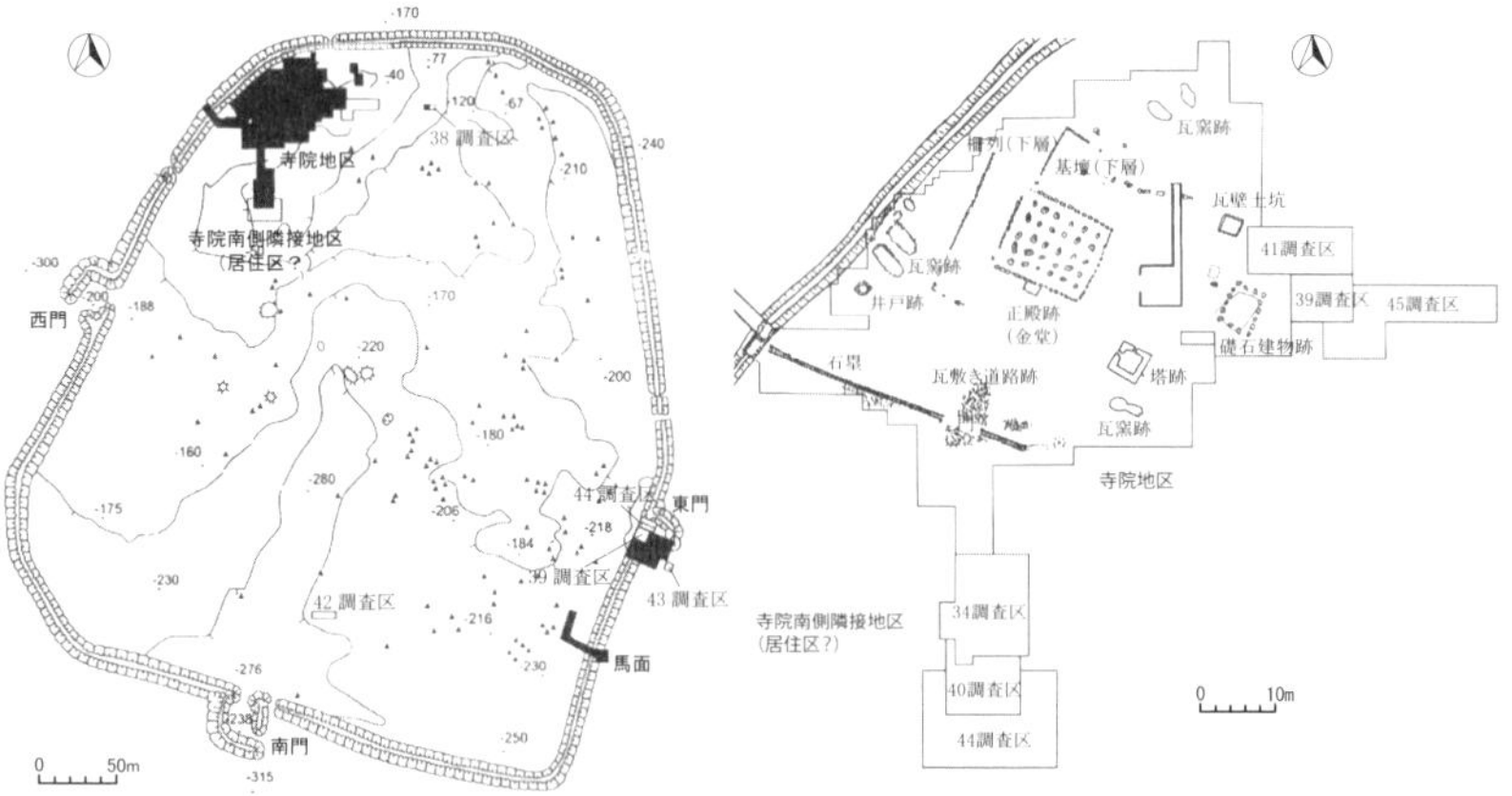

図９　クラスキノ城址
（註34拙稿2013掲載図２より転載）

クラスキノ城址遠景

クラスキノ村遠景

ナジモヴァ岬遺跡

ポシェト洞窟

ムラモルヌィ岬遺跡

ススロヴォ半島土塁

クラブ半島土塁

フルゲリマ島遺跡

図10　ポシェト湾沿岸の中世遺跡（筆者撮影）

8〜10)。

クラスキノ城址は、エクスペディツィア湾北岸の低地に立地する平地城である。東京龍原府に比定される八連城（吉林省琿春市）の南東約四五㎞に位置する。本城址は八世紀前半から十世紀前半まで機能した遺跡である。東京龍原府管轄下の塩州治所に比定され、対日交渉の窓口の一つとして機能したと評価されている。発掘調査の結果、暖房施設である炕《カン》を伴う平地式建物跡、金堂・塔などから構成される仏教寺院跡をはじめ、瓦生産や金属製品の加工に関わる生産関連施設も確認されている。筆者は本城址の変遷を五段階で捉え、八世紀末から九世紀初頭前後に城壁の構築（平地城化）や寺院や官衙的遺構の再編、食器類に認められる器種構成・法量の多様化などが生じたと考えている[34]。

クラブ半島とススロヴァ半島では、半島の付け根に土塁・堀が横断するように位置する。クラブ半島では幅約二〇m、高さ約四m、延長約四〇〇mの土塁が横断して構築され、中央部には門と推定される切通しが存在する。筆者が小嶋芳孝氏を団長とした現地調査に参加した際に、城壁を削平して構築された道路面、すなわち土塁の裾部から渤海代の黒色土器壺が正位で埋置された状態で確認された[35]。クラブ半島には土塁以外にも、渤海代に帰属する多数の遺跡が分布することが知られている[36]。

ススロヴァ半島の南東に位置するフルゲリマ島は、島北側に内湾が所在する。渤海遺跡が分布するというが、詳細は判然としない。ポシェト湾のなかでも波風が穏やかなことから、風待ち港として機能したと推測される。

小嶋芳孝氏は、日本道をはじめとする道路体系が上京・東京・中京の三京体制から南京・西京を加えた五京体制へ拡充される過程で確立し、クラスキノ城址の上層遺構群も渤海王権の体制整備と密接に関連しながら造営されたと考えている[37]。この背景には八世紀第4四半期に琿春平野に東京龍原府が造営されたことも影響する。ポシェト湾岸では多数の遺跡が分布することから、クラスキノ城址が形成される九世紀前後に、こうした陸上交通路の整備とともに、ポシェト湾岸に戦略的に諸施設を配置して国内外に対する防衛体制を強化するとともに、日本海を航行する船舶の出入港に関わる交易・港湾管理体制を確立したものと考えられる。なかでも、クラスキノ城址は塩州の治所という地方行政機関としての性格のみならず、ポシェト湾沿岸の交易（経済）・防衛（軍事）を統括する機能も有していたと考えられる。また、船舶の入港に関しては、エクスペディツィア湾は水深が浅いため、大型船舶の入港は不可能であったとみられ、大型船はクラブ半島やスロヴァ半島などに停泊し、荷物を小型船・中型船に積み替えてエクスペディツィア湾に入港したと推定される。クラブ半島やスロヴァ半島で確認された土塁は、湾内への入場を規制するための防御施設であるとともに、交易自体が管理されていたことを示すものとして評価できる。今後の発掘調査の進展によって、クラブ半島やスロヴァ半島の海岸付近、クラスキノ城址周辺の河川・湾の結節点付近で埠頭遺構が確認されるものと期待される。

3　耶懶路完顔部の拠点・ナホトカ湾とパルチザンスク河

パルチザンスク河流域は、女真（金代）の耶懶完顔《ヤランワンヤン》部に比定され、安出虎《アルチュン》水完顔部とともに女真統一と金建国に功績を残した女真集団が居住した地域とされる。(38) 行政区分ではナホトカ市・シコトフスキー地区・ナデジンスキー地区に該当し、ナホトカ湾・スホドル湾・ムラビナヤ湾が所在する。ナホトカ湾にパルチザンスク河（蘇城《スーチャン》河）、スホドル湾にスホドル河、ムラビナヤ湾にアルチョモフカ川流域・シコトフカ河流域が流入する。

パルチザンスク河流域には、上流からシャイガ城址（山城）、シャイガ2遺跡（集落）、ウグレカーメンスク遺跡（寺院跡）、ニコラエフカ2遺跡（瓦窯跡）、ニコラエフカ城址（山城）、エカチェリーナ城址、（山城）河口部にアレクセイ・ウラジーミル遺跡やフミリンスカヤ遺跡などの平地遺跡が存在する(39)（図11）。なかでも、シャイガ城址は面積約四十五万㎡を測るパルチザンスク河流域最大の山城である。城内では方形状の区画（内郭・堡塁）

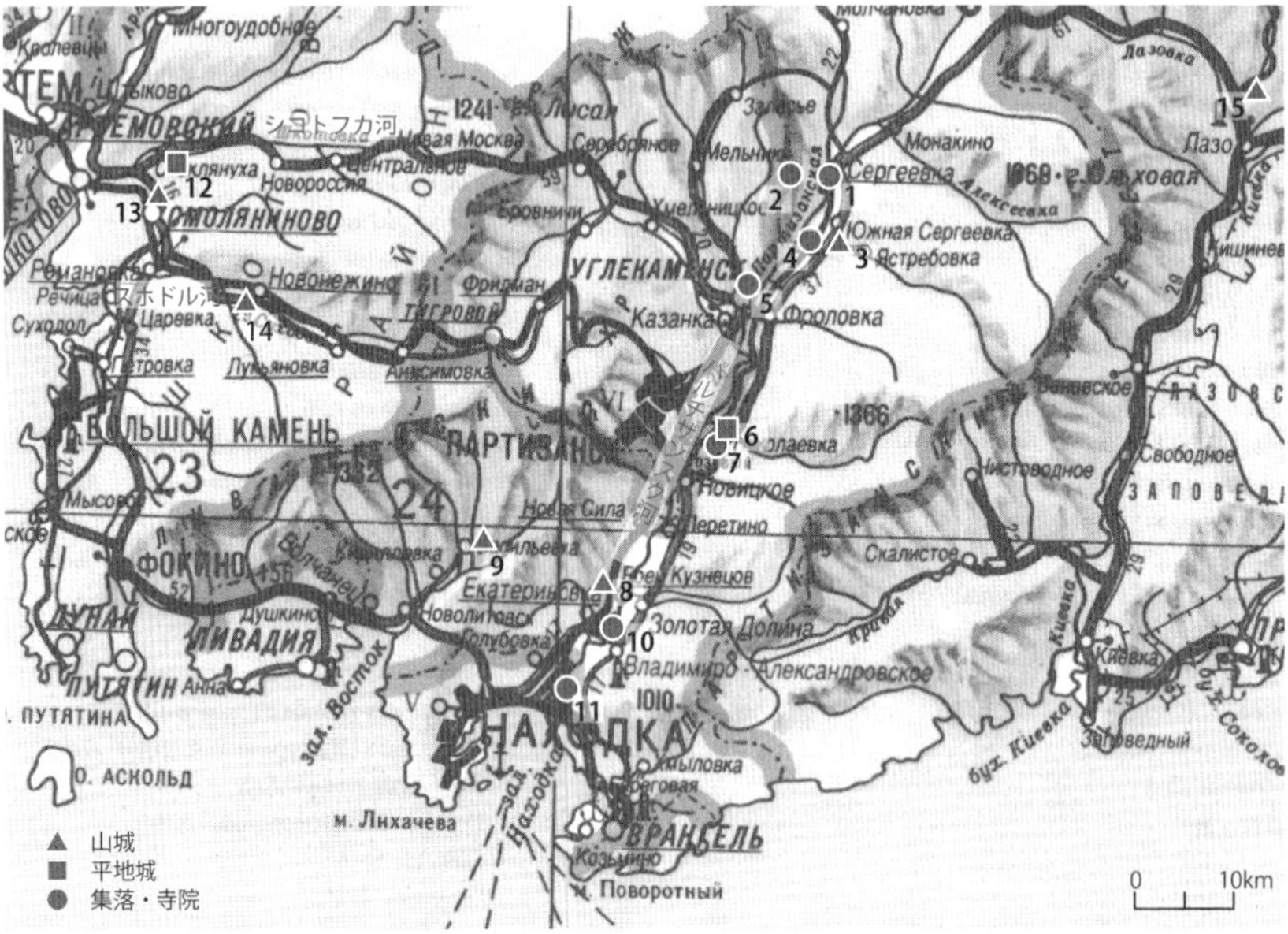

1 セルゲイフカ瓦窯跡　2 タホバ1・2遺跡　3 シャイガ城址　4 シャイガ2遺跡
5 ウグレ・カーメンスク遺跡　6 ニコラエフカ城址　7 ニコラエフカ2遺跡
8 エカチェリーナ城址　9 ワシーリェフカ城址　10 ウラジーミル・アレクサンドロフスク遺跡
11 フミリンスカヤ遺跡　12 ステクリャヌーハ城址　13 スモリャニンスコエ城址
14 ノヴォネジナエ城址　15 ラゾ城址

図11　ナホトカ湾周辺の女真（金・東夏代）遺跡（註39拙稿掲載第4図を改変）

や炕付き建物跡、鉄生産に関連する工房跡などが確認されている。本城址は当該地域の行政・流通経済上の拠点であり、城内から「治中之印」や交通証である銀牌（パイザ）が出土している。

　このほか、スホドル湾に注ぐスホドル河に面積約五十万㎡のノヴォネジナエ城址（山城）、ムラビナヤ湾に注ぐシコトフカ河流域にステクリャヌーハ城址（平地城）や面積約七十五万㎡のスモリャニンスコエ城址（山城）が所在する[40]（図12）。

　当該地域ではナホトカ湾・スホドル湾・ムラビナヤ湾などの湾岸域や、湾に流入する河川流域の谷底平野やその河口に女真（金・東夏代）の遺跡が分布する。河川流域毎に大・中・小規模城郭がそれぞれ分布し、水系の掌握が城郭設置の基準になったと考えられ

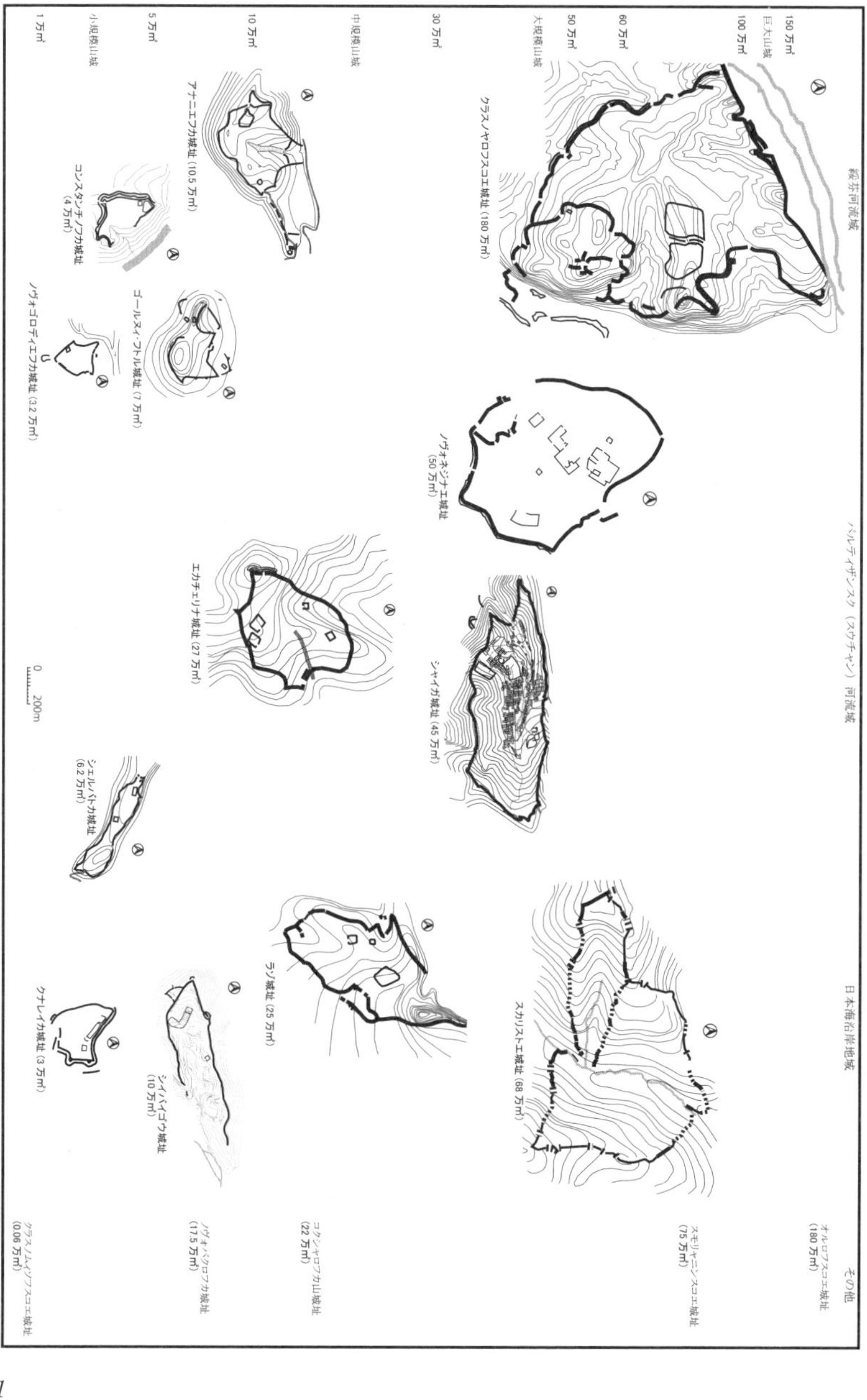

図12　ロシア沿海地方における金・東夏代城郭（拙著2012第55図を改変）

る。特に、シコトフカ河流域にみられるように、湾から河川を数㎞遡った場所に城郭を配置するという特徴も認められる。港湾遺跡の発掘調査は行われていないものの、フミリンスカヤ遺跡がその候補の一つとして挙げられる。遺跡分布から、金代には水上交通の重要性が高かったとみられ、河川流域に川湊も存在したと推測される。日本海沿岸地域では、渤海滅亡以降に「ニコラエフカ文化」が形成される。この文化を特徴づける格子目状叩き土器が日本海沿岸南部から内陸にかけて帯状に広がる。日本海から内陸につながる海上・河川・陸上交通路を介した地域間交流の存在が想定される。なかでも、パルチザンスク河流域は拠点であったとみられる。

4　ロシア沿海地方日本海沿岸中部〜北部

日本海沿岸中部では、マルガリトフカ河流域に面積約六・二万㎡のシェルバトカ城址（山城、金・東夏）、ラゾ地区チョールナヤ河流域に面積約二十五万㎡のラゾ城址（山城、金・東夏）が立地する[41]（図12）。ラゾ城址の付近には平面方形のバチュキ城址（平地城、金〜元）が存在する。また、河川流域の谷底平野を中心に城郭や集落が形成されている。

日本海沿岸北部は居住可能な平野は少ないため、湾岸の沖積平野を中心に漁村・港町が存在する。北からテルネイ湾（テルネイ地区テルネイ村）、ルィンダ湾（テルネイ地区プラストゥン村）、ルドナヤ湾（ダーリネゴルスク市ルドナヤ・プリスタニ村）、ゼルカリナヤ湾（カバレロフカ地区ゼルカリナヤ村）などがある。テルネイ湾に注ぐセレブリャンカ河流域にストラシヌィ岬遺跡（山城）、ルィンダ湾に注ぐジギトフカ河流域にジギトフカ城址（平地城、女真）、クナレイカ城址（山城、金・東夏）、クラスナエ・オゼロ城址（平地城、渤海併行期）、ルドナヤ湾に注ぐルドナヤ河・マナスティルカ河流域にエストンカ城址（平地城、渤海併行）、ワシコフスコエ城址（山城、女真）、ゼルカリナヤ湾に注ぐゼルカリナヤ河流域にシイバイゴウ城址（山城、金・東夏）、サドヴィ・クリューチ城址（平

1 ブルシロフスコエ
2 ベニュコフスコエ
3 デルスウ
4-6 ゴルノレチェンスコエ 1-3
7 シイバイゴウ
8 サドヴィ・クリューチ
9 バガポリ
10 ゼルカリナヤ土塁
11 ウスチ・ゼルカリナヤ
12 シロフカ土塁
13 バトチ
14 ダーリネゴルスク
15 モノマホフスコエ
16 エストンカ
17 ワシコフスコエ
18 プリスタンスコエ
19 ドゥブロビンスコエ
20 ケドロフカ
21 クルグラエ
22 パドネベスナエ
23 ガルブーシャ
24 チェレムシャニ
25 ジギトフカ
26 クナレイカ
27 クラスナエ・オゼロ
28 クリューチ
29 ザボロチェンナヤ
30 ザボロチェンナヤ土塁
31 シムィルコフ・クリューチ
32 ストラシヌィ岬
33 ウスチ・ベレムベ
34 マラヤ・ケマ
35 ウスチ・イリマ
36 ケムスコエ・スカリストエ
37 ケムスコエ・ドリンナエ
38 ケムスコエ・モルスコエ
39 ウチョースナエ
40 ヤシュー
41 アレクサンドル岬
42 クジヤ
43 ジェドゥシカ・クリューチ
44 ソプカ・リュヴィ
45 チョープリー岬
46 マラヤ・カルィマ
47 カラミンスコエ
48 セセレフスコエ
49 サヨンスコエ
50 ウスチ・サヴォレフカ
51 クズネツォフ
52 オアジス
53 ウスチ・ペヤ
54 エジンキンスコエ
55 サマルガ 6
56 クルグラヤ山

図13 ロシア沿海地方日本海沿岸北部の遺跡
(Дьякова О.В.2009をもとに作成)

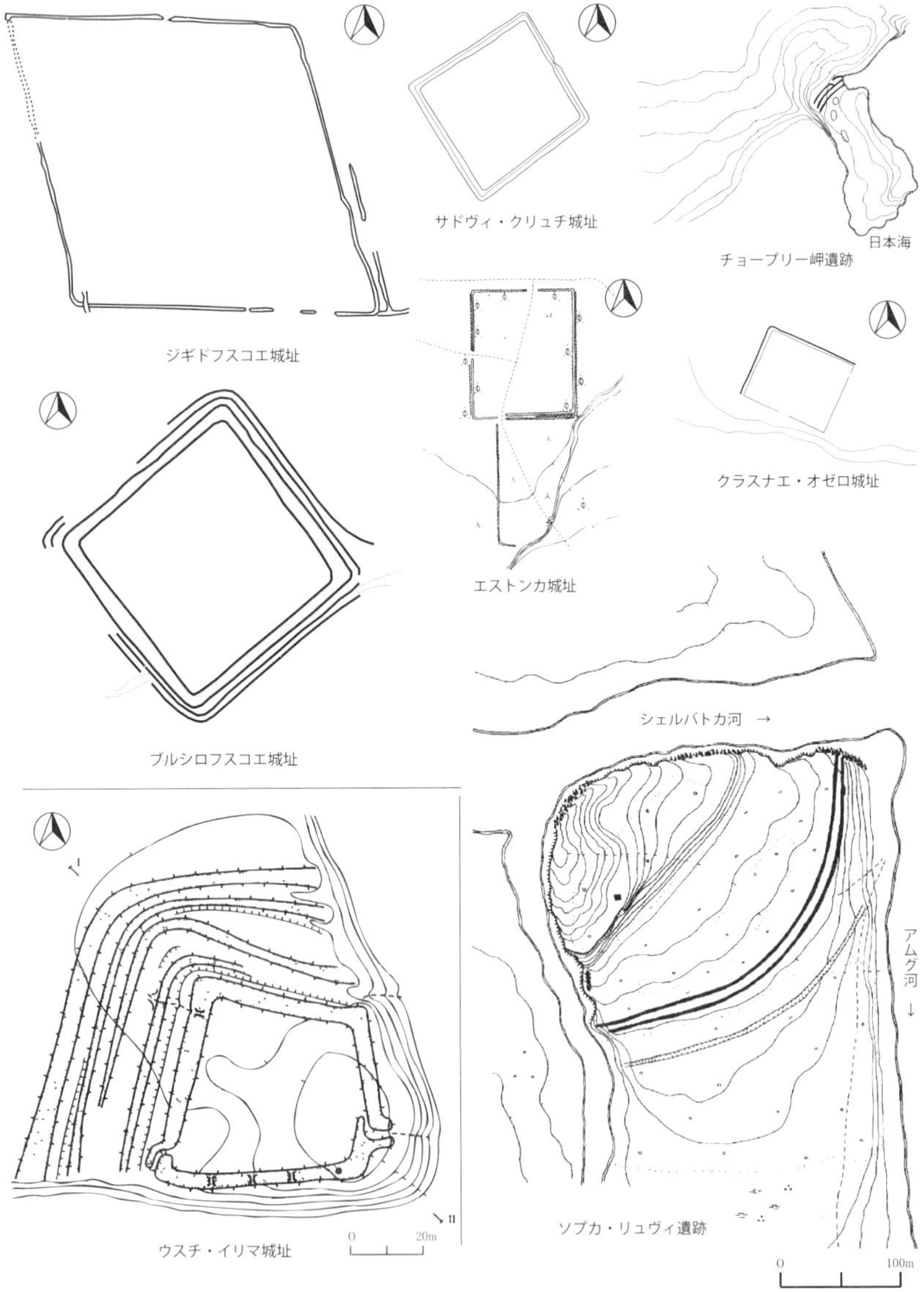

図14　ロシア沿海地方日本海沿岸北部の遺跡
（Дьякова2009をもとに作成）

アムグ河河口部

ソプカ・リュヴィ遺跡

アムグ河河口部

チョープリー岬遺跡

チョープリー湾遠景

クナレイカ城址

プラストゥン湾遠景

図15　日本海沿岸北部の中世遺跡（筆者撮影）

地城、渤海併行）、バガポリ城址（平地城、渤海併行期以降）などがある[42]。また、北部のテルネイ地区のサマルガ河やエジンキ河、クズネツォフ河、サヴォレフカ河、アムグ河、ケマ河の流域やその河口部にも渤海から金・東夏に併行する時期の遺跡が分布する。アムグ河の河口付近にソプカ・リュヴィ城址（山城）、ケマ河の河口にウスチ・イリマ城址（平地城）などの城址が存在する[43]（図13〜15）。これらの遺跡は河川流域や河口付近に立地し、内陸部では希薄になる。特に河口からやや内陸に入った場所や、湾を取り囲むように蟹の手状に突き出た半島・岬の先端部に遺跡が立地する。なかでも、面積三万㎡のクナレイカ城址、面積約十万㎡のシイバイゴウ城址は当該地域を代表する金・東夏代の山城である（図12）。また、ゼルカリナヤ河を西に進むと内陸のウスリー河流域に繋がることから、ゼルカリナヤ湾岸は日本海沿岸北部の拠点のひとつであったとみられる。

このほか、日本海沿岸北部では、テルネイ地区アムグ村のチョープリー岬遺跡のように、海に突き出た岬状丘陵端部に立地する遺跡が認められ、堀（溝）や土塁によって区画された集落である。内部には住居等が存在するものの、水上交通などの監視施設や高潮（津波・洪水）・暴風などを避けるための避難所としての側面が強いと考えられる。

5　日本海対岸地域の港湾遺跡の特徴

日本海対岸地域、特にロシア沿海地方日本海沿岸地域では、南部に渤海や金・東夏代に帰属する遺跡の多くが分布し、北部は遺跡が希薄である。対日外交の窓口であるポシェト湾、日本海沿岸交流の拠点となったナホトカ湾のように、拠点港となる規模が大きな内湾と湾岸沿岸に比較的広大な沖積平野があることが港湾施設設置の際の基準であったことを示唆する。日本海沿岸北部では平地城・山城の面積が南部に比べて小規模となる。また、日本海沿岸北部では面積一万㎡以下の平面方形を呈した平地城が河口付近に立地するという特徴もみられ、交易港として機能した可能性を示唆する。

当該地域の港湾遺跡は、その分布・立地状況から、海上交通を意識したもの（A類）、河川交通を意識したもの（B類）、陸上・河川・海上交通路を意識したもの（C類）に類型化できる。

A類はロシア沿海地方日本海沿岸中部から北部に顕著にみられる。チョープリー岬遺跡に代表され、水上交通などの監視施設や高潮（津波・洪水）・暴風などを避けるための避難所としての側面が強い。岸壁に小型船が停泊可能であることから、古代・中世日本の「泊」に相当すると思われる。

B類は河川流域に広がる谷底平野が存在する日本海沿岸北部から南部にかけて広く認められる。マルガリトフカ河流域やチョールナヤ川流域などが代表的である。水系を媒介とした物資流通等の掌握など、経済的側面が強い。河川上流に拠点を設置するのが特徴であり、陸上交通と水上交通の接点を押さえることも重要であった。河川河口部には遺跡が認められる。古代・中世日本の「湊」に相当するものと思われる。

C類はロシア沿海地方日本海沿岸南部に顕著にみられる。特に、渤海代のポシェト湾、女真（金・東夏代）のナホトカ湾に代表される。湾岸・河川流域に遺跡が認められ、主要河川流域やその分岐点には大規模城址が立地する。この類型は陸上・水上交通路の結節点に位置する拠点港である。古代・中世日本でいう「津」に相当すると思われる。

三　港湾機能からみた中世十三湊の意義

十三世紀初頭に北方交流の日本国の最前線として十三湊が形成され、博多―小浜（敦賀）―十三湊を結ぶ日本海沿岸を媒介とした物資流通ルートが成立したとみられる。この頃、日本海対岸地域では蒲鮮万奴が興した東夏が建国され、日本海沿岸を中心に山城が築造されて防御機能の強化が図られ、日本海沿岸交通も管理・掌握される。また、サハリン島南端には元朝の「果夥《クオフオ》」に比定される白主土城《シラヌシ》（平地城）が成立する。中村和之氏によれば、東夏はサハリンにも影響を与えたことを指摘し、沿海地方からサハリンに至る交流ルートを想定している(44)。日本列島のみならず、日本海対岸地域を含む環日本海域で十三世紀に物資流通ルートが成立する点は注目される。

一方、十三湊は河川河口部に位置し、陸上・河川・海上交通路を意識した立地となる。十三湖沿岸には十三湊遺跡や明神沼遺跡、福島城跡や唐川城跡、山王坊遺跡などの中世遺跡が存在する。港湾施設は十三湊遺跡で確認されている。十三世紀から十四世紀前半に十三湊遺跡中央部の前潟地区、十四世紀後半から十五世紀に十三湊遺跡北西部で確認されている。最盛期となる十四世紀中葉以降には、十三湖北岸に福島城や宗教施設である山王坊遺跡が成立する。福島城跡は東方面からの陸上交通である「下之切通《しものきりみち》」、岩木川—十三湖—日本海をつなぐ水上交通の結節点を押さえる場所に位置する。下之切通は津軽半島の脊梁である梵珠山丘陵の西端から、藤崎〜原子〜飯詰〜中里を経て、十三湖北岸の相内《あいうち》、小泊《こどまり》へ通じる陸上交通路であり、その沿線には鎌倉〜室町時代の城館が多数分布する。特に、最盛期に機能した埠頭遺構は大土塁の北側に存在する。同地区では領主館の存在も想定されていることから、船着き場を含む港湾施設は閉鎖的な空間とみられ、安藤氏の管理下にあったことを示唆する。十四世紀中葉以降に十三湊遺跡と福島城を中心とした、十三湖沿岸の防御体制と港町支配体制の再編成が行われたとみられる。十五世紀になると、十三湊遺跡南側に宗教施設と土塁囲郭施設を中心とした経済的・宗教的拠点、十三湖北岸に福島城を中心とした政治的・経済的拠点を配置して、港町の再編成が行われたと想定される。

このような状況は、日本海対岸地域のポシェト湾岸の渤海遺跡やナホトカ湾岸の金・東夏代遺跡の動向と類似する。ポシェト湾岸では、戦略的に諸施設を配置して国内外に対する防衛体制を強化し、交易・港湾管理体制が確立された。なかでも、水陸交通の結節点にあるクラスキノ城址はポシェト湾沿岸の行政・経済・軍事を統括する機能も持った。クラブ半島とスロヴァ半島の付け根にある土塁・堀は、ポシェト湾の水陸交通上の境界と推定される。また、ナホトカ湾とその周辺に位置するスホドル湾・ムラビナヤ湾では、河川河口部の湾岸域と河川流域に金・東夏代の集落・山城・平地城・宗教遺跡が配置される。平地遺跡は河口部にも認められるものの、山城や平地城は河口から数㎞内陸に入った河川流域に立地するという特徴を持つ。

十三湊の場合は、十三湊遺跡土塁北側地区や福島城跡が政治・経済上の拠点であり、渤海代のクラスキノ城址や金代のステクリャヌーハ城址などと対比できる。特に、十三湊の最盛期にはポシェト湾沿岸と同様に、港湾の境界に大規模な土塁を築造する。すなわち、岩木川河口と陸上交通の結節点に大規模な土塁・堀を伴い、面積約六十万㎡の福島城を配置して十三湊の東端の境界とし、十三湊遺跡中央部に大土塁・堀を構築して十三湊の南端の境界とした。そして、境界付近には山王坊遺跡や明神沼遺跡などの宗教施設も配置する。このような土塁は、「湊」の内外を区分するものであった。十三湊への入港やそこでの交易活動は、双によって管理・統制されていたものと推察される。また、十三湖北岸には台地上に福島城跡、その北の丘陵地に山城である唐川城が位置する。日本海対岸地域では、平地城と山城が近接する場所にセットで配置されることがあり、金・東夏代の場合には山城に先行して平地城が築造されることが判明している(45)。福島城跡・唐川城についても相互に関連するものとして捉えることが可能であり、福島城跡は水陸交通、唐川城は陸上交通を意識した配置となる。中世の十三湊は、十三湊遺跡のみならず、福島城跡や唐川城、山王坊遺跡などの政治・経済・宗教・軍事的な施設が有機的に関連して形成された「湊」として評価できる。

おわりに

本稿では、中世十三湊の意義を考えるために、日本海対岸地域の港湾遺跡と比較しながら、若干の考察を加えてきた。十三湊は、日本海対岸地域の港湾遺跡の立地や空間構造と類似する点もみられ、政治・経済・宗教・軍事的な施設が有機的に関連して形成された「湊」として評価した。これは、従来までの十三湊遺跡を軸とした「狭義の十三湊」から、十三湖沿岸に分布する中世遺跡、すなわち「十三湊関連遺跡」の相互関係からみた「広義の十三湊」へと議論を発展させることが重要であることを意味する。

近年、全国各地で「文化的景観」の保護の機運が高まっている[46]。十三湖周辺の安藤氏関連の遺跡を含む景観について、文化庁は「十三湊遺跡を歴史上又は学術上の価値が極めて高い史跡として評価するとともに、周囲の湖沼景観を一体の「文化的景観」として視野に入れた評価を検討することが必要である」としている[47]。十三湖沿岸には、十三湊遺跡や福島城跡、山王坊遺跡、唐川城跡など、日本海交易を担った安藤氏の歴史・文化を今に伝える遺跡が良好に遺存する。また、十三湖や岩木川、海岸砂丘の七里長浜、中世・近世に日本海と十三湖をつなぐ水路となった湖沼群（前潟・セバト沼・明神沼）、日本海からの季節風によって形成された屏風山砂丘、十三湖北岸の台地・丘陵などの自然環境もまた、中世十三湊の景観を形成する重要な要素である[48]。さらには、十三湖西岸でみられる風雪を防ぐ板塀（カッチョ）のある景観、現在も漁業関係者によって信仰されている濱明神宮、無形文化財である十三の砂山踊りなども、十三湖沿岸の文化的景観を理解する上での重要である。今後、十三湖周辺の自然環境や中世・近世以来続く伝統文化にも留意しながら、十三湊関連遺跡の整備・活用のあり方を検討することが望まれるだろう。

（1）池田宗雄『港湾知識のＡＢＣ』成山堂書店、二〇一〇年。高橋裕『河川工学』東京大学出版会、一九九〇年。

（2）諸橋轍次『大漢和辞典』巻六・巻七、修訂版、大修館書店、一九八五年。日本国語大辞典第二版編集委員会・小学館国語辞典編集部編『日本国語大辞典』第二版、第十二巻、小学館、二〇〇一年。

（3）市村高男「十二の海道」（『大航海』十四、新書館、一九九七年）。市村高男「中世日本の港町—その景観と航海圏」（歴史学研究会編『港町のトポグラフィ』青木書店、二〇〇六年）。

（4）井上尚明「古代地域社会における河川交通について」（『研究報告』十三、帝京大学山梨文化財研究所、二〇〇九年）、井上尚明「官衙と路と津」（『東国の官衙遺跡』高志書院、二〇一三年）、井上尚明「多様な地方官衙と庄屋・居宅」（『古代官衙』ニューサイエンス社、二〇一四年）。井上氏は、港湾遺跡を認定する際の基本項目として、①埠頭遺構の存在、②船が航行・停泊する水域の存在、③管理・物資保管等の施設の存在、④港湾遺跡の属性と関わる遺物（出土文字資料・祭祀遺物・木錘など）の出土を挙げている（前掲文献）。埠頭遺構とは、船舶の係留や人の乗降および物資の積み降ろしを行うために設置・加工された構造物であり、船を岸に繋ぐための柱（係船柱）や船と陸地を連絡する橋（桟橋）、船舶が停泊する水域（泊地）、物資の仕分けや短期間保管のための開放形施設（上屋）、長期保管施設である倉庫などから構成される。

（5）前掲註3・4文献。坂井秀弥「中世の主要港　三津七湊の現状と十三湊」（青森県市浦村編『中世十三湊の世界』新人物往来社、二〇〇四年）。

（6）鈴木靖民『日本古代の周縁史—エミシ・コシとアマミ・ハヤト』岩波書店、二〇一四年。蓑島栄紀『古代国家と北方社会』吉川弘文館、二〇〇一年。綿貫友子『中世東国の太平洋海運』東京大学出版会、一九九八年。矢田俊文『地震と中世の流通』高志書院、二〇一〇年。岡本哲志『港町のかたち—その形成と変容』法政大学出版局、二〇一〇年。

（7）青森県教育委員会『十三湊遺跡』青森県埋蔵文化財調査報告書第三九八集、二〇〇五年。

（8）青森県市浦村『中世十三湊の世界』新人物往来社、二〇〇四年。前川　要・十三湊フォーラム実行委員会編『十三湊遺跡—国史跡指定記念フォーラム—』六一書房、二〇〇六年。五所川原市教育委員会『十三千坊の世界と十三湊〜十三湊ガイドブック〜』五所川原市教育委員会、二〇一二年。

(9) 青森県教育委員会『福島城跡1—第5次調査概要報告書—』青森県埋蔵文化財調査報告書第四二〇集、二〇〇六年。青森県教育委員会『福島城跡2—第7次調査概要報告書—』青森県埋蔵文化財調査報告書第四二〇集、二〇〇七年。青森県教育委員会『福島城跡3—第9次調査概要報告書—』青森県埋蔵文化財調査報告書第四二〇集、二〇〇八年。青森県教育委員会『福島城跡』青森県埋蔵文化財調査報告書第五二二集、二〇一二年。青森県教育委員会『明神沼遺跡・福島城跡5』青森県埋蔵文化財調査報告書第五四八集、二〇一四年。

(10) 五所川原市教育委員会『山王坊遺跡』五所川原市埋蔵文化財調査報告書第三一集、二〇一〇年。

(11) 榊原滋高「十三湊の都市構造と変遷」(青森県市浦村『中世十三湊の世界』新人物往来社、二〇〇四年)。榊原滋高「国史跡・十三湊遺跡の調査成果について」(前川　要・十三湊フォーラム実行委員会編『十三湊遺跡—国史跡指定記念フォーラム—』六一書房、二〇〇六年)。榊原滋高「津軽十三湊の変遷」(菊池俊彦・中村和之編『中世の北東アジアとアイヌ』高志書院、二〇〇八年)。鈴木和子「十三湊遺跡の調査　港湾部・町屋地区・檀林寺の調査」(前掲『中世十三湊の世界』新人物往来社、二〇〇四年)。中央大学文学部日本史学研究室『津軽十三湊遺跡』二〇〇七年。

(12) 高島成侑「十三湊遺跡における掘立柱建物跡の復元とその変遷」(『十三湊遺跡』青森県埋蔵文化財調査報告書第三九八集、青森県教育委員会、二〇〇五年)、高島成侑「十三湊遺跡における掘立柱建物跡の考察」(『十三湊遺跡』青森県埋蔵文化財調査報告書第三九八集、青森県教育委員会、二〇〇五年)。

(13) 前掲註7参照。

(14) 江上波夫・関野　雄・桜井清彦『館址—東北地方における集落址の研究』東京大学東洋文化研究所、一九五八年。国立歴史民俗博物館『青森県十三湊遺跡・福島城跡の研究』国立歴史民俗博物館研究報告第六四集、一九九五年。

(15) 井出靖夫「津軽福島城跡の研究—第6次調査概報」(『人文研紀要』中央大学人文科学研究所、二〇〇六年)。

(16) 青森県教育委員会『福島城跡』青森県埋蔵文化財調査報告書第五二二集、二〇一二年。

(17) 青森県教育委員会『明神沼遺跡・福島城跡5』青森県埋蔵文化財調査報告書第五四八集、二〇一四年。

(18) 五所川原市教育委員会『五所川原市遺跡詳細分布調査報告書』五所川原市埋蔵文化財調査報告書第二九集、二〇〇八年。榊原滋高「福島城の縄張り調査」(『青森県考古学』十六、青森県考古学会、二〇〇八年)。千田嘉博「城郭史上の福島城」(青森県教育委員会『福島城跡』青森県埋蔵文化財調査報告書第五二二集、二〇一二年)。

(19) 前掲註16参照。

(20) 高島成侑・中村隼人「福島城跡「内郭」の掘立柱建物跡―福島城跡「内郭」南東隅屋敷の空間秩序から見た十三湊安藤氏像―」(前掲註16所収)。

(21) 前掲注16第7章参照。

(22) 豊島勝蔵「古記録の明神遺跡」(『市浦村史』第1巻、市浦村、一九八四年)。榊原滋高「十三湊の都市構造と変遷」(『中世十三湊の世界』新人物往来社、二〇〇四年)。

(23) この時に出土した遺物については、元治二年(一八六五年、慶応元年)四月に十三町役を勤めた紀伊国屋権兵衛・能登屋利兵衛が調査した「湊明神宮境内手入中神仏古像出現並外品共取調帳」(工藤家所蔵文書)に掲載されている。また、『神仏混淆神社帳調』(八木橋文庫、弘前市立図書館蔵)によると、明治初年の神仏分離により、二体の神像は湊神社に残し、一一七体は弘前市の最勝院に納められたと伝えられる。現在、十三山湊迎寺に湊明神宮出土とされる懸仏一体、神明宮に神像一体が残されているが、最勝院の移転や火事等により、残りの一一七体の所在は不明である(佐藤仁「安藤氏と金石造文化財」青森県市浦村『中世十三湊の世界』新人物往来社、二〇〇四年)。

(24) 前掲註17第3章参照。

(25) 前掲註17第3章参照。

(26) 富山大学人文学部考古学研究室『津軽唐川城跡』富山大学考古学研究報告第七冊、二〇〇二年。

(27) 五所川原市教育委員会『山王坊遺跡』五所川原市埋蔵文化財調査報告書第三一集、二〇一〇年。

(28) 前掲註17第5章参照。

(29) 十三湊の初期港湾施設が移動した理由について、榊原滋高氏は元応二年から元亨二年(一三二〇〜一三二二)の蝦夷蜂起の影響によって、惣領の地位と蝦夷沙汰代官職を巡って安藤氏一族で起きた内紛(「津軽大乱」(一三二二〜二八))

が影響していたと想定している（前掲註11榊原二〇〇六・二〇〇八参照）。惣領家の又太郎季長と庶子家の五郎三郎季久（宗季）が津軽西海岸の西浜折曽関と陸奥湾西岸の外浜内末部に城郭を構えて争い、幕府は季長の蝦夷沙汰代官指職を解任し、新たに季久（宗季）を任命している。また、石井進氏は、津軽大乱前、季久（宗季）の所領は津軽鼻輪郡の一部（津軽平野内陸部の絹家島・尻引郷・片野辺郷）、糠部宇曾利郷（下北半島）、中浜御牧・湊を領有していたが、大乱後に新たに拝領した津軽西浜（関・阿曽米を除く）を子息高季に譲っていることから、季久（宗季）が津軽大乱後に津軽西浜の拠点である十三湊を領有したとし、津軽大乱は十三湊の領有権争い、日本海の利権争いであったと指摘している（石井進『中世のかたち』中央公論新社、二〇〇二年）。

（30） 前掲註11榊原二〇〇六・二〇〇八参照。

（31） 海岸の砂浜の砂が風によって移動する現象を「飛砂」という。低温・高湿の状況下（たとえば冬型の気圧配置）が飛砂の発生要因の一つとなり、同時期の日本海沿岸域では砂丘が形成されている。現在、七里長浜では防砂林が発達しているため砂丘形成の速度は緩やかである。

（32） 十三湊遺跡は北側で標高一・五～三メートル前後であり、十三湊遺跡南側で標高六メートル前後となる。一九八三年（昭和五八）五月二六日正午頃に発生した日本海中部地震の際には、十三湊が所在する五所川原市市浦地区の十三湖河口付近が津波被害を受けた。最近五所川原市が公表した津波ハザードマップによると、日本海沖で最大クラス（マグニチュード七、九）の地震で津波が発生した際に七里長浜が二～一〇メートル未満、十三湊遺跡前潟地区が一メートル未満の浸水深になると予測されている（http://www.city.goshogawara.lg.jp/38_soumu/bousai/tsunamimap/tsunamimap.html 参照）。

（33） 小嶋芳孝「渤海平地城とクラスキノ城跡―ポシェト湾周辺遺跡群の評価―」（清水信行編『論集　沿海州渤海古城クラスキノ古城の機能と性格』青山学院大学文学部史学科、二〇一三年）。酒寄雅志「クラスキノ古城と塩州」（前掲論集所収）。イブリエフＡ・Ｌ（訳：垣内あと）「沿海地方クラスキノ古城―歴史から見た特徴と機能」（前掲論集所収）。鈴木靖民「交易の視覚からみた渤海国」（前掲論集所収）。

（34） 拙著『北東アジア中世考古学の研究―靺鞨・渤海・女真』六一書房、二〇一二年。拙稿「クラスキノ城址出土土器の特質とその意義」（前掲註33論集所収）。

(35) 前掲註33小嶋論文。

(36) ロシア科学アカデミー極東支部歴史学・考古学・民族学研究所付属博物館長のＹｕ．Ｇ．ニキーチン氏のご教示による。

(37) 前掲註33小嶋論文。

(38) 井黒　忍「耶懶と耶懶水—ロシア沿海地方の歴史的地名比定に向けて—」（『北東アジア中世遺跡の考古学的研究平成十七年度研究成果報告書』札幌学院大学人文学部、二〇〇六年）、井黒忍「官印資料に見る金代北東アジアの『周辺』—「南船北馬」と女真の水軍」（『アジア遊学』七〇、二〇〇八年）、井黒　忍「耶懶完顔部の軌跡—大女真金国から大真国へと至る沿海地方一女真集団の歩み—」（天野哲也・池田栄史・臼杵勲編『中世東アジアの周縁世界』同成社、二〇〇九年）。

(39) 拙稿「金・東夏代女真の集落構造とその特質—ロシア沿海地方を中心として—」（『白門考古論叢Ⅲ』中央考古会・中央大学考古学研究会、二〇一三年）。

(40) 前掲註34拙著二〇一二第六章参照。

(41) 前掲註34拙著二〇一二第六章参照。

(42) Дьякова О. В. 2009 Военное зодчество центрального Сихотэ-Алиня в древности и средневековье. Москва. 245с. 拙稿「考古学からみた渤海の地域社会」（中央大学人文科学研究所編『情報の歴史学』中央大学人文科学研究所叢書、二〇一一年）。

(43) 前掲註42文献。

(44) 中村和之「モンゴル時代の東征元帥府と明代の奴児干都司」（菊池俊彦・中村和之編『中世の北東アジアとアイヌ』高志書院、二〇〇八年）。最近、中村和之氏は、現存する最古の世界地図の一つとして知られる『混一疆理歴代国都之図』（建文四年（一四〇二）作製、龍谷大学大宮図書館所蔵）の北東アジア部分について検討を加え、アムール河およびウスリー河では女真ほか集団の活動が記されているのに対し、日本海沿岸部では女真の海上活動を示す記述がみられないことに注目している（中村和之「『混一疆理歴代国都之図』にみえる女真の活動について」（渡邊久（編）『混一疆理歴代国都之図』の歴史的分析―中国・北東アジア地域を中心として―』平成二三年度～二五年度科学研究費補助金（挑戦的萌芽研究）研究成果報告書、龍谷大学文学部、二〇一四年、四一―五〇頁）。この点について、中村氏は「モンゴル時代以降、女真の海上での活動が抑え込まれ、河川に沿った活動の主たる担い手となったことを反映している」とし、「女真が河川の交通路に沿った活動に特化した結果、アムール川下流域からサハリン島を経て北海道に至る交通路が、北東アジアの主要な交通路となった」と指摘している。ロシア沿海地方日本海沿岸のアムグ以北については、モンゴル時代以前の金・東夏代併行期の遺跡も判然としない。また、アムグ以北は急峻な海岸段丘が発達し、居住に適した土地も少ないという地形的制約もある。

(45) 註34拙稿二〇一二第六章参照。

(46) 「文化的景観」とは人々の生活や生業とその地域の風土により形成された景観である。現在、わが国では、文化財護法第二条第一項第五号において、「地域における人々の生活又は生業及び当該地域の風土により形成された景観地で我が国民の生活又は生業の理解のため欠くことのできないもの」を「文化的景観」と定義し、文化的景観の中でも特に重要なもので、保護措置が講じられているものについて、都道府県または市町村の申出に基づき、「重要文化的景観」として選定している。二〇一四年一月二六日現在、全国で四七件が重要文化的景観として選定されている。島や港に関するものとして、高知県の「久礼の港と漁師町の景観」、長崎県の「小値賀諸島の文化的景観」や「佐世保市黒島の文化的景観」、熊本県の「天草市﨑津・今富の文化的景観」などが挙げられる。

(47) 文化庁文化財部記念物課・農林水産業に関連する文化的景観の保存・整備・活用に関する検討委員会『農林水産業に関連する文化的景観の保護に関する調査研究（報告）』、二〇〇三年。

(48) 国史跡十三湊遺跡の保存管理計画策定の基本として、十三湊遺跡のみならず周辺環境の保護が必要であることが記され、特に前潟・セバト沼・明神沼一体の環境保全・景観維持を図ることが明言されている（五所川原市教育委員会『国指定史跡　十三湊遺跡保存管理計画書』五所川原市教育委員会、二〇〇八年）。

〈付記〉　本稿は、二〇一一年度から二〇一三年度にかけて開催された中央大学人文科学研究所「島と港の歴史学」公開研究会において筆者が報告した内容をもとに再構成したものである。主に、第一節は「中世十三湊の景観―近年の十三湊関連遺跡発掘調査から―」（二〇一四年一月二十五日）、第二節は「二〇一一年度ロシア沿海地方調査の概要―渤海から金・東夏における日本海沿岸交流の展開―」（二〇一二年三月十四日）を基礎としている。

日中都市比較から見た平泉

吉田　歓

はじめに

日本の古代国家は律令国家を建設する過程で、その都についても中国の都城制に基づいた国都の造営を進めた。この問題については、すでに多くの研究の蓄積があり、日本と中国の都城を比較しながら日本の都城の研究は進められてきた(1)。これら先行研究によって古代日本における都城成立の過程が明らかにされてきている。

一方で、古代国家が作った最後の都城である平安京が、平安時代以降、少しずつ変化しつつ京の都という中世都市へと変質していく過程も研究上の大きなテーマの一つとして研究が進められている(2)。こうした研究から、古代都市から中世都市へと変化するプロセスが解き明かされ、これによって日本における中世都市に関する研究も推進されてきたと言える。

このような研究状況の中で、平泉も中世都市の一つの事例として重視され、研究が進められてきている。平泉は古代都市から中世都市への過渡期に登場したものとして注目されてきている。私もこれまで平泉が古代都市からどのように生み出されてきたのかというテーマに取り組んできた。そこでは、日本の古代国家が国家の都のあるべき姿として中国の都城制をはじめて認識したことを再評価することによって、日本の都市史の画期としてあらためて位置づけた。その上で日本の都城と中国の都城を比較し両者の質的な相違点を指摘した(3)。

また、平泉の誕生を考える上では、実は中国の国都を取り上げるだけでは不十分であることも指摘した(4)。つまり、平泉は地方都市であるから、中国においても国都ではなく地方都市と比較しなければならないからである。しかし、中国の地方都市である州県城も結局は国都と同じく国家によって作られた行政府であるから、国家が作ったわけではない平泉と比較する対象としては十分ではないとした。その意味では、中国でも国家主導ではなく自然発生的に生まれてきた鎮市を比較対象として適している点を指摘した。

以上のように、平泉は古代都城制から単線的に生み出されて来たわけではなく、複線的にさまざまな要素を背景として登場してきたととらえられよう。

そこで本稿では、平泉を地方都市との比較を通してとらえるという手法を継承して、異なった視角から考えてみたい。

一　中国の地方都市イメージ

1　日中都市の外郭

日本の古代国家が中国の律令制度を導入することで国家建設を進めたことは周知の如くである。都市についても国都は中国の都城制をモデルとして建設されていた。しかし、住民支配のシステムや具体的な形については異なっている点も多く、あえて換骨奪胎したと見られる面もあった。

例えば、中国の都市は基本的には城郭都市であった(5)。中国の都は一部例外はあるものの、ほとんどの場合、外郭を城壁で囲まれていたのである。また地方の府城・州城・県城といった都市も同様であった。これら地方行政単位は時代によって名称が変化するため、ここではまとめて州県城と呼ぶこととする。これら州県城も基本的に同じく城郭都市であった。

それに対して日本では、逆に城壁で囲まれることはなかったと考えられている。国都については、平城京・平安京ともに南辺の羅城しか作られなかったと推測されてきた[6]。また、中国の州県城に相当する日本の国府や郡家にも城壁が確認されてはいないのが現状である。このように日本では外郭を囲むような城壁や築地などは作られなかったと理解されてきた。しかし、近年、井上和人氏は平城京の東南において築地痕跡を見出され、恐らく東西北三面にも築地が廻っていたのではないかと指摘されている[7]。だが一方では慎重な意見もあり[8]、今後、東西北三面について発掘調査などによって確認されることを待ちたい。このように平城京については議論があるところではあるが、本稿では地方都市に焦点を当てることを目途としたい。

前に述べたように、現在のところ国府や郡家の遺跡で外郭を囲むような事例は、ほとんど無いようである。中国の地方に置かれた、軍政も含めた行政府では、基本的に外郭を城壁で囲われていたのとは大きく異なっていたのである。

それでは古代の日本の人々は中国の地方都市をどのように見ていたのか。次にこの点について検討していきたい。

2　日本人の見た中国の地方都市

日本と中国の都市の大きな違いの一つが外郭を囲む城壁の有無であった。本稿では地方都市に焦点を当てているため、古代の日本の人々が見た中国の地方都市について検討していく。とは言っても古代の日本人が中国の地方都市を見て記録している史料はほとんどないに等しい。しかし、円仁と成尋の二人は、それぞれ中国に渡って詳細な記録を残している。円仁の『入唐求法巡礼行記』（以下、『入唐』と略す）と成尋の『参天台五臺山記』（以下、『参記』と略す）である。それぞれ中国の地方都市の内部の様子を伝えていて、きわめて興味深いが、ここでは外郭に注目して取り上げ、都市内部の様子については後日の検討に委ねることとする。

まず円仁が見た中国の地方都市であるが、揚州城について、中国の官吏から説明を受けて、「揚府南北十一里、東西七里、周卅里」と書き留めている（『入唐』巻一、承和五年〈八三八〉九月十三日条）。すなわち、円仁は揚州府が南北一一里、東西七里の大きさがあり、外周三〇里の城壁で囲まれていたことを認識していたことが理解される。

同じように、莱州についても「斎後行十五里到二莱州一、々城東南一里、南北二里有余、外廓縦横各応二三里一、城内人宅屋舎盛全」とあり（『入唐』巻二、開成五年〈八四〇〉三月十五日条）、莱州城が内城と外郭からなることが記されている。「東南」は「東西」、「外廓」は「外郭」と校訂する理解に従うと、(9) 内城の大きさが東西一里、南北二里余りで、外郭の大きさが縦横それぞれ三里ほどということになろう。

以上のように円仁は、唐に渡って各地の地方都市を訪れているが、そこで目にした地方都市はやはり城郭都市であった。

次に成尋の目を通して中国の地方都市を見てみたい。成尋は一〇七二年（延久四）五月二十七日に台州城の朝京門から中に入っている（『参記』巻一、同日条）。つまり、台州城に朝京門という城門を潜って入城していることになる。当然ではあるが城壁で囲まれた都市を目にしていたことを意味している。

また、円仁と同じく揚州府については、「揚州府城、南北十一里、東西七里、周卅里」と記録している（『参記』巻三、熙寧五年〈一〇七二〉九月十三日条）。楚州についても楚州城門にいたって宿るとあり（『参記』巻三、熙寧五年〈一〇七二〉九月十六日条)、いずれも城壁で囲まれていることを認識していたはずである。さらに宝興軍の三重の城垣は州城の城垣のようであるとも記している(『参記』巻五、延久四年〈一〇七二〉十一月二十七日条)。この記事も注目されよう。すなわち、成尋は宝興軍の三重の門について、州城のようだと見ていたことがうかがえる。これは成尋も州城などの地方都市が城壁で囲まれたものであったことを十分認識していたことを示していよう。こうしたことは当然とも言えるが、注意しなければならないのは、実は円仁以前の遣隋使や遣唐使についても同様のことが考えられる点である。つまり、遣隋使・遣唐使の人たちも、円仁や成尋と同じように中国各地の城郭都市を目にしていたと推測されるのである。そして、彼らが目にした城郭都市は州県城であり、地方行政機関が置かれた都市であった。これらは日本では国府や郡家に相当するものであった。ということは中国の地方制度を模倣する際に国府や郡家も中国の州県城のように城郭都市として建設するという選択肢が存在したと考えることが許されよう。言い換えると日本古代の為政者たちは中国の州県城が城郭都市であることを十分認識していたのである。もし中国の州県城をモデルとして国府や郡家を作っていたなら、やはり城郭都市を作ったであろうことが考えられる。しかし、実際には城郭都市として国府や郡家は作られることはなかったのである。この点に日本と中国の都市造営の基本的な考え方の違いを読み取ることができる。中国の地方行政都市が城郭都市であることを承知していながら、日本には導入しなかったということになる。

なぜ日本に城郭都市というスタイルを導入しなかったのか。この問いに対して解答を出すことは極めて困難で簡単に答えを出すことはできないが、少なくとも意図的に導入しなかったということは確認できよう。地方都市全体を城壁で囲む必要性を積極的には感じていなかったと推測することは許されよう。このことから日本の古代国家が城郭都市を必要としていなかったことが知られるとともに、中国の城郭都市とは全く異なったスタイルの地方都市を生み出していく背景となったということができる。

それでは城郭都市をモデルとしないで作られた地方都市の国府はどのような形態であったのかを次に見ていくこととする。

二　国府の形

1　日本古代国府の理解

ここまで日本の古代国家の為政者たちが中国の地方都市である州県城が城郭都市という形態をとっていたことを認識していた可能性が十分あるにもかかわらず、国府や郡家を建設する際にはそれを採用しなかったことを指摘した。このことは特に取り立てて言うまでもないことのようにも思われるが、ここに日本の都市の特徴を読み取ることができるのではないかと考える。国家建設のモデルとした中国の地方都市が城郭都市であることを知っていて、自国内では継承しなかったのである。そこには明白な意図が存在したと推測される。

それでは日本の国府や郡家は、どのような形態をしていたのかを整理しておきたい。ただし、郡家については発掘調査も進んでいて具体的な姿が知られてきているが、これまでのところ後述の東山官衙遺跡を除いて城壁で囲まれることはなかったようであり、以下の検討では国府に焦点を絞ることとする。

国府の様相の分析については、すでに優れた先行研究として金田章裕氏の研究がある(10)。各地で行われている発掘調査によって、国府の具体的な様相が明らかにされてきた。かつて国府は方形で方格地割を持っていたと理解されてきたが、こうした成果によってそのようなものではなかったことが明らかになってきた。こうした成果を受けて金田氏は国府の形態を三つの類型に整理された。それは南北中軸型、東西中軸型、外郭官衙型の三類型である。金田氏によれば、国府の総体的特徴としては、国府はもともと方形のようなまとまった形ではなく、必ずしも空間的に連続しているわけでもない。そして、国庁や道路を核や軸に官衙群を配置するという形態であった。このように分析されている。[11] そして、その都市形態は市街不連続・機能結節型と呼べるものであったとされる。

以上のように金田氏によって、国府の特徴が明確に指摘された。これによって国府は市街が連続するわけではなく国庁や中軸となる道路を軸として官衙や宗教施設が結ばれている、そのような都市形態であったことが明示されたのである。

この金田氏の指摘を参考にして、私も古代都市から中世都市平泉を見通すことによって、日本の都市に通底する特徴として、軸線道路が重要な意味を持っていたのではないかという仮説を提示したことがある。[12] 中国の都市は基本的に城郭都市であり、城壁で囲まれ、内部は方格地割を基調としていた。それに対して日本の都市は、例えば国都については中国の都城制を継受して条坊制という方格地割が導入されているとはいっても、結局は朱雀大路という都の軸線道路が極めて重要な意味を持っていた。また金田氏の指摘のように地方の国府においても道路を軸として構成されていた。このように日本古代の都市は、いずれも軸線となる道路が重要な意味を持っていて、それを基軸として都市空間が展開していくことに注目したのである。こうした視点から、中国の都市は面的に構成されていたのに対して、日本の古代都市は軸線突出型と呼べるようなものであったと指摘した。そして、平泉についても発掘調査の成果によって、毛越寺から東にのびる東西大路が作られ、これを軸として南北道路が取り付くという姿が明らかにされてきたことを受けて、平泉も東西大路という軸線道路を中軸とした都市形態であったと述べた。以上のように、古代から平泉にかけて、日本の都市形成の原理として軸線突出型というものの存在を推論したのである。

山路直充氏も東国の国府や城柵について詳細な分析を行われ、東国の京と意識されていたことを明らかにするとともに、その空間のあり方を開放型と呼んでいる[13]。すなわち、国衙や城柵を核として施設が広がり、各施設が道路によって結ばれている点を特徴として指摘されている。

また、前川佳代氏も同様の視点から、さらに広く事例を見渡して分析を行っている[14]。前川氏は、古代地方都市の事例を平泉も含めて分析し、方格地割を持つものと持たないものに分類して整理した上で、総体的な特徴としていずれも交通の要衝に立地し、基軸道路を軸に諸施設や方格地割が展開していることを述べられている。やはり軸線となる道路によって都市が構成されていると理解されている。

以上に紹介してきたように、先行研究を大きくまとめると、総じて日本古代の地方都市は軸線道路を基軸として展開していたととらえることができそうであり、軸線突出型という私の理解とも合っているようである。

しかし、こうした理解とは少し異なった研究も存在している。それは武蔵国府を詳細に研究されている江口桂氏の研究である。江口氏は武蔵国府の発掘調査の成果を踏まえて、市街不連続・機能結節型の都市ではなく、面的形成・機能重視型の都市であったと評価されている。すなわち、武蔵国府においては、外郭の形は不定形であり、斜行道路が通されて、それに沿って竪穴建物が展開している。このように整理されるとともに、国府域の中心部に限っては、ある程度の東西南北を意識した地割りが意識されていた可能性が高いともされる[15]。

武蔵国府の場合は江口氏の指摘のように、面的に広がっている点に注目される。しかし、同時に基軸となる道路に沿って展開している点も指摘されている通り、この点では軸線道路が核となって面的に展開しているととらえることも許されよう。その意味では面的に広がりつつも基本的には軸線道路を核に都市が形成されているという点は共通項として認識できるのではないかと思われる。

以上のように、武蔵国府については面的に広がっている点に特徴はあるものの、全体としては日本古代の地方都市は軸線道路が中核となって形成される傾向があったと理解できよう。

私も日本と中国の地方都市を比較して、中国の地方都市は面として構成されているのに対して、日本では軸線道路が基軸となって展開していることを指摘した。そして、中国を面的構成型、日本を軸線突出型という形で整理してみた(16)。そして、両者の違いの背景として外郭を廻る城壁の有無が理由の一つではないかという推論を提示した。つまり、中国においては基本的に城郭都市であるから、外郭ラインを城壁で囲むことになる(17)。そうすると都市全体のアウトラインがあらかじめ明確となり、都市域が面として明確となって、その内部も含めて設計がなされることになる。これによって必然的に都市を面的に作り出すことになるのである。それに対して日本では、外郭を囲む城壁をはじめから作るつもりもないため、中枢施設やそれらを結ぶ道路が中軸となって構成されていくことになる。もし日本の場合も外郭を囲む城壁を作っていたなら中国と同じように面的に造営されていたはずである。しかし、現実にはそのようには作られなかったのである。そして注意が必要なのは、前章で確認したように当時の為政者たちは中国の地方都市が城郭都市であることを認識していたと思われることである。それにもかかわらず同じように国府を作らなかったのである。ここに都市造営についての考え方の違いを読み取ることができよう。日本の古代国家は城郭都市を造営する意志をそもそも持っていなかったと考えざるを得ない。国府政庁である国庁や付属する曹司などの必要な施設は作ったのであるが、全体を城壁で囲むことによってまとまった形の都市を作るつもりは全くなかったのである。基本的には地方行政機関の設置が重要であり、都市としてデザインする必要がなかったとも言える。

2　国府をめぐる攻防

日本の国府は、中国の州県城が基本的に城壁をともなう城郭都市であったのに対して、外郭を城壁で囲むことはなかったと考えられる。この点を国府をめぐって行われた攻防戦を通して確認してみたい。しかし、国府をめぐる攻防戦については、あまり詳細に記録した史料がないため、一〇世紀に下ってしまうが、平将門の乱を描いた『将門記』を取り上げて探っていくこととする。言うまでもなく『将門記』は軍記物語であって、その記述の信憑性については注意を払う必要がある。また、使用されている用語についても、どの程度厳密に使われているのかも慎重に扱わなければならない。その意味では、史料としての限界があることを前提として推論を進めてみたい。

平将門の乱の詳しい内容はここでは触れないが、将門はさまざまな経緯があって、関東各国の国府を占領していって自ら新皇と称し自立への道へ向かっていった。その軍事活動の中で、国府を制圧していったが、『将門記』には国府制圧の様子が少し具体的に描かれている。ここではそのいくつかを検討することによって、国府の様子を見ていきたい。

まず将門は伯父の下総介平良兼と女論によって対立関係にあった。そして、ついに両者は合戦に及んだが、将門が圧勝し、良兼軍は下野国の府下に逃げ込んだ。つまり、良兼らは下野国府に籠もったということになる。しかし、続く描写からすると、下野国府に逃げ込んだといっても国府全体を囲むような外郭の城壁があったわけではなさそうである。続く描写を読むと、将門は逃げ込んだ良兼は自分の血縁にあたるので、このまま殺したなら世間の非難を浴びるかもしれないと考えて、「仍欲レ逃二彼介独之身一、便開二国庁西方之陣一」とあるように、介の良兼一人だけを逃がしてやろうと思って、国庁の西方の陣を開いたというのである。ここに見える国庁が、いわゆる国府政庁を指しているかどうかはやはり留保が必要であるが、文字通りに受け取ると良兼たちは政庁である国庁に逃げ込んでいて、その国庁を将門軍が取り囲んでおり、そのうちの国庁の恐らく西門を封鎖している軍陣を開いて逃がそうとしたと解釈できよう。つまり、良兼軍は築地で囲まれている国庁に逃げ込んだのであろう。とすると逆に国府全体を囲むような外郭施設は存在していなかったということになる。もしそうした外郭施設があったとすると、ここでは外郭施設を挟んだ描写とならなければならないが、そのようにはなってはいないのである。良兼軍が逃げ込めるためには築地のような遮蔽施設が必要であり、国府全体を囲むような外郭施設はなかったので築地で囲まれた国庁に逃げ込んだのである。

その後、一旦平穏を取り戻すが再び本格的な争乱状態に入っていくことになる。その最初に将門は常陸国府を制圧する。そこでは「将門随兵僅千余人、押二塘府下一、便不レ令二東西一」と描かれている。つまり、将門軍千人あまりが常陸国府を包囲して封鎖したということである。この場合も国府全体を囲む外郭施設の存在はうかがえない。千人あまりの将門軍が国府を取り囲んでいるということと読み取れるが、もし外郭施設があったとすれば、その外郭施設に付設されている門などを封鎖する必要があるが、そうした描写とはなっていないのである。このように解釈できるとすれば、常陸国府もやはり国府全体を囲むような外郭施設はなかったと考えられよう。さらに「三百余之宅」が焼かれたとあるように、常陸国府には三百以上の家々が建ち並んでいたということになる。このことから外郭施設はないものの、一定の範囲内に人口が集まっていたことがうかがえ、国府が地方都市としての性格を持っていたことをあらためて認識される。そして「庁衆哀慟、留二於館後一」と記述されていて、国府の役人たちは悲しみに沈んで「館」に留まっていたとある。このことから役人たちは「館」に身を隠したということがうかがえる。ここに見える「館」が、いわゆる国司館を指すのか、政庁である国庁を指しているのかは判断に迷うところであるが、いずれにしても築地などの塀で囲まれている施設である。その意味では役人たちが身を隠すことができるのは塀で囲まれている、そうした施設しかなかったという解釈が成り立つのではないだろうか。つまり、国府全体の外郭施設はやはり存在していなかったので、身を隠せるのは国司館や国庁であったということになる。

次に下野国府を占領する描写を見てみたい。数千の兵を率いて将門は下野国に向かった。そして、「既就二於国庁一、張二其儀式一」とあるように将門は容易にその国庁に入っているようである。ここでも下野国府に外郭施設があった様子はうかがえない。そして、下野国の新任国司藤原公雅と前任者の大中臣全行らは将門を再拝して、印鎰を捧げ渡している。そうこうしている間に、「館内及府辺、悉被二虜領一」とあるように、「館内」と「府辺」は将門軍によって虜領されてしまったとある。ここに見える「館内」は直前の国庁が政庁を指していることからすると、政庁ではなく国司館そのものを指していると考えられそうである。とすると国司館も占領されてしまったことになる。また、「府辺」という表現も曖昧なところがあるが、外郭施設で明確に囲まれているというよりは、境界線が漠然とした範囲を示す表現と受け取れる。もし外郭施設が廻っていたとするなら、もっと明確な表現がなされたはずであろう。つまり、下野国府も全体を取り囲む外郭施設は存在しなかったと考えられる。

　以上の三つの事例を見てきたが、いずれの場合についても国府全体を囲む城壁や外郭施設の存在を推測することはできなかった。恐らくそのような施設そのものがなかったと考えられる。そのように理解できるとすれば、国府は政庁である国庁や国庁を取り囲む施設、曹司・倉庫などの諸施設、そして国司館や住民の家屋が外郭施設に囲まれることなく、それぞれが単体として剥き出しの状態で存在していたということになる。まさに中国の州県城とは正反対の構造をしていたと言える。中国の州県城が城郭都市であることを知っていながら、あえてそのような形態を採用しなかったことを意味していよう。

　次に八世紀の事例として多賀城をめぐる動きについて見てみたい。多賀城には陸奥国府と鎮守府が置かれていた。

　七八〇年（宝亀十一）三月、陸奥国で伊治公呰麻呂が反乱を起こした。呰麻呂は按察使紀朝臣広純らを殺害し、多賀城を襲って焼き討ちにした（『続日本紀』宝亀十一年三月丁亥条）。その際、「城下百姓競入欲レ保二城中一、而介真綱、掾石川浄足、潜出二後門一而走、百姓遂無レ所レ拠、一時散去」（同条）とあり、城下の百姓たちは競って多賀城に入ってきたが、介の大伴宿祢真綱たちが密かに「後門」から脱走したため、百姓たちも拠り所を失って城を出て四散したと見える。

ここに見える「城下」については解釈に難しい問題が存在する。熊田亮介氏は、「城下」という言葉には広狭の二義があったことを指摘されている。[18] 熊田氏によれば、「城柵の近辺を意味する狭義の『城下』」と「かなり広範囲の領域を包含する」広義の「城下」の二種類があるという。本条の「城下」については広義の場合に相当する可能性があるとされている。確かに百姓とあることから広い範囲の百姓を指している可能性はあるが、競って城内に入っているという記述からすると、あまり遠方から殺到してきたというよりは、多賀城近辺から殺到してきていると理解した方が自然な解釈ではないだろうか。このように「城下」の解釈については少し不安なところがあるが、近辺の百姓という解釈に従うと、多賀城近傍の住民たちが多賀城に逃げ込んでいることになる。そして、多賀城は政庁を中心として外郭がめぐっていることが発掘調査によって確認されているので、彼らが逃げ込んだのはその外郭内と推測されよう。とすると城下の百姓とは外郭外に住む多賀城近傍の住民のことであり、実際には陸奥国府の住民を指していると考えられるのではないだろうか。もちろん両者が完全に一致しているという保証はないのであるが、主体としては国府の住民から構成されていたと理解できよう。

さて、以上のような見方に立つと、陸奥国府多賀城においても、城柵としての外郭施設は備えていたが、国府全体を囲む外郭施設は存在しなかったということになる。八世紀終わり頃以降、多賀城の南側に碁盤目状の町割が形成されていくが、その町割全体を囲む施設は確認されていない。陸奥国府もやはり城郭都市ではなかったのである。

以上のように、国府について外郭施設の存在に注目して見てきた。結論的には中国の州県城のような城郭都市を作ろうとした形跡は確認できなかった。やはり国府全体を城壁などで囲むことはしなかったと考えられる。律令制度を導入して全国に行政機関として国府を設置したわけであるが、それらを城郭都市としては作らなかったのである。

こうした違いがなぜ生じたのかは日中都市史を考える上で極めて重要である。しかし、残念ながらそれに明確に答えることは難しいのも事実である。この点については、今後の課題としたい。

3 城郭都市の可能性

ここまで古代の日本では、中国の州県城が城郭都市であることを知りながら、その形を取り入れることをしなかったことを見てきた。しかし、城郭都市となりそうな事例も全くないわけではない。次にこうした事例を見ることで日本における地方都市の性格を探っていくこととしたい。

まず壇の越遺跡を取り上げる。この遺跡は宮城県加美町に所在し、東山官衙遺跡の南面に展開している。東山官衙遺跡では政庁や倉庫院などの中枢施設が見つかっていて、以前から賀美郡家と推定されてきた。その遺跡南面に方格地割が八世紀中葉に作られていたことが発掘調査によって明らかにされた[19]。それによると、Ⅱ期の八世紀中葉に方格地割が計画的・全面的に施行された。これは陸奥国府多賀城南面に形成される碁盤目状の町割より先行している点でも注目される。それは報告書によると、七三七年（天平九）に陸奥―出羽柵連絡路の建設が始まることから、その陸奥国側の出発点に賀美郡家（東山官衙遺跡）がなったという事情があったと推測されている。

そしてⅢ期（八世紀後葉から九世紀中葉頃）になると、外郭区画施設が作られる。それは築地塀と材木塀からなり、東西大路との交点には門（西門）が設けられ、五カ所に櫓が設置される。さらに早風遺跡では土塁が確認され、両者は一連の外郭区画施設とされる。報告書では、このような外郭区画施設が設けられた背景に、蝦夷とのいわゆる三十八年戦争があり、軍事的緊張の高まる中、防御機能を高めたものと評価している。また村田晃一氏は、東山官衙遺跡が陸奥国と出羽国を結ぶ官道沿いにあり陸奥国側の最前線に位置することから、緊迫した情勢に備える必要があったことを背景として指摘されている[20]。

壇の越遺跡でまず注目されるのは陸奥国府多賀城より早く方格地割の町割が造営された点である。八世紀中葉に一体的に作られた点も注意される。多賀城の碁盤目状の町割が徐々に拡大展開していったことを考えると、この点も重要な点である。すなわち、八世紀中葉に碁盤目状の町割が施されて都市としての様相を持っていたのである。

そして、さらに注目されるのは、Ⅲ期になって外郭区画施設が増設された点である。これによって都市域が外郭施設によって囲い込まれることになったのである。つまり、この段階で中国の城郭都市に相当するような形態に変化したということになろう。しかし、その内実を比較すると単純に同じであったとは言えないものと考えられる。

まず方格地割の意味について検討してみたい。中国では国都も地方都市も基本的には同じように都市内部は坊というブロックに分割されていた。そして、各坊は壁（坊牆）で囲まれていて出入りは坊門という門を通じて行われ、坊門のカギは坊正が管理していた。坊門は日中だけ開門していて夜間は閉じられ通行は原則的に禁じられていた。この坊牆制というシステムによって中国では都市住民を効率的に統制していたのである。

しかし、日本では国都でもそのままの形では継受していなかった[21]。恐らく壇の越遺跡においても導入されていなかったと推測される。そもそもⅡ期の段階で町割全体を囲む外郭施設がなかったし、方格地割のそれぞれのブロックを囲む坊牆に当たるものも、個別的には区画塀が見つかってはいるものの全域にわたって統一的に作られた様子は見られない。このように外見上は同じようなグリッド・プランの都市に見えたとしても両者は本質的には異なっていたと見るべきであろう。とすると坊牆制を導入することを目的としたわけではなく、宅地を均一に割り出すためのシステムとして施行されたと理解されよう。

次に外郭区画施設が作られた点について考えてみたい。Ⅲ期に作られた外郭区画施設が蝦夷との軍事的緊張を背景としていたと見る点については報告書や村田氏の所説に説得力があり首肯される。さらに西面を築地塀としている点についても、律令国家の権威を誇示する必要性があったと指摘されている点も説得力がある。本稿でも村田説を発展的にとらえて、次の二つに着目してみたい。一つは、西面だけが築地で、北から東面にかけては土塁となっている点である。この使い分けに注意すると、村田氏の指摘のように西面を築地とすることで視覚的な効果を狙っていた可能性を推定させられる。二つ目は、西門がＳＢ二〇一〇四脚門跡からＳＢ二〇二〇八脚門跡に改築されたと見られる点である。これも当初の四脚門から八脚門に改めることで、立派な外観に変更していることになる。こうしたことを視野に入れると、防御機能はもちろん持ちながら、西面の荘厳化という一面も合わせて持っていたと考えられよう。恐らく出羽国から陸奥国に入って最初の拠点施設としての体面を整えるという意味があったのではないかと推測される。しかし、これはあくまで解釈論であって確たる根拠があるわけではないので、今後も検討が必要である。ただこのような解釈が正しいとすると、平城京なども南辺に羅城と羅城門が作られていたことと通底するものがあろう。

以上のように考えてくると、壇の越遺跡の外郭区画施設は中国の城郭都市を目指すという明確な意図のもとに作られたというよりも、直面している軍事的な緊張に対応する必要と、あわせて出羽国側に対して陸奥国のフロント・ゲートとしての体面を整えるという意味があったと見ることができる。

次に参考として上野国府を参照してみたい。木津博明氏によると、上野国府は方八丁四方に北面中央が突出する凸字形の平面をしていたとされる[23]。そして、外郭は溝によって区画されていたと見られる。溝は甘水樋遺跡などで確認されている。この場合は城壁や築地で囲んでいるわけではないので、城郭都市とは言えないが、都市域を溝で囲んでいたとすると、外郭ラインを明確にしていた事例となる。ただし、こうした形態について、どのように理解すべきかはさらに調査の進展を待って検討していく必要があろう。

以上の検討から、日本の国府では、やはり中国の州県城のような城郭都市を作ろうという明確な意図は見出せない。今後も各国府遺跡の検討を踏まえて考えていきたい。

三　平泉の都市化

1　平泉都市化の概略

ここまで日本の古代国家が作った国府を中国の州県城と対比する形で検討してきた。その結果、中国の州県城が城郭都市であったのに対して、日本の国府は基本的にはそうではなく、いわゆる都市域を囲むような外郭施設を作るつもりが最初からなかったことを述べてきた。この点に中国に対する日本の古代都市の特徴を見出すことができる。そこで次の段階にどのように展開していくのかを、中世都市の先駆形態とも言える平泉を取り上げて考えてみたい。

都市としての平泉については、これまで多くの研究がなされてきた(24)。そうした諸研究によっておおよその共通理解として、初代藤原清衡の段階では、平泉にはまだ清衡の居館である柳之御所遺跡と中尊寺ぐらいしかなかったが、二代基衡の段階になって毛越寺が建立され、その門前から東にのびる東西大路が作られて街区が作り出されていったと考えられるようになった。そして、三代秀衡の時には無量光院も建てられてさらに都市として拡充していったとされる。このような先行研究を参考に私も中国の都城との比較を行いつつ、日本古代都城から展開する都市史の中で平泉をとらえようと試みてきた。そこで得た大きな見通しを示すと以下のように整理できる(25)。

まず中国の都市について検討を加えた結果、中国においては公的には都市と認識されていたのは城郭都市だけであった。つまり、都市全体を城壁で囲われたものだけが都市であった。国都も地方の州県城も同じで、基本的には城郭都市であった。そして、これら城郭都市は、外郭を明確に区画することによって必然的に内部の町を一体として作り上げることになった。言い換えると一定の範囲内を面として都市が作られることになる。このような形態を面的構成型と位置づけてみたい。

しかし、実は中国においても都市のすべてが城郭都市かというと、そうではなかった。地方の州県城以外に鎮市という小規模の商工業都市が無数に生み出されていたのである。これらは特に宋代以降に急激に発展していくと考えられているが、しかし公的には都市とは認識されていなかった。すなわち、これら鎮市は州県城のような地方の行政機関が所在するものではなく、基本的に交通の要衝の地に自然発生的に誕生してきたものであり、しかもほとんどの場合は城壁で囲まれることもなかったのである。つまり、多くの場合城郭都市ではなかったわけである。そして、鎮市は交通の要衝に位置するとともに、主要道路や水路を中軸として、それらに沿うような形で展開発展していった。その意味では面的に都市が作られたわけではなく、外郭線も決められているわけでもないことから、都市の形は不規則で多様な外形を持つことになる。しかも発展していく過程で、その形も変化していくことになる。さらに中軸となる道路や水路を中心に構成されることから、軸線突出型の都市と理解できる。

以上のように中国の都市には大きく二つの類型が存在したと考えられる。すなわち、一つは城郭都市の面的構成型で、一つは鎮市の軸線突出型ということになる。このように中国の都市類型を整理すると、日本の都城は中国の城郭都市である都城制をモデルとしているから、面的構成型に属することになる。しかし、その内実は朱雀大路が特別な意味を持っていたので、軸線突出型としての性格も合わせ持っていたと理解される。

そして、国府は城郭都市ではなく、中軸となる道路を中心に構成されていたので軸線突出型に属することになる。

一方で武士の拠点については、基本としては居館のみがあって町割がともなっていたわけではなかったと考えられるので、これを拠点分立型と呼ぶこととする。とすると平泉については、初代清衡段階では居館のみであったと推測されるので拠点分立型であったと見られる。しかし、先述のように二代基衡段階で毛越寺から東にのびる東西大路が作られ町割が発生することになる。この段階で軸線突出型へと発展したと見ることができよう。つまり、平泉の場合は、拠点分立型から軸線突出型へと展開したということになる。その上で注意が必要なのは、拠点分立型は周囲に都市がともなっていたわけではないので、あくまで都市とは認定することはできないことである。とすると、平泉は当初は都市と呼べる段階にはなかったが、後に都市化していったと見ざるを得ないことになる。

以上のようなことを指摘してきたのであるが、本稿ではもう少し具体的な形でアプローチしてみたい。

2　地方有力者の家の形

平泉に関する文献史料は残念ながら限られている。具体的にどのような姿であったのかは容易にはうかがうことができないのが現状である。そこで地方の富豪と呼ばれる有力者の家について検討してみたい。とはいってもそうした有力者の家の具体像もよくわかってはいない。ここでは『うつほ物語』に登場する神南備種松の家を取り上げる。種松は紀伊国牟婁郡の長者で紀伊掾として描かれ、『うつほ物語』の中で、その家の様子が詳細に説明されているのである。(26) ただし、これはあくまで文学作品であって現実の人物の家を描いているわけではない点に注意しなければならない。とはいえある程度は実際の地方有力者の姿を反映しつつ理想化したものとも受け止めることは許されよう。以下、そうした視点から見ていくこととする。

『うつほ物語』吹上・上に種松の富豪ぶりが描かれていて、その家についても詳しく述べられている。それは本物語特有なのであるが、絵詞のように入る情景の説明に当たるところになるため、描写が極めて具体的で詳細になっている。そのため家の様子を文字通り絵を見るかのように読み取ることができる。

それによると、種松の家は周囲を田に囲まれていて、家は築地が廻っていて垣に沿って檜皮葺の大きな蔵が四〇棟ずつ合計一六〇棟が建っているという。そして、注目されるのは、その邸宅内の様子である。邸宅内に政所・たてま所・御厩・牛屋・大炊殿・酒殿・作物所・鋳物師の所・鍛冶屋・織物の所・染殿・打ち物の所・張り物の所・縫物の所・糸の所・寝殿・西の対があったと記され、それぞれの様子も描写されている。例えば、作物所では、「細工三十人ばかり居て、沈、蘇枋、紫檀らして、破子、折敷、机どもなど色々に作る。轆轤師ども居て、御器ども、同じものしてひく」と説明されている。

このように種松の家には、家政機関である政所をはじめとして、厩、牛屋、そして、酒食を用意する部署はもちろん、その他に作物所以下の諸品を作る部署まで揃っていたと描かれているのである。つまり、必要なものはおよそすべて種松の家の中で製作できるようになっているわけである。言ってみればそれだけで自給自足が可能であり、種松の家そのものが総合企業体とも呼べるようなものであったということになる。しかも種松は孫の源氏の君のために御殿を作るとともに、「名ある限りは仏師をはじめて、鋳物師、絵師、作物所の人、金銀の鍛冶などを、所々に多く据えて、世にありとあるものの色を、ありがたく清らかに調じ設くること限りなし」とあるように、有名な職人たちを呼び寄せて製作に当たらせてもいたのである。

こうした描写は、もちろん物語上の架空の話しではあるが、同時に理想化されてはいても現実の長者たちの理念化された姿とも見られる。そうしたことからすると、中尊寺以下を建立した奥州藤原氏を考える際には参考となるところもあろう。しかし、残念ながら平泉については、そうした文献史料が残されていない。そこで発掘調査の成果を参考に検討してみたい。

白鳥舘遺跡第九・一〇次発掘調査では、かわらけ窯跡を検出した[27]。この遺跡は平泉の北、現奥州市に所在し北上川が大きく湾曲する部分に当たっている。ここでかわらけの生産が行われていたことが確認されたのである。

花立Ⅰ遺跡第二八次発掘調査では、陶器焼成窯跡が見つかっている[28]。時期はⅠ号窯跡が一二世紀前半に当たると考えられている。遺跡は平泉町内で、金鶏山の東方に位置している。こうした場所で陶器が生産されていたことがわかった。

志羅山遺跡第三〇次発掘調査では、漆漉し布や刷毛などが出土した[29]。このことから漆に関連する仕事がなされていた可能性があるという。

また同じく志羅山遺跡第八〇次発掘調査では、坩堝片やフイゴ羽口・銅板滓などが見つかっており、銅細工に関わる遺跡を思わせる[30]。

以上の調査の成果によって、かわらけや陶器の生産や漆・銅製品の製作などが行われていたことをうかがうことができる。志羅山遺跡については、少し慎重に今後も検討していく必要がありそうではあるが、中尊寺などの寺院の存在を考えただけでも、それなりの規模の生産システムの存在は想定せざるを得ないので、こうした生産の場はいずれにしてもあったと考えられよう。

このように平泉についても発掘調査の成果から、生産の場の存在が明らかにされてきているのである。当然と言えばそれまでではあるが、平泉の奥州藤原氏も種松のように自ら必要なものを生産するシステムをある程度は持っていたのであろう。

3 住民と宅地・物流

平泉や周辺に生産活動を行う工房などがあったことを見てきたが、そのような職人たちも平泉の住民として生活していたと推測されよう。また、奥州藤原氏の直属の家人たちも生活の場を主人の居館周辺に持っていたと憶測される。例えば、武士ではなく貴族ではあるが、中山忠親は平家による福原遷都の際に、自分には宅地を班給されたが、自分の家人たちの家地を輪田原に点定している(『山槐記』治承四年〈一一八〇〉八月十三日条)。このことから忠親は自分の邸宅内に家人たちの家地を分け与えるわけではなかったことが知られる。自邸の外に別に用意しているのである。奥州藤原氏も自らの家人たちの家地を用意していたに違いない。もっとも居館内に住まわせていた者もいたことも否定しない。

さて、ここで注意が必要なのは前稿cでも述べたように、居館には必ずしも都市がともなっている必要はなく、基本的には拠点分立型であったことである。種松の家も周囲が田地によって囲まれていたと描写されていて、都市が付属していたわけではなかった。つまり、平泉も初代清衡段階では、自分の居館と家人たちの家がある程度から出発したと推測するのが現実的であろう。それが四代泰衡で滅亡するまで約一世紀の間、拠点であり続けたことで住民が増加していったのであり、それに対応するために宅地を割り出す方格地割システムを取り入れて東西大路の辺りが作り出されていったと考えられる。発掘調査によっても志羅山遺跡や泉屋遺跡で宅地を思わせる遺構が検出されている。また、倉町遺跡でも倉庫が見つかっている[31]。このように東西大路周辺で宅地や倉庫が展開していった様子も明らかにされつつある。ただし、宅地に関してはやはりそのように認定するにはさらに精査が必要かとも思われる。

また、平泉を支える物流システムも存在していたと考えられる。すでに多くの先行研究が指摘しているように、国産や海外産の多量の陶磁器が出土していることから、その物流が広範囲に行われていたと考えられ、北上川がその一つのルートであったと想定されている。北上川は太平洋側に河口を持ち、太平洋ルートに繋がっている。恐らく北上川の河口部には、港湾施設が存在し、物資の流通拠点としての機能を果たしていたと容易に推測される。そこから西は博多の港を介して東アジアとの物流が形成されていたと考えられるし、北方の産物も津軽海峡を挟む港などを介して流通していたと推測される。また、先述の白鳥舘遺跡では、近年の調査の中で、生産機能だけではなく立地条件から川湊としても機能していたのではないかと指摘されている(32)。ただし、具体的な遺構は確認されていないため、今後の慎重な調査研究が待たれる。いずれにしても平泉は、海を渡ってもたらされる物資に支えられていたことから、島々や港を介した物流ルートの上に成り立っていたことは確かである。

以上のように、恐らく初代清衡の頃はまだ居館と家人たちの家地を主体としていたのであるが、その後の住民の増加にともなって都市化が進んでいったものと憶測される。さらには、平泉を支えるための物流システムや陸上交通・港湾施設なども整えられていった。こうして国家が建設した国府とは別に、私的勢力による新しい都市が生み出されて来たのである。

おわりに

本稿では平泉が生まれるまでのプロセスを中国の都市との比較を通じて行ってきた。その結果、中国では城郭都市こそが都市と認識されていたのに対して、日本の古代国家はそのことを十分知っていながら国府を城郭都市として作る意志を持っていなかった。確かに国府にはある程度の人口が集中して都市としての内実を備えていたが、その国府全体を囲む外郭施設は作られなかったのである。それは何に起因しているのかが次の課題である。

例えば、先に見たように皆麻呂の乱の際、介の真綱たちが我先に脱出してしまった。つまり、国司たちは国府を守ろうという意志を持っておらず、国府、あるいはその周辺の住民を守る気持ちも全く持っていなかったことを端的に示している。彼らにとって都市やその住民とは何であったのか。一方、平泉も四代泰衡は源頼朝軍に攻められて、自ら平泉館に放火させ、立ち寄ることもせず北方へと逃亡してしまった。泰衡にとっても平泉という町は一体何であったのか。

中国と比較した場合、外郭施設の有無の違いとあわせて、日本の人々にとっての都市の意味を考える必要があろう。しかし、このテーマは難しい課題であり、今後もさまざまな角度から考えていく必要があろう。本稿では雑駁な叙述に終始してしまったが、今後の課題を提示して擱筆としたい。

（1）岸俊男『日本古代宮都の研究』岩波書店、一九八八年など。
（2）山田邦和『京都都市史の研究』吉川弘文館、二〇〇九年。
（3）吉田歓a「東アジア世界の中の都市平泉」（『平泉文化研究年報』一一、二〇〇一年）、b「東アジアにおける都市造営と平泉の比較研究」（同一一、二〇一一年）、c「中国の地方都市と平泉」（同一三、二〇一三年）。
（4）拙稿c論文。
（5）愛宕元『中国の城郭都市』中央公論社、一九九一年。
（6）瀧川政次郎「羅城・羅城門を中心とした我が国都城制の研究」（同『京制並に都城制の研究』（法制史論叢第二冊）名著普及会復刻、一九八六年）に整理されているので参照願いたい。
（7）井上和人「古代遷都の真実」（奈良文化財研究所編『古代はいま　よみがえる平城京』クバプロ、二〇一一年）。
（8）田辺征夫「奈良の都を復元する」（田辺征夫・佐藤信編『平城京の時代』（古代の都2）吉川弘文館、二〇一〇年）。
（9）足立喜六訳注・塩入良道補注『入唐求法巡礼行記』（東洋文庫一五七）平凡社、一九七〇年。
（10）金田章裕「国府域の形態・構造とその変化」（同『古代景観史の探求』吉川弘文館、二〇〇二年）。

(11) 金田注(10)論文一七九頁。
(12) 拙稿a論文。
(13) 山路直充「京と寺―東国の京、そして倭京・藤原京」(吉村武彦・山路直充編『都城　古代日本のシンボリズム』青木書店、二〇〇七年)。
(14) 前川佳代「古代地方都市の"かたち"」(舘野和己編『古代都城のかたち』同成社、二〇〇九年)。
(15) 江口桂『古代武蔵国府の成立と展開』(同成社、二〇一四年)二八三頁。
(16) 拙稿c論文。
(17) 実際には城壁は後から作られることが多い。例えば唐長安城も『旧唐書』永徽五年(六五四)十一月癸酉条に四万人を動員して羅郭を築くとある。
(18) 熊田亮介「蝦夷と古代国家」(同『古代国家と東北』吉川弘文館、二〇〇三年)。
(19) 加美町教育委員会他『壇の越遺跡一九―考察編(第一分冊　本文)―』二〇一〇年。
(20) 村田晃一a「陸奥北辺の城柵と郡家」(『宮城考古学』九、二〇〇七年)、b「黒川以北十郡における城柵官衙群」(『考古学ジャーナル』六〇四、二〇一〇年)。なお、村田氏には複数回にわたって同遺跡群を詳細にご案内いただいた。この場を借りてお礼申し上げる。
(21) 拙稿b論文。
(22) 村田氏注(20)a論文。
(23) 木津博明「国府に地割はあったか　上野国」(寺村光晴他編『幻の国府を掘る　東国の歩みから』雄山閣、一九九九年)。
(24) 羽柴直人「平泉の道路と都市構造の変遷」(入間田宣夫・本澤慎輔編『平泉の世界』高志書院、二〇〇二年)。斉藤利男「平泉と鎌倉―中世政治都市の形成と展開」(広瀬和雄・小路田泰直編『古代王権の空間支配』青木書店、二〇〇三年)。八重樫忠郎「平泉という領域」(『都市のかたち』(中世都市研究一六)山川出版社、二〇一一年)。
(25) 拙稿c論文。

(26)『新編日本古典文学全集』(小学館)をテキストとして使用し、注釈も参照。なお、種松の家の描写は有名で、例えば石井進著作集刊行会『中世武士団』(『石井進の世界2』山川出版社、二〇〇五年)、福田豊彦「『つわもの』誕生」(福田豊彦編『承平・天慶の乱と都』(週刊朝日百科日本の歴史五九)朝日新聞社、一九八七年)などがあり、本稿でも参考としている。

(27)平泉関連遺跡の調査成果を集成した岩手県教育委員会他『日本都市史のなかの平泉資料集』(二〇一四年)が刊行された(以下、平泉資料集と略す)。以下、遺跡の検索には本書を利用した。しかし、各遺跡の性格についてはさらに精密な検討が必要であり、本稿はあくまでも仮のモデルを提示したものであることをお断りしておきたい。白鳥舘遺跡については平泉資料集二二頁参照。

(28)平泉資料集五六頁参照。

(29)平泉資料集五五頁参照。

(30)平泉資料集五四頁参照。

(31)平泉資料集二八・三〇・三二・四三・四四・四五頁などを参照。

(32)平泉資料集二二頁参照。

日本海側からの視座による地域史研究

——中世出羽の研究動向——

白根靖大

はじめに

中世日本において、日本海は主要な交通路の一つだった。『廻船式目』に載っている「三津七湊」では、北（中世では東）の十三湊から南（中世では西）の博多まで、実に八つの港が日本海側に位置している。特に、東北地方と京都の往来にとって、日本海側の交通路は重要なルートだった。

たとえば、室町時代、陸奥の南部氏から京都の幕府への馬の進上が、出羽の小野寺氏によって邪魔されたため、同じ出羽の大宝寺氏に対し路次の警固が命じられたという例がある(1)。これは、太平洋側の陸奥の領主が京都との往来をする際、出羽を経て日本海側の交通路を用いていたことを表している。また、時代は下るが、豊臣政権期、九戸政実の乱が勃発した一報を秀吉に伝えた南部利直は、南部領→小野寺領→大宝寺領→越後を通って京都へ向かったと伝えられている(2)。

京都が政治の中心の一つとして意味を保っていた中世において、日本海側の交通路は、流通あるいは経済のみならず、政治にとっても重要性が高かった。中世政治史を列島規模の視野で考えるうえで、日本海側からの視座による研究の有効性を指摘することができるだろう。

一方で、列島の周縁部や異国との境界領域に着目し、東アジアの中で中世日本を見直そうとする研究視角が定着している[3]。東北地方に関して言えば、近年の奥州藤原氏・平泉研究がその代表であり、考古学的成果も相まって、東アジアの中で奥州藤原氏・平泉を位置づけようとする歴史的評価が盛んになされてきている[4]。

こうした研究動向は、周縁部とされる地域の研究にとって、その成果が発展的可能性をもって受け止められる状況を生み出している。それは日本海側からの視座による研究も同様であり、中世出羽研究の成果もまた発展的可能性を包含していると言えよう。これを踏まえ、中世出羽研究の現状を確認するのが本稿の目的である。

この分野に関しては、二〇〇二年に刊行された、伊藤清郎・山口博之編『中世出羽の領主と城館』と伊藤清郎・誉田慶信編『中世出羽の宗教と民衆』（いずれも高志書院）の二冊が、刊行時までの研究史整理と課題の提示を行っている。そこで、本稿はこれらを継承し、二〇〇二～二〇一三年の研究動向を紹介しながら、筆者の関心から若干の課題を示すこととしたい。

なお、本稿の関心に基づく主要文献リストを末尾に付している。適宜、参照されたい。

一　研究動向――個別研究を中心に

ここでは本稿が対象とする十二年間に発表された個別研究について、傾向や特色などを述べていく。論集・自治体史については次章で取り上げることとする。

まず、出羽清原氏・後三年合戦に関わる研究に触れる。これは古代史に属する分野だったが、近年中世史研究者の参入が著しい。その理由として、大きく二つの研究動向を挙げることができるだろう。

一つは、奥州藤原氏・平泉研究の進展である。前述したように、これらの研究は東アジアへと視野を広げてきているが、一方で、奥州藤原氏・平泉研究の成果を用いて、出羽清原氏あるいは陸奥安倍氏の時代を見直す動きがある。出羽清原氏に関して言えば、入間田宣夫「鎮守府将軍清原真衡の政権構想」(『北日本中世社会史論』吉川弘文館、二〇〇五年。初出は一九九八年)がその代表だろう。氏は鎌倉幕府へと連なる武人政権の系譜の中で出羽清原氏を位置づけており、同「安倍・清原・藤原政権の成立史を組み直す」(『平泉の政治と仏教』高志書院、二〇一三年。初出は二〇一二年)などの論考もある。

もう一つは、後三年合戦関連遺跡の発掘成果である。特に、大鳥井山遺跡の発掘は中世城館研究に一石を投じる成果であり、中世史研究者の注目を集めた。そして、古代城柵研究と相まって活発な議論が展開されるようになり、二〇一〇年に「後三年合戦シンポジウム～古代の城から館へ、そして中世の館から城へ～」が開催されるに至った。これをもとに刊行されたのが、入間田宣夫・坂井秀弥編『前九年・後三年合戦　一一世紀の城と館』(高志書院、二〇一一年)である。また、金沢柵に関する遺跡の発掘も進展し、たとえば陣館遺跡の成果は、金沢柵の比定地やそのあり方について見直しを迫る見解を生み出している。前掲『前九年・後三年合戦　一一世紀の城と館』のほか、島田祐悦「金沢柵を探る」(『出羽路』一五三)などが詳しい。

次に、院政期に目を向けると、北(当時は東)の周縁部としての出羽地域に言及する研究がある。具体的には、小川弘和「西の境界からみた奥羽と平泉政権」(入間田宣夫編『兵たちの登場』高志書院、二〇一〇年)、同「荘園制と「日本」社会—周縁からの中世—」(東北芸術工科大学東北文化研究センター編『北から生まれた中世日本』高志書院、二〇一二年)、斉藤利男「安倍・清原・奥州藤原氏と北の辺境」(東北学院大学東北文化研究所編『古代中世の蝦夷世界』高志書院、二〇一一年)などである。また、奥州藤原氏研究の中で、奥羽武士団という視点から出羽に目を向けるものとして、七海雅人「平泉藤原氏・奥羽の武士団と中世武家政権論」（前掲『兵たちの登場』）、岡陽一郎「平泉藤原氏と交通」（入間田宣夫編『兵たちの生活文化』高志書院、二〇一〇年）、入間田宣夫「御館は秀郷将軍嫡流の正統なり」（前掲『平泉の政治と仏教』。初出は二〇〇九年）などが挙げられる。そのほか、大河兼任の乱を再評価する白根靖大「本吉冠者・藤原隆衡と大河兼任の乱」（羽下徳彦編『中世の地域と宗教』吉川弘文館、二〇〇五年）などがある。

　続いて、鎌倉〜室町時代である。この時期に関しては、研究史上の論点をめぐる論考が目につく。たとえば、奥州・羽州管領および奥州・羽州探題と奥羽統治をめぐって、江田郁夫「奥州管領大崎氏と南北朝の動乱」（柳原敏昭・飯村均編『鎌倉・室町時代の奥州』高志書院、二〇〇二年）、同「応永の乱と奥州長沼氏―応永の乱後の奥州支配体制をめぐって―」（『栃木県立博物館研究紀要―人文―』三〇、二〇一三年）、白根靖大「南北朝・室町時代の動乱と出羽」（伊藤清郎・山口博之編『中世出羽の領主と城館』高志書院、二〇〇二年）、同「奥州管領と斯波兼頼の立場」（『中央史学』三〇、二〇〇七年）、小原茉莉子「奥州管領期の大崎氏」（『岩手史学研究』九二、二〇一一年）が出された。文献史料の制約から、出羽単独ではなく奥羽を見渡しながら議論が交わされている。また、「沙弥浄光譲状」を題材として、入間田宣夫「北奥における地頭領主制の展開―沙弥浄光譲状を読み解く―」（入間田宣夫編『東北中世史の研究　上巻』高志書院、二〇〇五年）と塩谷順耳「浅利氏の比内郡支配―沙弥浄光譲状を通して―」（『秋大史学』五三、二〇〇七年）が発表された。現存する数少ない古文書を通し、各々が地域史像を構築している。

　このほか、安藤（東）氏に関する古内龍夫「安東氏の津軽退去について」（『国史談話会雑誌』五〇、二〇一〇年）や神田和彦「安東氏と秋田湊―考古学調査の成果から―」（『歴史』一一九、二〇一二年）、大宝寺氏を扱う杉山一弥「室町幕府と出羽大宝寺氏」（『地方史研究』三一三、二〇〇五年）[5]を得た。真壁建「考古学から見た鎌倉時代の庄内南部―発掘調査事例を中心に―」（『六軒丁中世史研究』九、二〇〇三年）は、文献史料の少ない当該期の研究に寄与する調査報告である。

では、戦国〜織豊期に話を移そう。まとまった研究としては、最上氏に関するもの、大宝寺氏および庄内地方に関するものがある。前者は、遠藤ゆり子「戦国時代における公権の形成と国郡・探題職―戦国大名最上・伊達両氏の事例をめぐって―」（『歴史評論』六二七、二〇〇二年）、伊藤清郎「最上義光と宗教」（『国史談話会雑誌』四三、二〇〇二年）、同「最上氏の改易と家臣の行方」（伊藤喜良・藤木久志編『奥羽から中世をみる』吉川弘文館、二〇〇九年）、同「最上氏領国と城郭」（『山形県地域史研究』三五、二〇一〇年）など。後者は、秋保良「大宝寺義勝の庄内没収と信州への移封について」（『山形県地域史研究』三四、二〇〇九年）、菅原義勝「大宝寺氏と越後国守護上杉氏」（『駒澤大学大学院史学論集』四〇、二〇一〇年）、同「戦国期庄内における地域認識の形成―「庄中」から「庄内」へ―」（地方史研究協議会編『出羽庄内の風土と歴史像』雄山閣、二〇一二年）、竹井英文「出羽国「庄内問題」再考」（池享編『室町戦国期の社会構造』吉川弘文館、二〇一〇年）などがある。

そのほか個別研究として、木下聡「出羽戸沢氏の名字状について」（『戦国史研究』四六、二〇〇三年）、伊藤清郎「戦国期の山形城」（入間田宣夫編『東北中世史の研究　下巻』高志書院、二〇〇五年）、誉田慶信「戦国期奥羽本願寺教団法物考」（細井計編『東北史を読み直す』吉川弘文館、二〇〇六年）、太田實「安藤（東）實季家臣団と大高甚助」（『出羽路』一四〇、二〇〇七年）、金子拓「戦国大名出羽小野寺氏の花押」（『秋大史学』五三、二〇〇七年）、佐藤隆「秋田藩家蔵文書と「戦国時代の秋田」」（『秋田県公文書館研究紀要』一七、二〇一一年）などを挙げることができる。

最後に、系図・系譜研究について言及したい。近年、中世系図研究が進展してきており、東北中世史研究においてもその潮流が見られる。出羽地域に関するものとしては、伊藤清郎「室町期の最上氏と系図」（羽下徳彦編『中世の社会と史料』吉川弘文館、二〇〇五年）、入間田宣夫「奥羽諸大名家における系譜認識の形成と変容」（『軍記と語り物』四一、二〇〇五年）、同「中世奥羽における系譜認識の形成と在地社会」（九州史学研究会編『境界のアイデンティティ』岩田書院、二〇〇八年)、白根靖大「中条家文書所収「桓武平氏諸流系図」の基礎的考察」(前掲『東北中世史の研究　下巻』)、樋口知志「『諸家系図纂』所収の「安藤系図」について―奥六郡安倍氏の祖先系譜に関する一考察―」(前掲『東北史を読み直す』)、金子拓「戸沢氏系図の成立と中世の戸沢氏」(峰岸純夫・入間田宣夫・白根靖大編『中世武家系図の史料論　下巻』高志書院、二〇〇七年)、佐々木倫朗「秋田県公文書館所蔵「古本佐竹系図」に関する一考察」(前掲『中世武家系図の史料論　下巻』)などがある。史料的制約を抱えている出羽地域史にとって、文献史学の幅を広げる分野の開拓が進んでいると評価できるだろう。

以上、最近十二年間の研究動向について、個別研究を中心に概観してきた。本稿末尾に付した主要文献リストには、本文で触れることのできなかった論考も掲載されているので、ご参照願いたい。

二　研究成果の刊行——論集・自治体史

まず、①伊藤清郎・山口博之編『中世出羽の領主と城館』(高志書院、二〇〇二年)と②伊藤清郎・誉田慶信編『中世出羽の宗教と民衆』(同前)の二冊を取り上げる。これらは刊行時における中世出羽研究の到達点を示す論集である。掲載されている論考は、以下のとおりである。

①『中世出羽の領主と城館』

序　—研究史と課題—　伊藤清郎

第一章　中世の出羽国

第一節　中世成立期の出羽国　齋藤　仁

第二節　奥羽合戦と鎌倉幕府　伊藤清郎

日本海側からの視座による地域史研究

第三節　南北朝・室町時代の動乱と出羽　白根靖大
第四節　戦国・織豊時代の出羽　遠藤　巖
第二章　中世出羽の城館
第一節　出羽南部の城館　大場雅之
第二節　出羽北部の城館　秋元信夫
第三節　中世出羽の海運と城館　市村高男
第四節　城下絵図と発掘　髙桑　登
第三章　発掘された中世の出羽
第一節　中世出羽国土器・陶磁器の様相　山口博之
第二節　発掘された貨幣　須藤英之
第三節　発掘された中世の街道・古道
—秋田県洲崎遺跡の事例を中心に—　高橋　学
第四節　出羽府中と秋田城　小松良博・伊藤武士

②『中世出羽の宗教と民衆』
序　—研究史と問題提起—　伊藤清郎
第一部　中世出羽の宗教と信仰
第一章　出羽国の宗教世界
—古代～中世前期を中心に—　佐々木馨
第二章　中世後期出羽の宗教　誉田慶信

①は中世出羽政治史の論文と、領主という観点から発掘成果を意味づけた論考を収める。「序―研究史と課題―」によれば、出羽地域は辺境にあたるとともに、北日本・北アジアから見る日本史を展開する格好の場であり、また日本海海運や舟運・陸路を手がかりに、東アジア世界との関連を視野に入れることができるという。さらに、太平洋中心史観というべき観点を批判できる素材が多く存在することを指摘する。出羽地域の歴史的位置を積極的に評価しようとする姿勢がうかがえよう。

だが、中世出羽研究にとって、史料的限界、特に文献史料の制約は悩ましい現実であり、筆者もそれを痛感する一人である。視野を広げた展望を抱きながらも、その素材となる実証的成果を蓄積していく過程で、必ず壁に当たる気がしている。これを克服する有効な方法が考古学的成果との融合であり、本書はかかる意味で確かな足跡を残す先行研究となった。それは文献史料の制約を考古学的成果が補うのみならず、考古学的成果が新たに文献史料あるいは文献史学の課題を提示するという循環を生み出し、研究の進展を促していくという意味もある。

②は中世出羽宗教史の論文と、民衆に焦点を当てて多様な歴史資料を検討した論考を収める。「序―研究史と問題提起―」では、出羽地域に対する①と同様の視座を持ちながら、本書は地域的特徴も含めて論を展開すると述べる。また、宗教史研究に加え、民俗学研究の成果も取り入れ、多角的に民衆像を描いているところに特色がある。

①②ともに編者となっている伊藤清郎氏は、「明治政府が創り出した府県制は、出羽国を最終的に秋田・山形に二分した。この二分化が、両県を統一的に見るという視野を妨げてきたように思う」と指摘する。これは筆者も同感で、実は、今日の交通体系がそれを象徴しており、同じ出羽国でありながら両県の往来は極めて不便になっている。中世に限らず、出羽地域全体の歴史像、そして日本海側からの視座による歴史像を発信することは、近代国家的な価値観を転換させることにつながると言えるのかもしれない。

次に、③東北中世考古学会編『海と城の中世』（高志書院、二〇〇五年）と④入間田宣夫・坂井秀弥編『前九年・後三年合戦　一一世紀の城と館』（高志書院、二〇一一年）に注目する。それぞれに掲載されている論考は以下のとおりである。

③『海と城の中世』

はじめに　高橋　学

中近世遺跡の意義と保護を考える　坂井秀弥

第一部　小鹿嶋、脇本城と安藤氏

発掘陶磁器からみた脇本城　小野正敏

小鹿嶋、脇本城跡　工藤直子

男鹿半島の城館―海を臨む城館―　泉　明
檜山城跡と野代湊　播摩芳紀
秋田湊と湊安東氏の城館　伊藤武士
室町・戦国期の安藤氏と小鹿嶋　黒嶋　敏
（6）
第二部　集落・城館、湊と交易
脇本城と出羽南部の海と城　山口博之
西浜・外浜・糠部の湊と遺跡　工藤清泰
米代川下流域　中世前期の館跡―二ツ井町竜毛沢館跡―　菅野美香子
雄物川下流域　中世前期の集落―下タ野遺跡―　神田和彦
鵜沼城跡と羽州大道　小島朋夏
桐木田遺跡と羽州大道　新海和広
十五世紀のサハリン・北海道の交易　中村和之
中世の出羽―陸・海・川の交通をめぐって―　藤原良章
④『前九年・後三年合戦　一一世紀の城と館』
Ⅰ　対談　前九年・後三年合戦を考える　入間田宣夫・樋口知志・八重樫忠郎
Ⅱ　つわものたちの城と館
古代の城から館へ　坂井秀弥
清原氏の本拠　大鳥井山遺跡と台処館跡　島田祐悦
台処館跡の復元―発掘調査と地籍図の比較―　冨樫泰時

③は二〇〇三・〇四年に開催された東北中世考古学会大会をもとにしており、出羽地域の中世遺跡について、その歴史的意義に迫る論集である。第一部では安藤（東）氏と小鹿嶋・脇本城に注目し、関連諸遺跡を室町・戦国期の北方支配と絡めて位置づけようという構成になっている。第二部は日本海沿岸を南北に照射し、交通・交易という側面から諸遺跡の有していた意味を見通そうとしている。当該地域の考古学的成果を知ることができるのみならず、京都への目配りや津軽・サハリンへの視線を含んだ歴史像の構築を試みているところが、注目すべき点と言えるだろう。

④は、第Ⅰ部が前九年・後三年合戦についての対談、第Ⅱ部が二〇一〇年に開催された「後三年合戦シンポジウム～古代の城から館へ、そして中世の館から城へ～」をもとにした論文集という構成になっている。対談は、考古学の八重樫忠郎氏を進行役とし、古代史の樋口知志氏と中世史の入間田宣夫氏が意見を交わす形式で、『陸奥話記』『奥州後三年記』の史料論、安倍・清原氏の実像、前九年・後三年合戦の実態と歴史的意義など、多岐にわたる論点について、発掘成果を交えながら検討している。最前線で活躍している論客たちによる白熱した議論は、読み応え十分である。論文集の方は、前九年・後三年合戦関連遺跡の調査結果について、古代城柵から中世城館までを見通した視角から、その歴史的位置を見極めようとするねらいを看取できるものである。

いずれも考古学的成果を地域史ないし日本史の中に位置づけ、出羽地域の歴史像を豊かにする論集である。視野を広げる展望と多角的な切り口を提示し、出羽地域史研究の進展に寄与する成果と評価できる。

最後に、自治体史に触れる。自治体史刊行の果たす役割として、市民に対し研究成果を発信すること、地域史研究の素材として成果を残すことなど、諸側面を挙げることができる。ここでは後者の側面に着目し、史料編の刊行について述べていくことにする。

具体的には、⑤鶴岡市史編纂会編『鶴岡市史資料編　荘内史料集一―一・二　古代・中世史料　上・下巻』（鶴岡市、二〇〇二・〇四年）、⑥青森県史編さん中世部会編『青森県史資料編　中世二　安藤氏・津軽氏関係資料』（青森県史友の会、二〇〇五年）、⑦横手市編『横手市史史料編　古代・中世』（横手市、二〇〇六年）を取り上げたい。

⑤と⑦は、それぞれ庄内地方・横手盆地を中心に、隣接地域の関連史料も含めて収録しており、古文書・古記録等を編年でまとめた部と、系譜史料・軍記物・縁起・地誌・金石文等を配した部から成っている。⑦は、横手市史編さん中世部会編『横手市史叢書一〇・一一　史料編中世補遺一・二』（横手市、二〇〇八・〇九年）もあわせ

ると、横手地域の中世史のための史料がほぼ網羅されていると言ってよかろう。⑥は、収録されている史料群の中の「安藤氏関係資料」が中世出羽研究にとって有益である。

これまでも述べてきたように、中世出羽研究は文献史料の制約が大きな課題となっている。その克服のため、系譜史料・軍記物・縁起・地誌といった文献に注目し、史料学的な研究を経たうえで、歴史解明の素材として活用するという手法がある。⑤⑥⑦にはそうした意識が反映しており、近世史料にも幅を広げ、中世史研究に有用な文献を収録している。今後、このような類の史料がさらに活用されることを期待したい。

三　論点・課題――出羽清原氏研究を例に

これまで見てきたように、中世出羽研究は多岐にわたる成果を生み出してきており、多様な論点・課題を指摘することができる。本稿でそれらすべてに言及するのは困難であることから、筆者の関心に基づき、ここでは出羽清原氏（以下、単に「清原氏」と表記する）研究に注目したい。

今日、清原氏研究は、古代史・中世史双方から熱い視線が向けられる様相を呈している。それゆえ論点・課題も増え、文献史学・考古学を交えた検討が活発に行われている。そうした中から、まずは「清原貞衡」問題を取り上げる。

この人物は、延久年間に北奥で起こった合戦について記す「前陸奥守源頼俊款状案」[7]（以下「款状」と記す）に鎮守府将軍として登場する。前九年合戦と後三年合戦の間に勃発したこの合戦は、陸奥守源頼俊が北奥の蝦夷を追討したもので、「款状」には頼俊とともに「清原貞衡」が功を上げたと記されている。だが、『奥州後三年記』や清原氏系図の諸本に「貞衡」なる人物は見当たらないことから、これは「真衡」の誤記であると理解されてき

た。(8)

これに対し、中条家文書所収「桓武平氏諸流系図」に記載されている「貞衡」こそその人であり、真衡とは別に実在したという見解が野口実氏によって出された。(9)この見解は樋口知志氏、(10)遠藤祐太郎氏(11)らに継承され、清原氏内部における貞衡の位置づけが三者三様ではあるものの、清原貞衡実在説として議論が展開されている。こうした議論に対し、前掲「桓武平氏諸流系図」の史料的信頼度に疑義を呈し、真衡こそ当時北日本随一の軍事首長だったとする入間田宣夫氏、(12)そもそも「款状」の当該人物を「貞衡」と翻刻した『平安遺文』の誤読・誤植であり、諸写本の検討から「真衡」と解読すべきだとする小口雅史氏(13)などにより批判が出されている。

この問題は清原氏のあり方にも影響を与える論点となる。通説では、前九年合戦における功績で鎮守府将軍に任じられた武則の後、武貞から真衡へと代が移り、清原氏の全盛期が訪れたものの、真衡の政策に一族内から不満が出て、後三年合戦へつながる対立が生じた。対立の大きな要因が真衡の後継者問題で、海道平氏の成衡を養子とし、さらに成衡の妻に源頼義の娘を迎える、という真衡の決定が一族の反発を招いた、となる。ところが、貞衡が実在したとなると、その様相は変わってくる。清原貞衡実在説を唱える各氏の清原氏像は以下のとおりである。

まず、野口氏は、武則・貞衡が相次いで海道平氏から清原氏に入り、二代にわたって鎮守府将軍に任じられたことにより、清原氏は海道平氏と一体となって奥羽に勢力を得ていた、と説く。清原氏の地位や勢力の淵源を海道平氏に求める印象を受ける論である。一方、樋口氏は、武則は歴とした清原氏であり、貞衡はその嫡女の婿として海道平氏から迎えられ、武則の跡を継いで鎮守府将軍となり、武貞が早くに没した後、真衡を後見していたとする。さらに、清原武衡が海道平氏へ娘婿として入ったという想定をし、清原・海道平氏間の親密性を述べる。野口・樋口両者の間で海道平氏の存在感に差はあるものの、海道平氏とのつながりが通説よりも遡る清原氏像の提起となる。

これらに対し、遠藤氏は、「款状」の当該人物を真衡とする通説を退けたうえで、ただし野口・樋口両者の説は成り立ちがたいとして、貞衡は武則の二男であったと結論づけている。そして、武則―武貞―貞衡―真衡と継承された清原氏において、貞衡および真衡の家督継承は前代の頓死によるもので、継承時の彼らの立場は不安定だったと想定する。そのうえで、真衡が海道平氏より成衡を養子に迎えたのは、自らの権力基盤の構築のためだったと説いている。

ここで焦点の一つとなっている前掲「桓武平氏諸流系図」について言及したい。筆者は当該系図の史料学的な考証を行ったことがある。(14)その結果、この系図は、建長年間後半、鎌倉幕府もしくは北条氏の周辺によって作成された（＝原系図の成立）もので、史料的価値の高い系図ではあるが、慎重に取り扱うべき箇所を含んでいることを明らかにした。そして、野口氏が根拠とする清原氏の記述は、本来海道平氏が記載されるべき箇所に、作成主体の作為によって清原氏が挿入され、武則が平氏から清原氏に改姓したという記載内容になった可能性を指摘した。たしかに、この系図には「貞衡」が記載されているが、彼は「平貞衡」「石城貞衡」であり、海道平氏の人物として実在を認めることができる、というのが私見である。

清原氏の系譜については、最近、野中哲照氏が清原氏諸系図を分析し、『諸系譜』巻一四第三号の清原氏系図こそが真正の出羽清原氏系図であるという注目すべき見解を出している。(15)野中氏によると、この系図は、同巻第四号の吉弥侯部氏系図とともに、貴種的な祖先に結びつけるような作為性が見られないうえ、記載されている人物の実在性と世代性に大きな矛盾がないので、信頼のおける史料と扱ってよいという。これに従うならば、同系図に「貞衡」の名は見えず、「清原貞衡」の実在性は否定されることになる。

また、この系図の注記をもとに、清原氏が「俘囚長」になったのは光頼・武則の父武頼が最初で、かつ清原氏が山北郡に入ったのも武頼の代だった、と野中氏は唱える。これは、安倍氏が奥六郡に入ったのは頼時の父忠良の代ではないかとする見解[16]を意識したもので、従来描かれてきた清原氏像に再考を迫る主張である。清原氏の歴史的性格を考えるうえで、前述した海道平氏との関係性に加え、さらに根本的な問題提起がなされている研究状況だと言えよう[17]。

ただし、この系図の考証にはまだ検討の余地がある。野中氏は、清原・吉弥侯部両氏系図が後三年合戦の頃までの人名で止まっている点に着目し、これらの系図は、断絶した清原・吉弥侯部両氏を供養するため、藤原清衡が作成させた系図で、中尊寺に伝来したという想定をしている。また、『諸系譜』は明治初期に編纂されたものだが、近世の系図類を参考にしたと考えられるとし、その可能性として『諸家系図纂』の編者丸山可澄の収集した系図類を挙げる。さらに、丸山が著した『奥羽道記』の中で中尊寺に立ち寄った記述があることに注目し、その機会に清原・吉弥侯部両氏系図が丸山の目に触れたのではないかと推測する。

系図作成の目的を断絶した氏族の供養のためだとする野中氏の想定は興味深い。であるならば、安倍氏の系図が残されていないのはなぜだろうか。氏はこの想定に「中尊寺供養願文」を傍証として用いているが、この願文が、後三年合戦にとどまらず、犠牲者を供養する清衡の意思を表していることは周知のとおりである。ましてや、自身の母が安倍氏出身で、父経清が前九年合戦で斬首されたことを鑑みると、清衡が前九年合戦で断絶した安倍氏の供養をしなかったとは考えがたい。清原・吉弥侯部両氏系図が供養のためであるならば、安倍氏系図も作成されてしかるべきであろう。

また、『諸系譜』が近世の系図類を参考としたのは間違いなく、その中に丸山可澄の収集した系図類が含まれていたという推測はうなずける。清原・吉弥侯部両氏系図がその一部である可能性は高いと思われるが、近世における系図編纂の実態については別個に解明する必要性があるのではないか。

以上のように、清原氏研究は新たな段階を迎えていると言えよう。本稿は「清原貞衡」問題から話を進めてきたが、清原氏のあり方という根本的な課題にも議論が及んできており、今後の進展が見逃せない状況となっている。また、本稿では詳述できなかったが、清原氏関連遺跡の解明は、中世城館研究に新たな知見を加えているほか、清原氏のあり方を考えるうえでも重要な素材である。さらに、清原氏研究を奥州藤原氏研究の前史として位置づけ、中世武士論あるいは武家政権論と結ぶ議論も進んできている[18]。古代史・中世史問わず、清原氏研究は注視すべき分野になっていると言えよう。

おわりに

ここまで、中世出羽研究に関し、個別研究を中心とした研究動向、注目すべき論集・自治体史、論点・課題の例として清原氏研究について論じてきた。本稿の研究史整理はあくまでも筆者の関心によるものであり、触れることのできなかった研究もまた、中世出羽研究の蓄積となっていることは言うまでもない。論点・課題も多様である。その中から南北朝～室町時代における論点・課題に言及して、本稿を閉じることとする。

第一章で触れたように、奥州・羽州管領および奥州・羽州探題と奥羽統治をめぐる議論がある。具体的には、奥羽両管領と奥羽両探題の成立や継承性、これらの職権と統治の実態、鎌倉府支配との関係性などについて、通説の見直しや新たな知見が出されている。ただし、史料の制約から、奥州中心の議論となっており[19]、そこからいかに出羽の実像を描いていくかが課題となる。

その点、「京都御扶持衆」論に注目したい。これは出羽小野寺氏の研究より導き出された論で、幕府と奥羽の国人とのつながりを制度的に把握し、奥羽の室町的秩序を描くものである[20]。従来、「京都扶持衆」という概念は、幕府と鎌倉府の対立が先鋭化した中で、東国にありながら幕府と結んでいた者に対して用いられていた。それを北奥羽まで含んだ制度的秩序ととらえ直し、呼称も「京都御扶持衆」と改めている。奥羽の室町的秩序といえば、奥羽両探題を頂点とした体制を指していたが、この論によって新たな一面が加えられるとともに、出羽の国人の具体像が明確になった。だが、「京都扶持衆」概念を制度的なものとして奥羽一帯に適用する点に、その妥当性を検討する余地が残されている。

近年、室町幕府体制のあり方を見直す研究が盛んになってきているが、畿内近国や西国の事例から論じられることが多く、全国的に俯瞰するまでには至っていない。奥羽のあり方の再検討は、中央への逆照射を経ることで、そうした議論にも寄与するものである。また、本稿が着目する日本海側からの視座による研究は、出羽にとどまらず北陸〜山陰へと射程を伸ばすことで、畿内近国・西国・東国などの枠組みを超え、列島規模の視野をもって考える有効な視角を有している。このような見地から俯瞰することも、時代像の構築に有益な方法となるだろう。

本稿における指摘は以上とするが、取り上げることのできなかった論点・課題も合わせれば、日本海側からの視座による研究は、多方面に発展する可能性を有していると言えよう。今後の進展を望みつつ、その中に筆者も加わることを期して擱筆したい。

注

（1）『蜷川親元日記』寛正六年八月二十四日、九月二日。

（2）『奥羽永慶軍記』巻二十二「九戸左近将監政実起一揆事」。

（3）柳原敏昭「中世日本の北と南」（歴史学研究会・日本史研究会編『日本史講座四　中世社会の構造』東京大学出版会、二〇〇四年）が詳しい。

(4) 代表として、藪敏裕編『平泉文化の国際性と地域性』(汲古書院、二〇一三年)を挙げておく。

(5) その後、杉山一弥『室町幕府の東国政策』(思文閣出版、二〇一四年)に再録されている。

(6) その後、黒嶋敏『中世の権力と列島』(高志書院、二〇一二年)に一部補訂のうえ再録されている。

(7) 「前陸奥守源頼俊款状案」(『御堂御記抄』裏文書。『平安遺文』四六五二)。

(8) 高橋富雄『平泉の世紀 古代と中世の間』(講談社学術文庫、二〇一二年。初出は一九九九年)、入間田宣夫『日本の中世五 北の平泉、南の琉球』(中央公論新社、二〇〇二年)など。

(9) 野口実「十一～十二世紀、奥羽の政治権力をめぐる諸問題」(『中世東国武士団の研究』高科書店、一九九四年。初出は一九九〇年)、同「平安期における奥羽諸勢力と鎮守府将軍」(角田文衛先生傘寿記念会編『古代世界の諸相』晃洋書房、一九九三年)。

(10) 樋口知志「前九年合戦と後三年合戦」(『前九年・後三年合戦と奥州藤原氏』高志書院、二〇一一年。初出は二〇〇六年)、同「延久二年合戦について」(同書所収。初出は二〇〇七年)。

(11) 遠藤祐太郎「延久蝦夷合戦と清原真衡・貞衡」(澤登寛聡・小口雅史編『アイヌ文化の成立と変容―交易と交流を中心として―』法政大学国際日本学研究所、二〇〇七年)。

(12) 入間田宣夫「延久二年北奥合戦と諸郡の建置」(『北日本中世社会史論』吉川弘文館、二〇〇五年。初出は一九九七年)、同「鎮守府将軍清原真衡の政権構想」(同書所収。初出は一九九八年)、同「延久二年北奥合戦と清原真衡」(義江彰夫・入間田宣夫・斉藤利男編『十和田湖が語る古代北奥の謎』校倉書房、二〇〇六年)。

(13) 小口雅史「延久蝦夷合戦をめぐる覚書」(中野栄夫編『日本中世の政治と社会』吉川弘文館、二〇〇三年)、同「延久蝦夷合戦再論―応徳本系『御堂御記抄』諸本の検討を中心に―」(義江彰夫編『古代中世の史料と文学』吉川弘文館、二〇〇五年)。

(14) 拙稿「中条家文書所収「桓武平氏諸流系図」の基礎的考察」(入間田宣夫編『東北中世史の研究 下巻』高志書院、二〇〇五年)。

(15) 野中哲照「出羽山北清原氏の系譜―吉彦氏の系譜も含めて―」(『国際文化学部論集』一五―一、二〇一四年)。

（16）戸川点「前九年合戦と安倍氏」（十世紀研究会編『中世成立期の政治文化』東京堂出版、一九九九年）など。

（17）さらに、野中哲照「吉彦秀武の実像―二人の「荒川太郎」の関係を軸に―」（『国際文化学部論集』一四―一、二〇一三年）は、吉彦氏と清原氏との関係性について持論を展開している。

（18）たとえば、前掲『前九年・後三年合戦　一一世紀の城と館』の「対談　前九年・後三年合戦を考える」では、前九年合戦と後三年合戦の質的差異の指摘や、清原氏の支配体制に鎌倉幕府の原型があった可能性への言及などがあり、清原氏の時期に列島規模の時代のうねりを見出している。

（19）奥州探題を真正面から取り上げたものとして、黒嶋敏「奥州探題考」（『中世の権力と列島』高志書院、二〇一二年。初出は二〇〇〇年）がある。

（20）遠藤巖「京都御扶持衆小野寺氏」（『日本歴史』四八五、一九八八年）。

【中世出羽研究主要文献リスト】

本稿の関心に基づき、二〇〇二～二〇一三年に発表された主要な研究について、文献史学を中心にリストアップし、考古学については適宜加えることとした。

〈著書〉

伊藤清郎・山口博之編『中世出羽の領主と城館』（高志書院、二〇〇二年）
伊藤清郎・誉田慶信編『中世出羽の宗教と民衆』（高志書院、二〇〇二年）
鶴岡市史編纂会編『鶴岡市史資料編　荘内史料集一―一　古代・中世史料上巻』（鶴岡市、二〇〇二年）
東北中世考古学会編『中世奥羽の土器・陶磁器』（高志書院、二〇〇三年）
鶴岡市史編纂会編『鶴岡市史資料編　荘内史料集一―二　古代・中世史料下巻』（鶴岡市、二〇〇四年）
青森県史編さん中世部会編『青森県史資料編　中世二　安藤氏・津軽氏関係資料』（青森県史友の会、二〇〇五年）

今村義孝校注『復刻奥羽永慶軍記』（無明舎出版、二〇〇五年）
尾花沢市史編纂委員会編『尾花沢市史　上巻』（尾花沢市史編纂委員会、二〇〇五年）
東北中世考古学会編『海と城の中世』（高志書院、二〇〇五年）
保角里志『南出羽の城』（高志書院、二〇〇六年）
横手市編『横手市史史料編　古代・中世』（横手市、二〇〇六年）
能代市史編さん委員会編『能代市史通史編Ⅰ』（能代市、二〇〇八年）
横手市編『横手市史通史編　原始・古代・中世』（横手市、二〇〇八年）
横手市史編さん中世部会編『横手市史叢書一〇　史料編中世補遺一』（横手市、二〇〇八年）
飯村均『中世奥羽のムラとマチ　考古学が描く列島史』（東京大学出版会、二〇〇九年）
横手市史編さん中世部会編『横手市史叢書一一　史料編中世補遺二』（横手市、二〇〇九年）
入間田宣夫・坂井秀弥編『前九年・後三年合戦　一一世紀の城と館』（高志書院、二〇一一年）
樋口知志『前九年・後三年合戦と奥州藤原氏』（高志書院、二〇一一年）
保角里志『南出羽の戦国を読む』（高志書院、二〇一二年）
横手市編『横手の歴史　横手市史（普及版）』（横手市、二〇一二年）

〈論文〉

二〇〇二年

伊藤清郎「最上義光と宗教」（『国史談話会雑誌』四三）
江田郁夫「奥州管領大崎氏と南北朝の動乱」（柳原敏昭・飯村均編『鎌倉・室町時代の奥州』高志書院）
遠藤ゆり子「戦国時代における公権の形成と国郡・探題職―戦国大名最上・伊達両氏の事例をめぐって―」（『歴

史評論』六二七）
岡陽一郎「遊佐荘の歴史景観」（東北中世考古学会編『遺跡と景観』高志書院）
二〇〇三年
小口雅史「延久蝦夷合戦をめぐる覚書」（中野栄夫編『日本中世の政治と社会』吉川弘文館）
木下聡「出羽戸沢氏の名字状について」（『戦国史研究』四六）
真壁建「考古学から見た鎌倉時代の庄内南部—発掘調査事例を中心に—」（『六軒丁中世史研究』九）
二〇〇四年
入間田宣夫「北から生まれた中世日本」（小野正敏・五味文彦・萩原三雄編『中世の系譜　東と西・北と南の世界』高志書院）
川崎利夫「出羽国における廻国聖による納経の経塚」（『米沢史学』二〇）
小松良博「酒田・飽海地域内における中世城館内の宗教遺構について」（『山形県地域史研究』二九）
二〇〇五年
伊藤清郎「出羽三山と海・川・道」（矢田俊文・工藤清泰編『日本海域歴史大系三　中世篇』清文堂出版）
伊藤清郎「室町期の最上氏と系図」（羽下徳彦編『中世の社会と史料』吉川弘文館）
伊藤清郎「戦国期の山形城」（入間田宣夫編『東北中世史の研究　下巻』高志書院）
入間田宣夫「延久二年北奥合戦と諸郡の建置」（『北日本中世社会史論』吉川弘文館、初出は一九九七年）
入間田宣夫「鎮守府将軍清原真衡の政権構想」（『北日本中世社会史論』吉川弘文館、初出は一九九八年）
入間田宣夫「北奥における地頭領主制の展開—沙弥浄光譲状を読み解く—」（入間田宣夫編『東北中世史の研究　上巻』高志書院）

入間田宣夫「奥羽諸大名家における系譜認識の形成と変容」（『軍記と語り物』四一）
小口雅史「延久蝦夷合戦再論―応徳本系『御堂御記抄』諸本の検討を中心に―」（義江彰夫編『古代中世の史料と文学』吉川弘文館）
白根靖大「中条家文書所収「桓武平氏諸流系図」の基礎的考察」（入間田宣夫編『東北中世史の研究　下巻』高志書院）
白根靖大「本吉冠者・藤原隆衡と大河兼任の乱」（羽下徳彦編『中世の地域と宗教』吉川弘文館）
杉山一弥「室町幕府と出羽大宝寺氏」（『地方史研究』三一三）
曽根原理「秋田四天王寺心俊と天台宗談義所」（入間田宣夫編『東北中世史の研究　下巻』高志書院）
布谷陽子「長講堂領の変遷と出羽国大泉庄―奥羽の王家領をめぐって―」（入間田宣夫編『東北中世史の研究　上巻』高志書院）
松尾剛次「羽黒修験の中世史研究―新発見の中世史料を中心に―」（『山形大学大学院社会文化システム研究科紀要』一）

二〇〇六年
入間田宣夫「延久二年北奥合戦と清原真衡」（義江彰夫・入間田宣夫・斉藤利男編『十和田湖が語る古代北奥の謎』校倉書房）
小林貴宏「出羽南部の経塚」（東北中世考古学会編『中世の聖地・霊場　在地霊場論の課題』高志書院）
斉藤利男「安倍・清原・平泉藤原氏の時代と北奥世界の変貌―奥大道・防御性集落と北奥の建郡―」（義江彰夫・入間田宣夫・斉藤利男編『十和田湖が語る古代北奥の謎』校倉書房）
須藤英之「山寺立石寺」（東北中世考古学会編『中世の聖地・霊場　在地霊場論の課題』高志書院）
樋口知志「『諸家系図纂』所収の「安藤系図」について―奥六郡安倍氏の祖先系譜に関する一考察―」（細井計編

『東北史を読み直す』吉川弘文館）
誉田慶信「戦国期奥羽本願寺教団法物考」（細井計編『東北史を読み直す』吉川弘文館）
二〇〇七年
遠藤祐太郎「延久蝦夷合戦と清原真衡・貞衡」（澤登寛聡・小口雅史編『アイヌ文化の成立と変容―交易と交流を中心として―』法政大学国際日本学研究所）
太田實「安藤（東）實季家臣団と大高甚助」（『出羽路』一四〇）
金子拓「戦国大名出羽小野寺氏の花押」（『秋大史学』五三）
金子拓「戸沢氏系図の成立と中世の戸沢氏」（峰岸純夫・入間田宣夫・白根靖大編『中世武家系図の史料論　下巻』高志書院）
佐々木倫朗「秋田県公文書館所蔵「古本佐竹系図」に関する一考察」（峰岸純夫・入間田宣夫・白根靖大編『中世武家系図の史料論　下巻』高志書院）
塩谷順耳「浅利氏の比内郡支配―沙弥浄光譲状を通して―」（『秋大史学』五三）
白根靖大「奥州管領と斯波兼頼の立場」（『中央史学』三〇）
二〇〇八年
入間田宣夫「置賜と会津」（『山形県地域史研究』三三）
入間田宣夫「中世奥羽における系譜認識の形成と在地社会」（九州史学研究会編『境界のアイデンティティ』岩田書院）
小林貴宏「置賜と越後における中世交通の一断面」（『山形県地域史研究』三三）
二〇〇九年
秋保良「大宝寺義勝の庄内没収と信州への移封について」（『山形県地域史研究』三四）

伊藤清郎「最上氏の改易と家臣の行方」(伊藤喜良・藤木久志編『奥羽から中世をみる』吉川弘文館)

二〇一〇年

伊藤清郎「最上氏領国と城郭」(『山形県地域史研究』三五)

岡陽一郎「平泉藤原氏と交通」(入間田宣夫編『兵たちの生活文化』高志書院)

小川弘和「西の境界からみた奥羽と平泉政権」(入間田宣夫編『兵たちの登場』高志書院)

菅野成寛「平安期の奥羽と列島の仏教―天台別院・権門延暦寺・如法経信仰―」(入間田宣夫編『兵たちの極楽浄土』高志書院)

菅原義勝「大宝寺氏と越後国守護上杉氏」(『駒澤大学大学院史学論集』四〇)

高橋学「中世道路と銭貨―秋田市下堤C遺跡出土の緡銭が語るもの―」(『秋田考古学』五四)

竹井英文「出羽国「庄内問題」再考」(池享編『室町戦国期の社会構造』吉川弘文館)

七海雅人「平泉藤原氏・奥羽の武士団と中世武家政権論」(入間田宣夫編『兵たちの登場』高志書院)

古内龍夫「安東氏の津軽退去について」(『国史談話会雑誌』五〇)

松尾剛次「真田玉蔵坊文書と同文書目録」(『山形大学人文学部研究年報』七)

二〇一一年

小原茉莉子「奥州管領期の大崎氏」(『岩手史学研究』九二)

斉藤利男「安倍・清原・奥州藤原氏と北の辺境」(東北学院大学東北文化研究所編『古代中世の蝦夷世界』高志書院)

佐藤隆「秋田藩家蔵文書と「戦国時代の秋田」」(『秋田県公文書館研究紀要』一七)

樋口知志「『奥州後三年記』と後三年合戦」(『軍記と語り物』四七)

二〇一二年

荒木志伸「清原氏台頭の歴史的背景―横手盆地の考古学資料から―」（『秋田考古学』五六）
伊藤清郎「霊場と霊魂」（上杉和彦編『経世の信仰・呪術』竹林舎）
小川弘和「荘園制と「日本」社会―周縁からの中世―」（東北芸術工科大学東北文化研究センター編『北から生まれた中世日本』高志書院）
神田和彦「安東氏と秋田湊―考古学調査の成果から―」（『歴史』一一九）
佐々木周一郎「秀衡街道について」（『出羽路』一五一）
菅原義勝「戦国期庄内における地域認識の形成―「庄中」から「庄内」へ―」（地方史研究協議会編『出羽庄内の風土と歴史像』雄山閣）
橋本竜男「元弘・建武津軽合戦に関する一考察」（『国史談話会雑誌』五三）
八重樫忠郎「考古学からみた北の中世の黎明」（東北芸術工科大学東北文化研究センター編『北から生まれた中世日本』高志書院）

二〇一三年

入間田宣夫「南奥羽における荘園・公領の分布形態」（熊谷公男・柳原敏昭編『講座東北の歴史三　境界と自他の認識』清文堂出版）
入間田宣夫「安倍・清原・藤原政権の成立史を組み直す」（『平泉の政治と仏教』高志書院、初出は二〇一二年）
入間田宣夫「亘理権大夫経清から平泉御館清衡へ」（『平泉の政治と仏教』高志書院、初出は二〇一〇年）
入間田宣夫「御館は秀郷将軍嫡流の正統なり」（『平泉の政治と仏教』高志書院、初出は二〇〇九年）
江田郁夫「応永の乱と奥州長沼氏―応永の乱後の奥州支配体制をめぐって―」（『栃木県立博物館研究紀要―人文―』三〇）

島田祐悦「金沢柵を探る」(『出羽路』一五三)
野中哲照「吉彦秀武の実像―二人の「荒川太郎」の関係を軸に―」(『国際文化学部論集』一四―一)

執筆者紹介（執筆順）

小《こ》 林《ばやし》 謙《けん》 一《いち》　研究員　中央大学文学部教授

石《いし》 井《い》 正《まさ》 敏《とし》　研究員　中央大学文学部教授

近《こん》 藤《どう》 剛《つよし》　客員研究員　開成学園教諭

中《なか》 澤《さわ》 寛《ひろ》 将《まさ》　客員研究員　青森県埋蔵文化財調査センター・文化財保護主事

吉《よし》 田《だ》 歓《かん》　客員研究員　山形県立米沢女子短期大学教授

白《しら》 根《ね》 靖《やす》 大《ひろ》　研究員　中央大学文学部教授

島と港の歴史学

中央大学人文科学研究所研究叢書　61

2015年3月25日　第1刷発行

編　　者　中央大学人文科学研究所

発 行 者　中 央 大 学 出 版 部

代表者　神　﨑　茂　治

〒192-0393　東京都八王子市東中野742-1

発行所　中 央 大 学 出 版 部

電話　042(674)2351　FAX　042(674)2354

http://www2.chuo-u.ac.jp/up/

電算印刷㈱

ISBN978-4-8057-4214-3

1 五・四運動史像の再検討
A5判 五六四頁
（品切）

2 希望と幻滅の軌跡 反ファシズム文化運動
様々な軌跡を描き、歴史の壁に刻み込まれた抵抗運動の中から新たな抵抗と創造の可能性を探る。
A5判 四三四頁
三五〇〇円

3 英国十八世紀の詩人と文化
A5判 三六八頁
（品切）

4 イギリス・ルネサンスの諸相 演劇・文化・思想の展開
A5判 五一四頁
（品切）

5 民衆文化の構成と展開 遠野物語から民衆的イベントへ
全国にわたって民衆社会のイベントを分析し、その源流を辿って遠野に至る。巻末に子息が語る柳田國男像を紹介。
A5判 四三四頁
三四九五円

6 二〇世紀後半のヨーロッパ文学
第二次大戦直後から八〇年代に至る現代ヨーロッパ文学の個別作家と作品を論考しつつ、その全体像を探り今後の動向をも展望する。
A5判 四七八頁
三八〇〇円

中央大学人文科学研究所研究叢書

7
近代日本文学論　大正から昭和へ
時代の潮流の中でわが国の文学はいかに変容したか、詩歌論・作品論・作家論の視点から近代文学の実相に迫る。
A5判　三六〇頁
二八〇〇円

8
ケルト　伝統と民俗の想像力
古代のドイツから現代のシングにいたるまで、ケルト文化とその稟質を、文学・宗教・芸術などのさまざまな視野から説き語る。
A5判　四九六頁
四〇〇〇円

9
近代日本の形成と宗教問題〔改訂版〕
外圧の中で、国家の統一と独立を目指して西欧化をはかる近代日本と、宗教とのかかわりを、多方面から模索し、問題を提示する。
A5判　三三〇頁
三〇〇〇円

10
日中戦争　日本・中国・アメリカ
日中戦争の真実を上海事変・三光作戦・毒ガス・七三一細菌部隊・占領地経済・国民党訓政・パナイ号撃沈事件などについて検討する。
A5判　四八八頁
四二〇〇円

11
陽気な黙示録　オーストリア文化研究
世紀転換期の華麗なるウィーン文化を中心に二〇世紀末までのオーストリア文化の根底に新たな光を照射し、その特質を探る。巻末に詳細な文化史年表を付す。
A5判　五九六頁
五七〇〇円

12
批評理論とアメリカ文学　検証と読解
一九七〇年代以降の批評理論の隆盛を踏まえた方法・問題意識によって、アメリカ文学のテキストと批評理論を多彩に読み解き、かつ犀利に検証する。
A5判　二八八頁
二九〇〇円

13

風習喜劇の変容　王政復古期からジェイン・オースティンまで

王政復古期のイギリス風習喜劇の発生から、一八世紀感傷喜劇との相克を経て、ジェイン・オースティンの小説に一つの集約を見る、もう一つのイギリス文学史。

A5判　二六八頁
二七〇〇円

14

演劇の「近代」　近代劇の成立と展開

イプセンから始まる近代劇は世界各国でどのように受容展開されていったか、イプセン、チェーホフの近代性を論じ、仏、独、英米、中国、日本の近代劇を検討する。

A5判　五三六頁
五四〇〇円

15

現代ヨーロッパ文学の動向　中心と周縁

際だって変貌しようとする二〇世紀末ヨーロッパ文学は、中心と周縁という視座を据えることで、特色が鮮明に浮かび上がってくる。

A5判　三九六頁
四〇〇〇円

16

ケルト　生と死の変容

ケルトの死生観を、アイルランド古代／中世の航海・冒険譚や修道院文化、またウェールズの『マビノーギ』などから浮かび上がらせる。

A5判　三六八頁
三七〇〇円

17

ヴィジョンと現実　十九世紀英国の詩と批評

ロマン派詩人たちによって創出された生のヴィジョンはヴィクトリア時代の文化の中で多様な変貌を遂げる、英国十九世紀文学精神の全体像に迫る試み。

A5判　六八八頁
六八〇〇円

18

英国ルネサンスの演劇と文化

演劇を中心とする英国ルネサンスの豊饒な文化を、当時の思想・宗教・政治・市民生活その他の諸相において多角的に捉えた論文集。

A5判　四六六頁
五〇〇〇円

中央大学人文科学研究所研究叢書

19 ツェラーン研究の現在　詩集『息の転回』第一部注釈

二〇世紀ヨーロッパを代表する詩人の一人パウル・ツェラーンの詩の、最新の研究成果に基づいた注釈の試み、研究史、研究・書簡紹介、年譜を含む。

A5判　四四八頁
四七〇〇円

20 近代ヨーロッパ芸術思想

価値転換の荒波にさらされた近代ヨーロッパの社会現象を文化・芸術面から読み解き、その内的構造を様々なカテゴリーへのアプローチを通して、解明する。

A5判　三二〇頁
三八〇〇円

21 民国前期中国と東アジアの変動

近代国家形成への様々な模索が展開された中華民国前期（一九一二～二八）を、日・中・台・韓の専門家が、未発掘の資料を駆使し検討した国際共同研究の成果。

A5判　六〇〇頁
六六〇〇円

22 ウィーン　その知られざる諸相
もうひとつのオーストリア

二〇世紀全般に亙るウィーン文化に、文学、哲学、民俗音楽、映画、歴史など多彩な面から新たな光を照射し、世紀末ウィーンと全く異質の文化世界を開示する。

A5判　四二四頁
四八〇〇円

23 アジア史における法と国家

中国・朝鮮・チベット・インド・イスラム等における古代から近代に至る政治・法律・軍事などの諸制度を多角的に分析し、「国家」システムを検証解明する。

A5判　四四四頁
五一〇〇円

24 イデオロギーとアメリカン・テクスト

アメリカン・イデオロギーないしその方法を剔抉、検証、批判することによって、多様なアメリカン・テクストに新しい読みを与える試み。

A5判　三二〇頁
三七〇〇円

25 ケルト復興

一九世紀後半から二〇世紀前半にかけての「ケルト復興」に社会史的観点と文学史的観点の双方からメスを入れ、複雑多様な実相と歴史的な意味を考察する。

A5判 五七六頁 六六〇〇円

26 近代劇の変貌 「モダン」から「ポストモダン」へ

ポストモダンの演劇とは？ その関心と表現法は？ 英米、ドイツ、ロシア、中国の近代劇の成立を論じた論者たちが、再度、近代劇以降の演劇状況を鋭く論じる。

A5判 四二四頁 四七〇〇円

27 喪失と覚醒 19世紀後半から20世紀への英文学

伝統的価値の喪失を真摯に受けとめ、新たな価値の創造に目覚めた、文学活動の軌跡を探る。

A5判 四八〇頁 五三〇〇円

28 民族問題とアイデンティティ

冷戦の終結、ソ連社会主義体制の解体後に、再び歴史の表舞台に登場した民族の問題を、歴史・理論・現象等さまざまな側面から考察する。

A5判 三四八頁 四二〇〇円

29 ツァロートの道 ユダヤ歴史・文化研究

一八世紀ユダヤ解放令以降、ユダヤ人社会は西欧への同化と伝統の保持の間で動揺する。その葛藤の諸相を思想や歴史、文学や芸術の中に追求する。

A5判 四九六頁 五七〇〇円

30 埋もれた風景たちの発見 ヴィクトリア朝の文芸と文化

ヴィクトリア朝の時代に大きな役割と影響力をもちながら、その後顧みられることの少なくなった文学作品と芸術思潮を掘り起こし、新たな照明を当てる。

A5判 六六〇頁 七三〇〇円

31
近代作家論
鴎外・茂吉・『荒地』等、近代日本文学を代表する作家や詩人、文学集団といった多彩な対象を懇到に検証、その実相に迫る。
A5判　四三二頁
四七〇〇円

32
ハプスブルク帝国のビーダーマイヤー
ハプスブルク神話の核であるビーダーマイヤー文化を多方面からあぶり出し、そこに生きたウィーン市民の日常生活を通して、彼らのしたたかな生き様に迫る。
A5判　四四八頁
五〇〇〇円

33
芸術のイノヴェーション　モード、アイロニー、パロディ
技術革新が芸術におよぼす影響を、産業革命時代から現代まで、文学、絵画、音楽など、さまざまな角度から研究・追求している。
A5判　五二八頁
五八〇〇円

34
剣と愛と　中世ロマニアの文学
一二世紀、南仏に叙情詩、十字軍から叙事詩、ケルトの森からロマンスが誕生。ヨーロッパ文学の揺籃期をロマニアという視点から再構築する。
A5判　二八八頁
三一〇〇円

35
民国後期中国国民党政権の研究
中華民国後期（一九二八～四九）に中国を統治した国民党政権の支配構造、統治理念、国民統合、地域社会の対応、対外関係・辺疆問題を実証的に解明する。
A5判　六五六頁
七〇〇〇円

36
現代中国文化の軌跡
文学や語学といった単一の領域にとどまらず、時間的にも領域的にも相互に隣接する複数の視点から、変貌著しい現代中国文化の混沌とした諸相を捉える。
A5判　三四四頁
三八〇〇円

中央大学人文科学研究所研究叢書

37 アジア史における社会と国家

国家とは何か？　社会とは何か？　人間の活動を「国家」と「社会」という形で表現させてゆく史的システムの構造を、アジアを対象に分析する。

A5判　三五四頁　三八〇〇円

38 ケルト　口承文化の水脈

アイルランド、ウェールズ、ブルターニュの中世に源流を持つケルト口承文化―その持続的にして豊穣な水脈を追う共同研究の成果。

A5判　五二八頁　五八〇〇円

39 ツェラーンを読むということ

詩集『誰でもない者の薔薇』研究と注釈

現代ヨーロッパの別表的詩人の代表的詩集全篇に注釈を施し、詩集全体を論じた日本で最初の試み。

A5判　五六八頁　六〇〇〇円

40 続　剣と愛と　中世ロマニアの文学

聖杯、アーサー王、武勲詩、中世ヨーロッパ文学を、ロマニアという共通の文学空間に解放する。

A5判　四八八頁　五三〇〇円

41 モダニズム時代再考

ジョイス、ウルフなどにより、一九二〇年代に頂点に達した英国モダニズムとその周辺を再検討する。

A5判　二八〇頁　三〇〇〇円

42 アルス・イノヴァティーヴァ

レッシングからミュージック・ヴィデォまで

科学技術や社会体制の変化がどのようなイノヴェーションを芸術に発生させてきたのかを近代以降の芸術の歴史において検証、近現代の芸術状況を再考する試み。

A5判　二五六頁　二八〇〇円

43
メルヴィル後期を読む
複雑・難解であることが知られる後期メルヴィルに新旧二世代の論者六人が取り組んだもので、得がたいユニークな論集となっている。
A5判　二四八頁
二七〇〇円

44
カトリックと文化　出会い・受容・変容
インカルチュレーションの諸相を、多様なジャンル、文化圏から通時的に剔抉、学際的協力により可能となった変奏曲（カトリシズム（普遍性））の総合的研究。
A5判　五二〇頁
五七〇〇円

45
「語りの諸相」　演劇・小説・文化とナラティヴ
「語り」「ナラティヴ」をキイワードに演劇、小説、祭儀、教育の専門家が取り組んだ先駆的な研究成果を集大成した力作。
A5判　二五六頁
二八〇〇円

46
档案の世界
近年新出の貴重史料を綿密に読み解き、埋もれた歴史を掘り起こし、新たな地平の可能性を予示する最新の成果を収載した論集。
A5判　二七二頁
二九〇〇円

47
伝統と変革　一七世紀英国の詩泉をさぐる
一七世紀英国詩人の注目すべき作品を詳細に分析し、詩人がいかに伝統を継承しつつ独自の世界観を提示しているかを解明する。
A5判　六八〇頁
七五〇〇円

48
中華民国の模索と苦境　1928～1949
二〇世紀前半の中国において試みられた憲政の確立は、戦争、外交、革命といった困難な内外環境によって挫折を余儀なくされた。
A5判　四二〇頁
四六〇〇円

49

現代中国文化の光芒

文字学、文法学、方言学、詩、小説、茶文化、俗信、演劇、音楽、写真などを切り口に現代中国の文化状況を分析した論考を多数収録する。

A5判　三八八頁
四三〇〇円

50

アフロ・ユーラシア大陸の都市と宗教

アフロ・ユーラシア大陸の都市と宗教の歴史が明らかにする、地域の固有性と世界の普遍性。都市と宗教の時代の新しい歴史学の試み。

A5判　二九八頁
三三〇〇円

51

映像表現の地平

無声映画から最新の公開作まで様々な作品を分析しながら、未知の快楽に溢れる映像表現の果てしない地平へ人々を誘う気鋭の映像論集。

A5判　三三六頁
三六〇〇円

52

情報の歴史学

「個人情報」「情報漏洩」等々、情報に関わる用語がマスメディアをにぎわす今、情報のもつ意義を前近代の歴史から学ぶ。

A5判　三四八頁
三八〇〇円

53

フランス十七世紀の劇作家たち

フランス十七世紀の三大作家コルネイユ、モリエール、ラシーヌの陰に隠れて忘れられた劇作家たちの生涯と作品について論じる。

A5判　四七二頁
五二〇〇円

54

文法記述の諸相

中央大学人文科学研究所・「文法記述の諸相」研究チーム十一名による、日本語・中国語・英語を対象に考察した言語研究論集。

A5判　三六八頁
四〇〇〇円

中央大学人文科学研究所研究叢書

55
英雄詩とは何か
古来、いかなる文明であれ、例外なくその揺籃期に、英雄詩という文学形式を擁す。『ギルガメシュ叙事詩』から『ベーオウルフ』まで。
A5判　二六四頁
二九〇〇円

56
第二次世界大戦後のイギリス小説
ベケットからウインターソンまで
一二人の傑出した小説家たちを俎上に載せ、第二次世界大戦後のイギリスの小説の豊穣な多様性を解き明かす論文集。
A5判　三八〇頁
四二〇〇円

57
愛の技法
クィア・リーディングとは何か
批評とは、生き延びるために切実に必要な「技法」であったのだ。時代と社会が強制する性愛の規範を切り崩す、知的刺激に満ちた論集。
A5判　二三六頁
二六〇〇円

58
アップデートされる芸術
映画・オペラ・文学
映画やオペラ、「百科事典」やギター音楽、さまざまな形態の芸術作品を「いま」の批評的視点からアップデートする論考集。
A5判　二五二頁
二八〇〇円

59
アフロ・ユーラシア大陸の都市と国家
アフロ・ユーラシア大陸の歴史を、都市と国家の関連を軸に解明する最新の成果。各地域の多様な歴史が世界史の構造をつくりだす。
A5判　五八八頁
六五〇〇円

60
混沌と秩序
フランス十七世紀演劇の諸相
フランス17世紀演劇は「古典主義演劇」と呼ばれることが多いが、こうした範疇では捉えきれない演劇史上の諸問題を取り上げている。
A5判　四六〇頁
四九〇〇円

定価は本体価格です。別途消費税がかかります。